全国教育科学“十二五”规划教育部重点课题“基于生态动态模型的农村留守儿童入学准备与学校适应研究”（DHA140274）

教育文库

农村贫困地区混读生生存状态考察

王晓芬　著

南京大学出版社

图书在版编目(CIP)数据

农村贫困地区混读生生存状态考察 / 王晓芬著. —
南京：南京大学出版社，2015.6
（通大教育文库）
ISBN 978-7-305-14580-3

Ⅰ. ①农… Ⅱ. ①王… Ⅲ. ①农村－贫困区－儿童教育－研究－中国 Ⅳ. ①G61

中国版本图书馆 CIP 数据核字(2014)第 309951 号

出版发行 南京大学出版社
社　　址 南京市汉口路 22 号　　邮　编 210093
出 版 人 金鑫荣

丛 书 名 通大教育文库
书　　名 农村贫困地区混读生生存状态考察
著　　者 王晓芬
责任编辑 胡亚玲　王抗战　　编辑热线 025-83596997

照　　排 南京紫藤制版印务中心
印　　刷 南京京新印刷厂
开　　本 880×1230　1/32　印张 11　字数 263 千
版　　次 2015 年 6 月第 1 版　2015 年 6 月第 1 次印刷
ISBN 978-7-305-14580-3
定　　价 32.00 元

网址：http://www.njupco.com
官方微博：http://weibo.com/njupco
官方微信号：njupress
销售咨询热线：(025)83594756

自序

在华东师范大学攻读博士学位期间，周兢导师与香港大学的 Nirmala Rao 教授共同开展了一项课题研究——Increasing girls' participation in rural areas in China and India: what works and why?（香港政府研究基金项目，编号：Ref. No. 10205414.13454.10000.324.01）。该课题共历时三年之久，中国的研究地定在贵州省某一国家级贫困县。我有幸参与了该课题研究，每年到贵州省调研一次。

在对农村贫困地区早期教育调研的过程中，我们发现，当地除了存在我们熟知的学前班、幼儿园外，还存在着"幼儿在小学一年级混读"这一特殊的学前教育安置类型。此类一年级有以下特点：学龄前儿童人数较多，占到了班级儿童总数的三分之一或者以上；学龄前儿童在该班连续跟读几年，直到他们到了入学年龄成为班级中的正式小学生；班级通常使用小学一年级教材；教师同时对两类儿童进行教学，但主要关注学龄儿童，对学龄前儿童采取代管方式。

这样一种特殊的学前教育形式，在东部地区、经济相对发达的地区已经消失，成为遥远的过去。但在经济落后的西部农村地区，特别是那些人烟稀少、学校分布较散的山区，混读生这一现象仍然普遍存在。而且据当地教育者介绍，近几年混在一年级中的学前儿童数量日益增多。之后，我查阅了有关的幼教政策，发现这种班级组织形式违背了国家的教育政策。此外，在这些地区，在一年级混读的学前儿童被算入当地早期教育入园（班）率中，这些儿童的受教育状况在一定程度上反映了农村贫困地区的早期教育现状和教育质量。在导师的建议下，我选择对这一教育现象进行考察。

本书以贵州省一国家级贫困县为例，采用质与量相结合的研究方法，主要采用访谈法、观察法、调查法、测查法等方法，到研究地进行了三次调研，历时三个多月，获取了有关混读生早期教育的大量的第一手资料。基于此，层层深入、环环相扣地考察了混读生早期教育的数量、产生原因、环境、课程、课堂互动以及学前儿童的发展状况及其对一、二年级学业成就的影响。之后，本文对混读生和贫困地区早期教育质量的提升提出了相应的建议。

本书的创新之处在于：一是在研究对象上，本研究就贫困地区混读生的生存进行系统考察，这解答了人们对混读生早期教育不知晓的解惑，也是国内首次对混读生早期教育现状的细致研究，填补了这一领域研究的空白。二是在研究方法上，本研究尝试借用 CLASS 这一工具对混读生和当地其他早期教育安置类型的课堂互动进行了考察，这是国内首次在学前教育领域对这一工具进行介绍和尝试使用，这为我国托幼机构教育质量的考察开辟了一个新的视角。

目 录

第一章 绪论

在对农村贫困地区早期教育调研的过程中，我们发现，当地除了存在我们熟知的学前班、幼儿园外，还存在着“幼儿在小学一年级混读”这一特殊的学前教育安置类型。它在我国某些农村贫困地区普遍存在，且近几年数量日益增多。在一年级混读的学前儿童被算入当地早期教育入园（班）率中，这些儿童的受教育状况在一定程度上反映了农村贫困地区的早期教育现状和教育质量。基于此，学前教育界需要关注混读生的受教育状况。

第一节 概念界定

本书涉及的几个关键概念包括农村、贫困和混读生，以下将做出说明。

农村是表述我国社会区域重要的和基本的概念。《辞海》和国家统计局的规定都认为，农村是指除了建制市、建制镇和其他集镇之外的区域，即集镇以外的地区。这也是本书中所采纳的定义。具体来说，农村是指“以农业经济为主的”人口聚居地区，农业则是指“利用植物和动物的生活机能，通过人工培育以取得农产品的社会生产部门”。

贫困是一个十分复杂的问题，人们对贫困的定义也存在不同，有研究者曾列出贫困的 54 种定义。按照经济学的一般理论，贫困是经济、社会、文化贫困落后现象的总称。但首先是指经济范畴的贫困，即物质生活贫困，可定义为一个人或一个家庭的生活水平达不到一种社会可以接受的最低标准。贫困有不同的分类标准，如绝对贫困和相对贫困，生存型贫困、温饱型贫困和发展型贫困，区域型贫困和个体型贫困，城市贫困和农村贫困，狭义贫困和广义贫困等等。我国的贫困标准有两个：一个是贫困县的标准，一个是贫困人口的标准。依据以上分类标准和贫困标准，本书关注的是发生在农村的贫困，以贵州省P县这一国家级贫困县为研究对象(详见下文“第四节研究地与研究设计”)。

混读生是人们对混合在小学一年级中的3—6岁学龄前儿童的称谓。此类一年级有以下特点：学龄前儿童人数较多，占到了班级儿童总数的三分之一或者以上；学龄前儿童在该班连续跟读几年，直到他们到了入学年龄(即达到7岁[①])成为班级中的正式小学生；班级通常使用小学一年级教材；教师同时对两类儿童进行教学，但主要关注学龄儿童，对学龄前儿童采取代管方式。为此，人们往往将这些学龄前儿童称作“混读生”、“跟读生”。

表1-1　接收学前儿童的一年级、混龄班与复式班的区别

	接收学前儿童的一年级	混龄班	复式班
定义	将学前儿童混合在小学一年级中，对其进行“学前教育”的班级组织形式	将不同年龄和发展水平的学前儿童按照一定的模式加以组合，以促进学前儿童认知和社会性的发展	把两个或两个以上年级的儿童合编在一个班级，在同一节课内对不同年级学生进行教学的组织形式

① 《义务教育法》第十一条规定：凡年满六周岁的儿童，其父母或者其他法定监护人应当送其入学接受并完成义务教育；条件不具备的地区的儿童，可以推迟到七周岁。本条根据我国地理条件、经济发展等实际情况，做出了一项例外性的规定，即条件不具备的地区的儿童，可以推迟到七周岁入学。至于哪些地区属于“条件不具备的地区”则由地方人民政府依据实际情况确定。

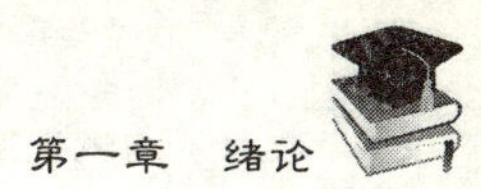

续　表

	接收学前儿童的一年级	混龄班	复式班
儿童年龄	3—7岁	3—6岁	7—12岁
教学方式	主要关注学龄儿童，忽视学前儿童	利用儿童在经验、知识和能力上的不同开展教育	直接教学和布置、完成作业轮流交替
教育目的	保证学龄儿童进步、学前儿童安全	以大带小，以小促大，年长和年幼儿童共同进步	不同年级学生共同进步

接收学前儿童的一年级曾被称为“幼小复式”(慈荣芬，1998年)、“幼一复式”(吴玲等，2002年)。本书未采用这些称呼，因为复式教学是“把两个或两个以上年级的儿童合编在一个班级，采用直接教学和布置、完成作业轮流交替的方式，在同一节课内由一位教师对不同年级学生进行教学的组织形式”①。然而，我们的调研发现，贫困地区幼儿在一年级中就读时，所有任课教师都不是这样教学的，所以放弃这些称呼。此外，接收学前儿童的一年级不同于我们以往熟知的混合班、学前混龄班和如今提倡的混龄教育，因为混龄编班将不同年龄(年龄跨度1年以上或更多)和发展水平的学前儿童按照一定的模式加以组合，以促进学前儿童认知和社会性的发展；其目的是增加班级的异质性，以便利用儿童在经验、知识和能力上的不同，②大小共同进步。

表1-1从定义、儿童年龄、教学方式和教学目的等纬度，呈

① 黄济、劳凯声、檀传宝:《小学教育学》，北京：人民教育出版社，2000年，第4页。

② Lilian G. Katz(1993). Five Perspectives on Quality in Early Childhood Programs, *ERIC Clearinghouse on Elementary and Early Childhood Education*, Catalog ＃208; April 1993.

现了接收学前儿童的一年级、混龄班与复式班的区别。由上可以看出，“复式”、“混龄”等已有称谓不能很好地表述本书关注的这种班级形态，我们不得不放弃以上称呼，寻找更为贴切的表述方式。为了区别于以上提到的诸多概念，并突出学前儿童及其在班级中的生活和学习状态，本书将混合在小学一年级的学前儿童称为“混读生”，将此类一年级称为“接收学前儿童/混读生的一年级”。

还需要说明的是，尽管根据自己的理解和对已存概念的分析，我们提出了“混读生”这一称呼，但仍感心有余悸，因为该班同时有一年级的小学生和不足入学年龄的学前儿童，即学前儿童和学龄儿童。对于学龄儿童而言，这仍是“一年级”，“混读”仅是针对学前儿童而言的。对于学前儿童来说，混读在小学一年级确实是一种学前教育经历类型，由于它强调的是将学前儿童“安置”在小学一年级中，为此，这种形式很可能对学前儿童教育方面的关注少，这在后文的研究中得到证实。

此外，研究者常用 different preschool educational experience、types of daycare/preschool group 来表述学前儿童不同的教育经历类型和接受的保育类型。在小学一年级混读的学前儿童被看作接受了学前机构教育的儿童，并被算入当地学前儿童入园(班)率中；此外，学前教育机构(preschool education organization)是具体实施学前儿童教育的单位、组织和场所。[①] 依据这一定义，接收学前儿童/混读生的一年级也是贫困地区实施学前儿童教育的组织之一。但考虑到混读这一特殊的学前教育类型和散居儿童的存在，我们没有采纳“托幼机构教育”、“学前教育机构”这些称呼，而是将贫困地区存在的混读生、学前班、幼儿

① 王忠民:《幼儿教育辞典》,北京:中国大百科全书出版社,2004 年,第16 页。

园、散居等教育形式通称为“学前教育安置类型”。

第二节 混读生的存在违反国家政策

尽管不少贫困地区普遍存在混读生，但这种学前教育安置类型是违背国家幼教政策的。国家教委1986年颁布的《关于进一步办好幼儿学前班的意见》中在“教育活动的要求”中指出，“(学前班)无论采取哪种方法，都不得搬用小学一年级的课本。”

1991年，国家教委颁布了《关于改进和加强学前班管理的意见》，其中在“举办学前班的原则”中提出，“在人口稀少，居住分散，幼儿不足一个班的地区，可组织幼儿活动小组(站)或游戏小组，但不允许和小学生合班进行复式教学”；并在“保育和教育的要求”中再次提出，“合理安排和组织幼儿一日生活。每单元课时教育内容、形式应符合学前儿童的特点，不得搬用小学一年级教材，不要给幼儿布置家庭作业，不允许进行任何形式的测验和考试”。

显然，混读生是不允许存在的，这让我们更加疑惑：为什么被国家明令禁止了二三十年的混读生仍然存在呢？为什么近年来在一年级接收混读教育的学前儿童数还有所增加呢？目前有没有研究关注到这一类群体呢？已有的研究运用了什么方法、得出了哪些发现、存在什么不足呢？以下我们对已有混读生早期教育研究进行综述，以试图发现研究空间与创新。

第三节 混读生早期教育研究述评

孟加拉国贫困农村地区的父母表示他们需要早期教育。超过1000万不到入小学年龄的儿童和他们的哥哥姐姐到小学去

上学，尽管没有针对他们的教育活动（Bangladesh Education，2002 年）。这是研究者对国外混读教育的报道。

国内已有混龄教育研究针对 3—6 岁儿童展开，研究者阐述了其产生原因、班级特点、理论基础、教学状况、益处等内容。但学前儿童混龄教育不同于本文关注的混读生教育，本研究试图了解：农村贫困地区混读生现象与混龄学前班的出现原因是否相同？混读生早期教育的目的是什么？混读生早期教育是否对学前儿童发展有促进作用？如果有，其促进作用表现在哪些方面……

国内有关混读生早期教育的研究非常少，只有 6 篇文章涉及混读生，其中 3 篇文章重点描述了混读生。我们来细看这几篇文章的研究发现：

在混读生产生原因上，有研究者认为，贫困山区复杂的地理环境、落后的经济、传统的文化观念，是混读生早期教育模式产生的客观原因（吴玲等，2002 年）。还有研究者认为，学前教育落后是混读生产生的原因之一（范方，2003 年）。而幼教管理人员认为，甘肃中部定西地区（崔振邦，1995 年）、河北省（佚名 3，2007 年），乃至全国农村（佚名 4，2007 年）学前教育发展中存在的问题之一为人口出生率下降，农村适龄学前儿童数逐年减少，这导致混读生、学前混合班逐年增多。周芬芬（未发表）对广西南宁的研究发现，小学学校为了扩大班额，不得不招收学前儿童入一年级，这些学前儿童成为班级中的“跟读生”。

在有混读生的小学一年级中，以往研究者发现，其教材有两种情况：同教材、不同要求，异教材、异要求（黄爱玲，1993 年）。为了便于管理，学龄儿童和学前儿童通常合班上课，教师将学前儿童与学龄儿童一视同仁，统一使用一年级教材，由老师统一上课，使用统一的时间，每节课 40 分钟，这种做法实际上把学前儿童视为小学“预科班”学生(吴玲等,2002 年;周芬芬,2006 年)。为此,学前儿童与学龄儿童一样,大部分时间被关在教室里,和小学生一起读书、写字、做算术,而游戏与手工制作等多彩的活动却无人组织,学前儿童玩的权利被剥夺了。[①]

在儿童发展这一问题上,研究者从经验层面上认为,混读这一教育形式对学前儿童身心发展极为不利:学习兴趣、信心等由于重读的原因变得越来越不足(吴玲等,2002 年;周芬芬,2006 年);过长的上课时间会使他们产生心理焦虑;教学形式小学化游戏权利被剥夺;教学内容重复带来许多副作用,如上课动作多、纪律涣散、厌学等(黄爱玲,1993 年;慈荣芬,1998 年)。另外,混读编班也影响小学正常的教学工作,导致一年级留级率过大(崔振邦,1995 年)。

尽管一年级中有混读生这一现象对学前和学龄儿童都有着不利的影响,但有其现实意义和作用:满足了贫困山村居民送子女入园的要求,使适龄学前儿童普遍受到学前一年教育;对培养学前儿童独立完成任务,增强自我控制能力十分有利;使不同年龄段的孩子合班一起活动,有利于增进学前儿童社会性行为的发展。[②]

为更好地促进学前儿童的发展,有研究者提出了解决思路和策略:培养教师,改统一上课为分组教学;严格年龄限制,选择适合学前儿童年龄特点的教学内容;合理安排直接教学与自动学习活动,废除呆板枯燥的教学方法,[③]并认为这些方法可有效

---

① 慈荣芬:“幼小复式”弊端多[J],学前教育,1998 年 12 月。

② 吴玲、葛金国、程双远:“幼一复式”教育模式的意义与推进策略[J],江西教育科研,2002 年 3 月。

③ 吴玲、葛金国、程双远:“幼一复式”教育模式的意义与推进策略[J],江西教育科研,2002 年 3 月。

改进班中学前儿童的受教育状况。

值得一提的是，柳倩（2008年）在农村学前儿童入学认知准备研究中，发现，不同学前教育安置形式的儿童在入学认知准备上存在差异，这表现为：幼儿园最好，学前班次之，混读生与无学前教育机构经历者没有显著性差异。这一论文还描述了农村贫困地区不同学前教育安置形式（含混读生）中的课程、师资等状况，并提出重构学前一年教育体系、取消幼儿在一年级混读的建议。

由上可以看出，国内有关混读生早期教育的研究少，研究者多从现象出发，呼吁加强对混读生现象的关注。虽然有研究者认为混读生的存在有其价值，但多数研究者认为幼儿在一年级混读对儿童发展不利，但这些阐述仅为推断和经验总结，尚未得到实证性的研究。有个别研究者描述了班级学前儿童的表现，如“经常能见到孩子们东张西望不专心听课”（周芬芬，2006年），但轻描淡写、一笔带过，无法让我们真切地了解混读生及其生存状态。

另外，已有研究对混读生产生原因的探讨也比较模糊，没有从父母、学校、管理等各个角度进行细致的分析。尽管柳倩（2008年）的论文谈及混读生早期教育，但这一研究是在对整个农村贫困地区儿童入学准备研究时将混读生作为其中的一种类型，为此对混读生早期教育的关注不足，没有对混读生早期教育的产生原因和早期教育现状进行详细的探讨；该论文所提出的取消混读生的建议没有考虑农村早期教育的实际，乃是冒险之举，尚值得再次探讨。

作为一种特殊的学前教育安置类型，混读生对于解决贫困地区幼教师资不足、早期教育严重缺乏还是很有益的，而目前国内对其存在状况、产生原因、教育现状，尤其是课程状况和师幼互动现状、对儿童发展的影响尚没有细致研究，而这些又是急需

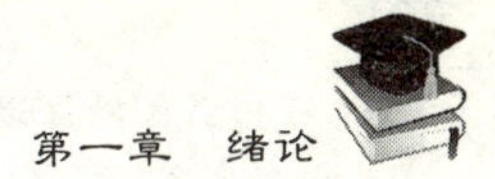

关注的。基于以上原因，我们需要对混读生早期教育进行更加细致和全面的研究。

第四节　研究地与研究设计

一、研究地简介

前文曾提到，我们对混读生早期教育进行研究的兴趣来自于所参与的一项课题——Increasing girls' participation in rural areas in China and India：what works and why，这一课题历时三年之久，选择了将贵州省 P 县作为中国的研究地。本书著者一直参与这一课题，本研究也是在这一地区进行的，以下简单介绍这一地区的经济、文化、教育，尤其是早期教育的基本状况。

P 县位于贵州省南缘中部，是黔南布依族苗族自治州 12 个县市之一。该县管辖 9 个镇、10 个乡（见附录一），121 个行政村，1831 个村民组，76364 户，其中农业户数 71926 个。城镇职工人均月工资 1200 元，农村人均收入 1759.96 元。迄今为止，该县仍属于国家级贫困县。[①] 处在"地无三尺平"的贵州省，该县地貌类型和形态十分齐全，这样的地形地貌造成道路崎岖，村寨村民的出入（包括下田干活、孩子上学）十分不方便。该县以农业经济为主体，由于地理、自然条件和历史诸多原因，各种设施薄弱。改革开放以来，虽然有了较大发展，但是经济发展依然缓慢，收入部分远远赶不上支出的增长，收支差距越来越大。由

① 贫困县的标准从严格意义上说是一个工作标准。我国第一次确定贫困县是 1986 年，当时确定的国家重点扶持的贫困县为 331 个。1994 年，国家对扶持的贫困县进行了较大的调整，调整的标准是"四进七出"，即 1992 年全县农业人口人均纯收入低于 400 元的列入国家贫困县，超过 700 元的县退出贫困县行列。这样，国家重点扶持的贫困县增加到 592 个。

于财政困境，除了上级的专项拨款，县里拿不出更多的钱投入建设。财力薄弱，缺乏自我发展、自我滚动能力，这是该县发展经济和各项事业发展矛盾集中点，是县情突出的特点。① 财政困难是影响该县开发和建设、教育发展等诸多方面的最主要因素。

该县农村儿童的入学年龄是7周岁。若学校条件较好（有教师也有教室），且儿童智力跟得上，可以接收6.5岁的儿童入学。2004年，该县通过民政救济和社会力量帮扶，得到了国家两免一补②的政策，且通过了贵州省政府对两基工作③的验收。我们调研之际，该县在为接收2009年的国家两基督导检查（当地简称为“国检”）而做全力的准备。在师资上，尽管按照省里规定的教师配备标准，④在编教师能满足本县学校的师资需要，但实际上，距离乡镇越远，学校教师缺编越严重，代课教师越多，但因为工资低、不稳定，代课教师更换频率越高。在教育经费投入上，该县财政“太恼火，每年地方（县）财政所收的钱还解决不了全县教师一年的工资，所以教育经费投入多要依靠中央转移支付和省财政的大力扶植”（A6）。此外，农村税费改革对当地基础教育产生了重要的影响。税费改革后，原来由农民承担为主的农村教育经费将由政府承担为主，而地方财政收入有限，无力承担农村教育经费。假如学校在税费改革前没有负债，这些经

---

① P县情（1998—2002年），P县史志编纂委员会[M]，贵阳：贵州人民出版社，2005年，第66页。

② 两免一补是指国家向农村义务教育阶段（小学和初中）的贫困家庭学生免费提供教科书、免除杂费，并给寄宿生补助一定生活费的一项资助政策。

③ 两基是基本普及九年义务教育和基本扫除青壮年文盲的简称。基本普及九年义务教育是保证7—15岁的少年儿童能接受小学和初中的教育。青壮年文盲是指识字1500字以下，不能看懂浅显通俗的报刊文章，不能记简单的账目，不能书写简单的应用文，文化水平低于小学三年级的青壮年。

④ 贵州省规定，农村小学学校的师生比是1∶23；城镇小学学校的师生比是1∶21，中学学校的师生比是1∶18。P县基本上按照1∶22的比例配备教师。

费基本上能够维持正常运转；但因为需要还债和改善办学条件，当地很多小学学校出现经费不足的问题。

在早期教育上，幼儿园和学前班是P县学前教育的两种基本形式，是小学教育的基础（P县史志编纂委员会，2005:634）。如今，全县有幼儿园16所，学前班133个，非正规教学点22个。全县学前儿童教师（不论是否在编）281人，其中153人为公办教师，代课教师128人。

在该地农村，正规托幼机构仅有乡镇中心幼儿园和附设在小学的学前班两种类型。在设施上，乡镇中心幼儿园大都规模很小，在桌子、板凳等的配备上稍微规范一点，有些幼儿园园舍是小学不要的房子，部分幼儿园还有危房。学前班的设施不怎么规范，大多数学前班的桌凳是从小学调剂的。县教育局管理人员认为，只要学前班教学手段还可以，除要求把桌子锯短一点外，不再做特别的要求。在玩具方面，幼儿园一般有1—2件大型玩具，其他大部分是轮胎、平衡木等小型的玩具；学前班和小学的运动器材和场所都是一同共用，学前儿童玩具少（A1；A5）。①

在教师学历和工资上，若教师为在编的公办老师，其学历多为大专，工资由县财政单独支付和下发，并享受医保、退休金、养老保险等福利。若教师为代课教师，工资由所任教的幼儿园或者小学支付。县教育局的统计显示，2005年全县共有非在编学前儿童教师94人，其中98%在小学附设的学前班任教。这些教师中，高中及以上学历的教师51人，高中以下学历的教师43人。因为当地外出打工人数多、外出打工的吸引力强，为此农村

① 本书将引用的语言用引号标注出，并在后面附上这一访谈的序号，有关这一被访者的信息详见附录四。

边远村寨的学前班老师难以保证，流动性极强。

在幼教师资培训上，该县建立了以省示范幼儿园为龙头、乡镇中心幼儿园为主体的指导和服务网络。在培训时，县级幼儿园教师到省里参加幼教培训，回来之后再给乡镇中心幼儿园老师进行培训，后者再给村里学前班老师进行培训。学前班老师接受培训的时间和内容由乡镇中心幼儿园自定。该培训方式在一定程度上促进了早期教育的发展，但对乡（镇）中心幼儿园和学前班教师及小学管理人员的访谈显示，这一培训内容和形式较为单一、次数不定，培训行动无计划，加上学前班教师流动快，且培训没有得到及时巩固，培训效果不甚理想。

在早期教育经费上，政府的财政投入主要是在编教师的工资上。由于国家对当地的专项资金只投入在义务教育阶段，为此学前教育不享受此项经费。幼儿园（班）再造房子所需资金都是地方筹资，但地方和百姓财力有限，也拿不出需要的经费。这几年，该县只是争取到了一些项目，比如教育部与联合国儿童基金会合作的 ECCD（Early Childhood Care and Development，早期儿童养育与发展）和 IECD（Integrated Early Childhood Development，儿童早期综合发展）项目。由于师资紧缺、专业知识缺乏、财政紧缺等原因，这些活动的受益者有限。

该地幼儿园（班）发展中面临的困难是经费和师资短缺，它们严重影响了当地幼教事业的发展。当地农村儿童接受的早期教育类型有四种，分别是幼儿园、学前班、混读生、散居。乡镇中心园接纳该乡镇周围的学前儿童接受教育；学前班是当地儿童接受学前教育的最主要的形式，在园（班）儿童数最多，学前班主要分布在辐射村寨较多的小学；还存有部分散居儿童，主要在边远、交通不便、人口稀少的村寨；部分小学将不到义务教育年龄阶段要求的学前儿童吸收到一年级中，由此成为一种特殊的学

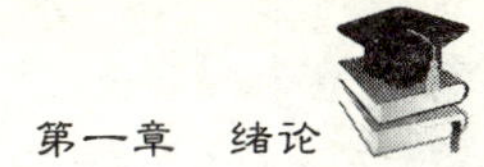

前教育安置类型。这正是我们要研究的混读生。

在这样的背景下，我们开始了对混读生早期教育现状的研究。

二、研究思路

借鉴布朗芬布伦纳的人类发展生态学理论和 Debby Cryer 等人（1999 年）提出的班级过程质量影响模型图，我们提出了混读生发展的模型图（见图 1-1），借助这一模型来描述混读生早期教育现状。

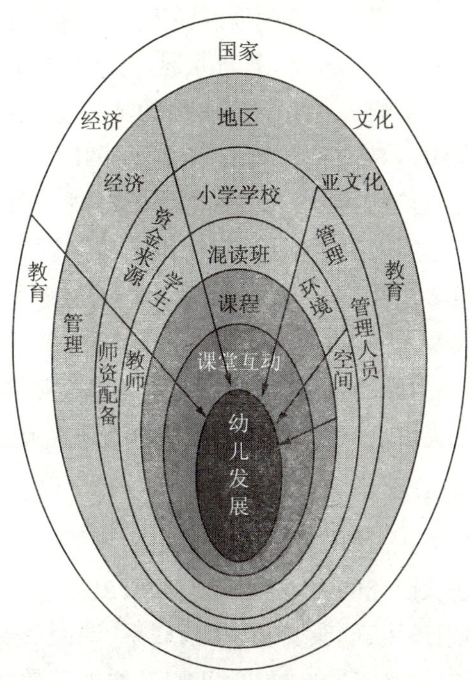

图 1-1　混读生发展模型图

该图表明，混读生早期教育根植于各种复杂的环境中，包括此班级所属的小学学校、所在的乡镇和县市，乃至国家的宏观系统。同时，该图意味着我们可以将混读生早期教育看作一个系统，这一系统的特点通过班级的基本特点和过程特点得以显现。有混读生的班级的基本特点(如，师幼比、教师培训、物理环境、健康安全等)为班级中早期教育的开展提供了一个框架，影响了混读生早期教育的课程实施和课堂互动过程。因为儿童要亲身经历早期教育过程，教育过程主要是以课程为主要手段和以课堂互动，尤其是师幼互动为途径开展的活动，为此课程和课堂互动，尤其是师幼互动过程更直接地影响了儿童的发展结果。

图中最外一层表明了贫困地区混读生早期教育存在的宏观系统，包括国家的文化、经济、教育状况、对学校和学前教育的规定和管理等。它影响了所有更低一层的环境(如县市、乡镇、村寨等)，而且在中国特有的教育管理制度下其影响力更加深远(有关我国教育管理制度对混读生的影响，详见“第三章混读生早期教育的产生原因”)，但由于宏观系统对混读生早期教育影响的间接性与渗透性，本研究不专门辟章对其进行讨论。

从这一模型入手，本研究层层深入、环环紧扣地展示混读生的存在状况，产生原因，环境，课程，课堂互动及对学前儿童发展的影响。为解决以上问题，研究者采用以下研究方法。

三、研究设计

问卷调查法，主要用于考察混读班的环境。在阅读有关农村托幼机构现状研究的文献后，我们抽取出描述早期教育现状的维度，有物理环境、健康安全、家园联系、课程及实施、上级管理、接受培训等。基于这些维度，我们又增加了教师信息、学前儿童及家庭和教育观念等，设计了幼儿园(班)教师调查问卷(见附录二)。之后，将问卷发送给当地的幼儿园、学前班和任教混读生的教师。此项调查在 2007 年 12 月完成。此外，为了了解混读生的存在现状和当地教师（含小学教师、学前班教师、幼儿园教师）对该问题的看法，我们编制了《教师对学前班儿童就读一年级的看法》这一问卷（详见附录三），内容涉及当地混读生的存在数量、年数、发展趋势，班中学前儿童的数量，是否曾任教该类班级和任教感受，此教育方式对学前和学龄儿童发展的影响等。问卷调查法获得所需数据后，将之输入 excel 进行统计。

观察法。在三次调研之际，我们主要观察了幼儿园（班）的物理环境，主要包括空间、设施配备、玩教具、学前儿童一日学校生活等，以此了解混读班的环境。为了解混读班的课程状况，在三次调研之际，征得任课教师和管理人员同意后，我们随机拍摄了混读生所在班级的集体教学活动，这些活动涉及不同的科目和儿童发展领域，共来自 11 个混读生所在班级、19 位老师的活动；同时也拍摄了学前班、幼儿园的教育活动（活动清单详见附录四），获取录像后，回到上海录像转录，借鉴国外的研究工具，将三者在课堂互动质量上进行比较（具体的考察方法及其使用详见第六章中的第二节）。本书著者还运用自己设定的课堂提问观察表（见附录五），重点观察了教学录像中任课教师与学前儿童的互动频率、内容、结果等。基于对 33 节混读生所在班级的教学活动的观察和儿童在课堂上的表现，我们总结出此类班级课程实施的类型和特点。

实物分析法。任何实物都是一定文化的产物，都是在一定情境下某些人对一定事物的看法的体现。① 为此，我们收集了作息时间表、课程表、教师教案、座位安排、教材、教学反思等实物，希望借助这些物化形式分析教师所持的教育观念，以此来补

---

① 陈向明：《质的研究与社会科学研究》，北京：教育科学出版社，2000 年，第 257 页。

充使用其他研究方法获得的研究发现。

访谈法。访谈法是研究者通过口头谈话的方式从被研究者那里收集第一手资料的一种研究方法。[①] 本书关注的是农村贫困地区存在的一种特殊的学前教育安置类型——混读生，本书著者认为，对贫困地区、弱势群体和少见的教育形式的研究更应该从当地人的视角做出解释，为此选择了大量的当地人进行访谈。在样本选择方式上，本书采用"目的性抽样"的抽样方式，即按照研究的目的抽取能够为研究问题提供最大信息量的研究对象，[②]选择了能让我们了解混读生早期教育现状的各类人员进行访谈；在具体的抽样方式上，采用了"强度抽样"和"方便抽样"的方式。

三次调研之际(2006 年 9 月、2007 年 5 月、2008 年 10 月)，研究者访谈了与混读生早期教育有关的各类人员(详见附录六访谈清单)，包括混读生所在班级的任课教师、儿童的养育者、小学学校管理人员、乡镇中心[③]校管理人员和幼儿园(班)的任课教师，重在了解他们为什么送孩子入学校、学校为什么接收学前儿童入一年级、这些人员对混读生早期教育的认识和管理、任课

---

① 陈向明:《质的研究与社会科学研究》，北京:教育科学出版社，2000 年，第 165 页。

② 陈向明:《质的研究与社会科学研究》，北京:教育科学出版社，2000 年，第 103 页。

③ 乡镇中心校不是一个实际存在的学校，而是乡镇政府管理本乡镇教育的管理部门的一个称呼。它是农村中小学业务工作的领导者、组织者和管理者，在贯彻国家的教育方针、推行教育法令、拟定教育规章、编制教育规划、审核教育经费、任用教育人员等方面实行管理，指导，检查。

2007 年 9 月之前，该县将这一管理部门称之为"教育站"。2007 年 9 月后，全县将之改称为"中心校"。另外，有的地区将之称作"乡镇中心学校"，我国部分北方地区(如，山东、东北三省)将之称为"联校""联合校"。本书统一使用"乡镇中心校"这一称呼。

教师概况、班级运行状况(收费、一日安排、教材、课程实施、学生考核等)、上级管理等。根据研究对象的不同,我们将研究问题进行了具体分解。在访谈中,结合以上问题和被访者提供的信息,我们进行了追问。基于研究关系、熟悉程度和研究的便利性,我们还对其中的部分人员进行了深度访谈。

本书第三章、第四章和第五章的研究发现多基于对有关人员的访谈。这里对访谈法使用时要注意的一些事项、访谈资料的整理,分析,成文方式以及伦理道德等问题做出说明。

三次调研之际,课题组研究人员和本书著者对当地近百名有关人员进行了访谈。访谈时间长则一个半小时,短则十几分钟。为保证访谈资料的准确性,在征得研究对象的许可后,尽可能使用 Mp3 录音。面对诸多访谈资料,本书著者先是将所有录音都尽可能详细地转录为文字,整理出访谈清单(见附录六)。

之后,我们对访谈资料进行了整理和分析。本书整理和分析时主要采用类属分析的方式,并同时辅助于情景分析。之所以将类属型作为主要的整理方式,是因为"类属法适合如下情况:研究对象比较多,很难进行个案呈现;研究的结果中主题比较鲜明,可以提升出几个主要的议题;资料本身呈现出分类的倾向,研究者在搜集资料的时候使用的是分类的方式"[①],而本书恰好符合上述的情况。我们的具体方法为:仔细转录和阅读所有的访谈资料,画出重要的词句、段落进行编码,还理出它们的关系。加上访谈之前就有一个访谈提纲,而且预设了很多问题,所以对访谈资料的整理也是提取和一个个研究问题有关的访谈文本,将之放在这一问题下,使之成为一个类属,即将其归类;归

① 陈向明:《质的研究与社会科学研究》,北京:教育科学出版社,2000 年,第 345 页。

类时采取由下到上的归类方式，将内容先归出一个个小的条目，再将有关的几个条目归为更高的一类。比如，将教师的访谈资料整理后，初步共归出 20 多个小条目，这些条目涉及任教混读生的教师本身状况、教材、课程实施、大小互助、座位安排、考试、对儿童发展的作用、家园工作等；之后，我们将教材、课程实施、座位安排、考试等由归为更高的类属——课程。以此类推，我们整理得出几个更高层的类属条目。

在成文时，我们将归类后的访谈文本放入预先设定的论文的初步框架之中，再重新理顺其中的关系，使之变得可读。这里，需要谈及的是有关引文的使用。质的研究强调对研究对象进行“深描”，认为“研究的结论必须有足够的资料支持”[①]。在成文时，本书著者也试图这样做，详细引用了当事人自己的原话，提供较多的未经研究者分析过的原始资料。但初稿写完之后，我们发现引言过多，分析太少；从当事人引言转到本书的分析可能对读者的注意力转换造成困难。在处理这一问题时，我们试图遵从陈向明(2000)提出的“无论进行何类研究，应该牢记的一个基本原则是:列举引言的目的是为了支撑作者从资料中抽取出来的有关主题，是为了说明问题，而不是为了列举本身而列举”，“如果原始资料中有关某一个观点的引言比较多，通常列举一两个例子就可以了，不必将所有相关的例子都列举出来。如果为了说明持同样观点的人很多，也可以列出有关的人数和次数”[②]。遵从这一原则和建议，本书在结果呈现中删减了大量的引言。在引用某人话语时，为了使句子通顺和意思明白，我们

① 陈向明:《质的研究与社会科学研究》，北京:教育科学出版社，2000 年，第 347 页。

② 陈向明:《质的研究与社会科学研究》，北京:教育科学出版社，2000 年，第 348 页。

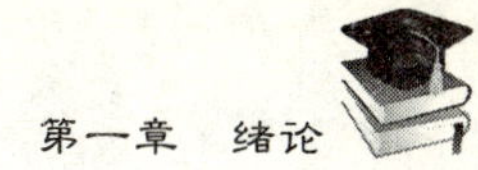

在句子中间加入了括号和必要的解释。此外，本书将引用的语言用引号标注出来，并在后面附上这一访谈的序号。

本书中使用了大量的访谈法、观察法，为此其中的伦理道德问题不得不考虑。首先，不论是进行访谈还是观察，我们都事先征求研究对象的同意，经其同意后，研究者才将其纳入研究。其次，在研究过程中，研究者也注重与被研究者关系的建立，如主动向被研究者打招呼，向儿童赠送小礼物等；告知研究对象自己要做什么、承诺保密；如需录音，也在征得其同意后开始录音；若访谈者不愿意接收录音，我们使用笔记方式尽可能记录访谈内容，之后补充遗漏的信息。第三，本书中所提到的任何研究对象（包括研究地和人员名称等）均采用了化名。

第二章 混读生的历史演变与分布特点

在看到本书关注“混读生”这一特殊的早期教育形式后，很多读者会质疑:这一现象还存在吗？即使存在，在多大范围内存在？即使现在还存在，随着正规托幼机构教育的普及，也应该很快就消失了吧……本章将带领读者了解混读生的存在历史与发展变化，试图解答以上问题。

第一节 混读生的历史、现在与未来

一、混读生的长久历史

国内一线实践者曾从经验层面上对幼小复式和幼一复式的产生原因、对儿童发展的影响等因素进行探讨，个别的农村学前儿童教育研究中也分散着有关幼小复式的存在信息。在搜集到的杂志和书籍中，最早报道幼儿在一年级就读现象的文章是崔振邦发表的《欠发达地区学前一年幼儿教育的发展对策》，这篇文章于 1995 年发表在《甘肃教育》上。此后，慈荣芬于 1998 年在《学前教育》上发表了《“幼小复式”弊端多》，潘仲铭主编的《农村幼儿教育体系研究》于 1999 年由教育科学出版社出版，其中都提到了学前儿童混在小学一年级中的现象。可以看出，这些

文章的发表日期都是在国家颁布禁止幼小复式的两个文件《关于进一步办好幼儿学前班的意见》((1986)教初字006号)和《关于改进和加强学前班管理的意见》(1991年06月17日)之后。从这些文章和书籍的出版日期来看,我们推断得出,混读生已经存在多年。

据贵州当地的教师讲,“从那个时候(1987年),在哪一个学校教书都有这样的小孩子。”(H)我们的问卷调查显示,42.1%的当地教师认为,混读生已经存在了1—5年;34.2%的老师认为这种班级已经存在6—10年,15.8%的老师认为混读已经存在16—20年,甚至年长的老师认为这种班级已经存在21年或以上。由此,我们也可以推断,混读生的存在历史较为长久。

二、混读生在某些地区普遍存在

随着经济、文化的发展和人民生活水平的提高,教育越来越受到重视,学前教育的普及率日益提高,正规托幼机构教育数量也日益增加。在这样的背景下,混读生逐步减少,但依然在某些地区普遍存在。

我们的问卷调查显示,75.7%的当地教师认为还存在混读生。65.7%的老师认为,混读生占全一年级总数的1%—20%;25.7%认为,这一现象占到全一年级总数的21%—40%。还有2.9%的老师认为,这一现象占到了全部一年级总数的41%—60%。这些数据向我们证实,在所调研的贵州省P县,在一年级中混读这一早期教育现象是普遍存在的。

据了解,混读生存在于我国中西部农村地区,尤其是贫困地区,这些地区通常缺少正规的学前教育机构、学前儿童人数少且分布分散。文献查阅和本书著者对混读生的了解显示,湖南南部的隆回县、洞口县、邵阳市双清区(范方,2003年),安徽南部

地区(吴玲等,2002 年),甘肃中部定西地区(崔振邦,1995 年),内蒙古武川县,江西南城县,贵州正安县(曾智鹏,2008 年),河北灵寿县(佚名 1),广西南丹县(周芬芬,未发表)、河池凤山县(佚名 2),宁夏回族自治区海原县、同心县,云南省楚雄市,湖北建始县(王国强等,2007 年)等地仍存在混读生。这样看来,我国至少 11 个省市农村地区依然存在混读生。

一篇文章中这样记载,在湖北建始县,花坪乡周塘教学点是全乡保留的 17 个教学点之一,48 岁的刘吉成和 22 名学生(学前班 4 名、一年级 12 名、二年级 6 名)在这里演绎着快乐的故事。到 2006 年底,建始县不得不保留这样的教学点 81 个(王国强等,2007 年)。以此推断,仅建始县一县而言,以一个教学点仅有 10 名学前儿童在小学一年级混读,整个县可能有近千名学前儿童在小学一年级就读。

尽管学前儿童在一年级混读这一现象在该地已经至少存在 20 年之久,但其增多和在某些地区的普遍存在是近十年左右的现象(详细原因见"第三章混读生早期教育的产生原因")。这在对当地教师的访谈中得到证实,如:"我在 81、82、83 年教过低年级,那个时候没有到 7 岁来读书的不多,主要是因为班级里没有地方坐。2001 年出现这个现象。(随着)社会生活的发展,家长知道了文化的重要,想让孩子早点进入学校多学知识。学校没有教室不应该收,但是家长要送来。"(H5)"(你们这里的老百姓,想把孩子送进来混的人多不多啊?)这两年比较多了,特别是 1998 年我到这里以后,那时候我们的苗族学生根本没有上学,通过几年的努力,特别是两基工作时政府的帮忙和工作,我们的学生基本上 100%都入学了……两基工作做了以后,家长意识到工作很重要,早点进到你们小学,年龄不到也要送。因为他觉得孩子到了学校,接受教育很重要嘛,他就没到年龄就送来了"(H7)。

在以上背景下，尽管混读生很少得到研究者和当地教育管理者的关注，但它确确实实存在，在一年级混读的学前儿童数也不少。在确定研究地以后，我试图获得P县教育局的帮助，来调查该县混读生的数量和在读学前儿童数量。遗憾的是无法进行原先设想的调查，①为此我仍无法明确告知该县究竟有多少混读生。以下，我们从两个乡镇和全县看混读生的广泛存在。

从YZ镇来看，2007年该镇共有16个小学，其中9个小学的一年级接受了学前儿童，这一现象超过了全镇小学学校总数的一半多。2006年9月，我们课题组曾调查了203名刚入小学一年级的7岁儿童。其中，共有173人接受了早期教育，混读生占到了接受学前教育儿童总数的20%左右。YZ镇是一个大镇，经济位居全县所有乡镇的第二位，学前儿童教育普及率也居全县乡镇前列。可以推测，在面积较小、经济更落后、道路崎岖、少数民族居住更多的其他乡镇，混读生的存在更为普遍。YZ镇中心校教导主任认为，对于其他乡镇来说，“(和我所在的镇相比)，在教学点的数量上可能有一点出入，存在混读现象的占总学校比例的大概三分之一”(A2)。这在对隔壁乡的调查中得到

① 2007年12月，我联系了县教育局主管幼教的管理人员，并提出对混读生早期教育进行一个问卷调查，但遭到拒绝。教育主管部门对混读生问题有所回避的原因之一在于混读生是国家禁止的一种教育形式，更重要的另外一个原因在于国家教委将于2009年对该地两基工作进行复查，其中的重要一条衡量指标为“保证所有适龄儿童接受九年义务教育，不到入学年龄的儿童不能入学”。一旦发现违背了这一规定，该地的两基工作将无法通过验收，会对整个市、乃至全省的基础教育造成影响。

证实，该乡除了乡完全小学[1]之外的 11 所小学都没有设立独立的学前班，这些学校中的学前儿童都是在小学一年级混读，其中一个小学一年级中学前儿童的人数达到 40 多人。而县教育局的资料显示，该乡 6 岁学前儿童的入园(班)率高达 60%。假设该乡有一半的学前儿童在乡完全小学的两个学前班就读，那至少还有一半的儿童在小学一年级中混读，由此可推测学前儿童在一年级混读这一现象存在的普遍性。该乡中心学校校长说，现在该乡有 12 个小学，“学前教育有 4 个班，(乡)中心小学有 2 个(学前)班，其他的基本上都没有拆出来(放在一年级)，算 2 个，就这样算的”(A4)。而在县教育局 2006 年的统计资料中，ZB 乡有学前班 6 个，统计失误的原因尚不清楚。

同样的，在学前儿童教育普及率偏低的 DT 镇，共有小学 12 所，其中完全小学 5 所、教学点 7 个。乡(镇)上办有三年制的乡(镇)中心幼儿园，为此乡(镇)小学没有开办学前班，其他 4 所完全小学设有独立的学前班，7 所教学点则都是学前儿童在一年级混读。

据县教育局提供的资料，全县共有 4501 名 6 岁学前儿童，其中 692 名学前儿童在小学一年级中混读，这些儿童占到了 6 岁儿童总数的 15%。将其除以 6 岁儿童在园(班)总数 3031 名，在一年级中接受混读教育的学前儿童数占到儿童入园(班)率总数的 22.8%。尽管这一数据已经较高，但我们对此还是持

① 在农村地区，小学学校可分为两种类型：完全小学和教学点。完全小学是指含有 1—6 年级共 6 个年级的小学学校。相对来说，完全小学的学生数较多，师资也比教学点的师资充足。

教学点也称作“校点”，是指学校开设的年级不全，仅含有 1—6 年级中某几个年级的小学学校。通常是 1—2 或者 1—3 年级，它们通常归附近的一所完全小学管辖。其开设的目的是满足附近低年级儿童的入学需要。儿童在教学点就读两三年后，转到完全小学就读。

怀疑态度，并认为实际情况比这个数值还要高。因为根据我们的不完全统计，YZ 镇混读生超过百名，而教育局的资料中该镇混读生仅有四十几名，这存在着极大的出入。更让人不解的是，县教育局 2007 年和 2008 年的统计资料显示，该镇已经不存在混读生。而我们的问卷调查显示，学前儿童在小学一年级中混读仍存在，2007 年 12 月全镇的此类班级数量比 6 月份仅减少一个，且在一年级混读的学前儿童仍有 100 多名。仅仅半年的时间，该镇的此类现象就全然消失了吗？这绝对不可能。据了解，该县共有小学 422 个，含中心小学 72 个，校点 130 个。依据以上两个乡镇的情况，本书著者做出以下推断，假定中心小学学校均含有学前班，以一个教学点的一年级含 10 名学前儿童做保守推断，该县应至少有 1300 名学前儿童在小学一年级中混读。与县教育局统计的 692 人相比，超过统计数据近一半。同样以 1300 名学前儿童做保守推断，除以全县 4—6 岁学前儿童 12927 人，则意味着约 10%的学前儿童在小学一年级中混读，这也反映了学前儿童在一年级混读的普遍性，以及对混读生进行研究的必要性。

三、在现有条件下混读生还会继续存在

研究之初，本书著者曾认为，幼儿在一年级混读或者复式教学是经济落后的产物，是不得已而为之的行为。随着经济的发展、教育的普及，它们都将走出历史的舞台。然而，根据对被调查的相关信息的了解，随着研究的深入和对当地学前儿童及其人们生活状况的了解，尤其是对当地学前儿童教育发展现状的了解，我逐步意识到，以上的想法是理想式的畅想。

问卷调查显示，63.2%的当地教师认为混读还将存在 1—5 年，18.4%的老师认为将存在 6—10 年，5.3%的老师认为这种

现象将持续 11—15 年，还有 7.9％的老师认为将存在 16—20 年，甚至有 5.3％的老师认为这一现象将存在 21 年或以上。而且，通过对当地教育、人口、经济等的考察，本书著者推测认为，学前儿童在一年级混读这一现象还可能继续存在许久，且数量还可能增加；按照现今的管理方式，混读生将继续存在十几年，乃至二十、三十几年。这是由当地早期教育管理现状、学前儿童数量和分布、家长的强烈需要等因素共同决定的。

表 2-1　P 县 2007 年 0—6 岁学前儿童统计表

乡(镇)名	0 岁	1 岁	2 岁	3 岁	总数
PH	125	177	201	214	931
BL	96	101	137	106	546
MEH	85	78	65	67	362
KP	138	131	116	140	665
ZM	171	208	214	233	1059
SZ	89	98	126	111	535
XL	120	156	171	179	805
BR	154	168	169	177	845
GZ	69	90	94	94	441
KL	47	73	76	76	348
GD	62	74	92	98	424
YZ	101	199	178	245	968
TZ	292	322	337	345	1641
SC	94	129	182	131	667
KD	200	256	243	273	1245
TB	203	252	335	410	1610
XT	58	85	84	77	381
DT	136	155	167	144	746
ZB	67	139	102	181	670
合计	2307	2891	3089	3301	14889

首先，在幼教管理上，当地教育管理部门对幼教管理采纳了层层推诿的方式，以至于实际上没有管理、早期教育处于自由发展状态。《中华人民共和国教育法》十四条规定，“国务院和地方各级人民政府根据分级管理、分工负责的原则，领导和管理教育工作。”尽管从国家到省到县，各层教育主管部门一再提倡开展学前教育，但给予经费、人员等方面的支持力度有限，也没有给予实质性的管理。在贫困地区，没有来自上级的经费投入，经费运转已经困难的小学还是没有教室和教师来办独立的学前班（详见“第三章混读生早期教育的产生原因”）。更糟糕的是，部分小学学校将本来独立的学前班取消，致使混读生数量继续增加，后果不堪设想。

其次，学前儿童数量和分布的特点也在一定程度上决定了混读生的继续存在。由表 2－1 可以看出，随着计划生育有效的实施，整个 P 县的学前儿童出生率呈现逐年下降的趋势，这表现在从 2004 年到 2007 年每年的学前儿童出生数越来越少。个别的乡镇（如，KL、XT、GZ 和 ZB 乡镇等）在一年中出生的学前儿童数仅几十人，最少的还不到 50 人。三年或者四年后，这些儿童接受学前教育将成为一个问题。更可怕的是，随着当地小学学校合并的继续，偏远的、学生数少的小学学校，尤其是教学点逐步减少，这些只能在一年级混读的学前儿童很可能失去混读的机会，只能将散居在家。这也验证了以往幼教管理人员的判断，甘肃中部定西地区（崔振邦，1995 年）、河北省（佚名 3，2007 年），乃至全国农村（佚名 4，2007 年）学前教育发展中存在的问题之一为人口出生率下降，农村适龄学前儿童数逐年减少，这将导致幼儿在一年级就读、学前混合班逐年增多。

最后，家长对安全、让孩子接受教育的需要还是那么强烈，他们希望学校接受孩子入校。一位对当地教育有着诸多思考的小学校长这样描述家长的意愿："老百姓总的意愿就是把五岁以上的小孩送到学校的，但是如果学校不办了，老百姓就有意见。老百姓有意见，他们想：一方水土养一方人。如果你不办了，家长有反抗意识，他组织一帮人，要求换你们这拨人……你不办老百姓也吵你。老百姓吵了领导方面也不帮你，就讲你老师不注意，形象不行了，老百姓有意见了。"(Q3)面对家长的需要，学校还是得接收学前儿童入一年级。

该地教育主管部门的管理人员多次告诉我，幼儿在一年级混读的现象在最近几年即将消失。如，县教育局幼教管理人员告知混读生数逐年减少；YZ镇中心校校长也明确告诉我"在两三年将消失"，因为"两基工作要验收，要卡死入小学的年龄"(A3)；中心校的教导主任认为，"可能明年就没有了"，"08年两基又要验收，不敢收这样的学生""家长要求，但是我依然可以不收你"(Q1)……即便在该地听了多次此类的话语，但本书著者依然不敢相信这一断言，并始终认为，依据当今现状，如国家不扶助贫困地区早期教育，各级教育管理部门继续制订发展规划，不断提高学前儿童入园(班)率，但又不投资和管理当地幼教，贫困地区学前儿童教育依旧处于自然发展之中，那学前儿童在一年级混读这一现象还将存在很久。

第二节　混读生的分布特点

尽管学前儿童在小学一年级中混读在不少贫困地区普遍存在，但其分布有其自身特点。通过对研究所在地的实际考察，也结合以往少有的文献，我们发现，混读生的分布呈现以下特点：

就混读生在某一县城和乡镇的分布来说，距离县城或者乡镇越远的地区，经济和教育发展相对落后，师资缺乏严重，加上

学前儿童教育发展落后，人们对学前教育的重视和认识越不到位，混读生存在的越多。以P县为例(见附录1 P县乡镇分布图)，BL乡距离县城15公里，YZ镇距离县城30公里，ZB乡距离县城60公里。BL乡由SC和JZ合并而来，现在有两个幼儿园;10个小学中有2个教学点是混读。YZ镇则有16所小学，9所小学存在混读，占到了一半。DT镇共有小学12所，其中完全小学5所、教学点7个，教学点则都存在混读生。在更为偏远的ZB乡，12所小学有11所小学存在学前儿童在一年级混读的现象。就混读生在某一乡(镇)的分布来看，以经济发展和教育发展为全县前几位的YZ镇为例(见图2-1 YZ镇混读生分布图)，共有9所小学存在混读生，占到全镇小学总数的一半多。可以看出，距离乡(镇)越近的学校，有混读生的可能性越少;距离乡(镇)越远的学校，越可能出现混读生。混读生出现"扎堆"现象，即一个学校存在混读生，距离这一学校较近的学校也可能存在该现象。

就某一具体地域而言，并不是以上省份和县市的所有小学都存在学前儿童在一年级混读的现象。即使在混读生极多的同一个镇上，也不是所有学校的一年级都存在该现象。通过对该县和几个乡(镇)的实际考察，本研究发现，混读生的分布呈现以下特点：

(1) 存在于没有幼儿园和学前班的地方。调研发现，交通较为便利、经济相对较好、学校设备较好的小学大多设立了学前班，条件更好的乡(镇)则设立了乡(镇)中心幼儿园。没有乡(镇)中心园的乡(镇)学前班也相对较少，混读较多。比如，ZB乡在2008年之前还没有建立起乡(镇)幼儿园，该乡只在乡中心小学内开设了两个独立的学前班;在12所小学学校中，除了乡中心小学，有11所小学存在学前儿童在一年级混读的现象。在

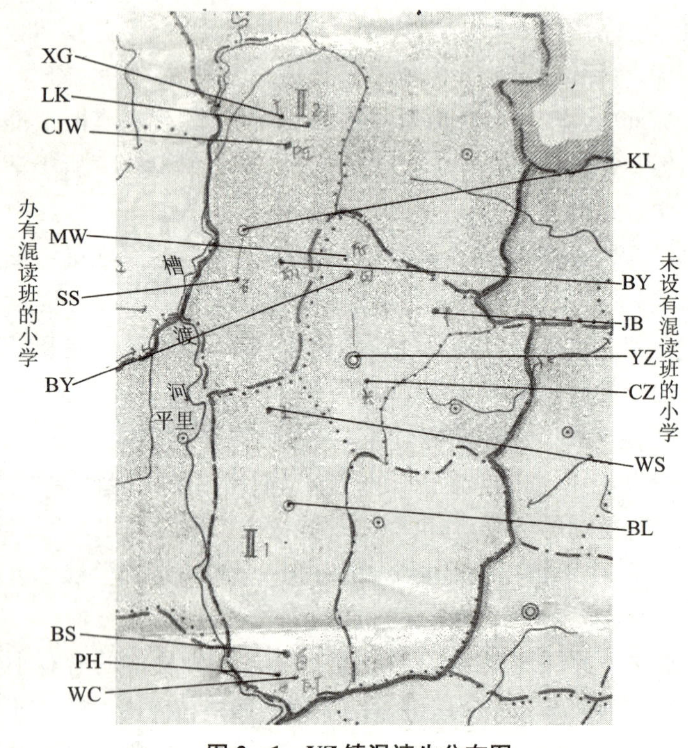

图 2－1　YZ 镇混读生分布图

这些没有幼儿园或者学前班的学校，家长有将孩子送到学校的需要，小学学校又可以从中收取费用，这样的小学才会存在混读生。与有幼儿园和学前班的地方相比，存在混读生的地域其经济更加贫困，交通更加不方便。在寻找混读生的过程中，本书的研究者也深刻感受到这点。已有研究对河北省、新疆、江苏省农村学前儿童家长的抽样调查发现，在没有办园的村，家长为了让

学前儿童接受教育，把未到入学年龄的学前儿童送到小学一年级，[①]学前教育落后是混读生产生的原因之一（范方，2003 年），本书证实了这一发现。

（2）主要存在于学前儿童人数较少的村庄。这与安徽南部地区的发现相一致（吴玲、葛金国、程双远，2002 年）。在农村贫困地区，居民居住分散，生源少。一个行政村通常包括十几个自然屯，每个自然屯人口很少，有的屯只有一两户人家。这几年计划生育政策实施效果显现，加之抚养一个儿童的成本增大，农村人口出生率显著降低。一个大的行政村每年的学前儿童出生数也不过 20—30 人，这使得集中办园（班）也面临困难。在当地，如果要求接受学期教育的儿童人数不足 30 人，小学学校办学前班则可能存在倒贴钱的现象，绝大多数小学宁可不办独立的学前班，而是将学前儿童安置在小学一年级中。

（3）绝大多数的教学点都存在混读生。教学点只设有几个班级，通常是小学低年级。对于贫困地区来说，教学点的存在有价值：方便学生入学，减少安全事故；有利于减轻农民负担；是教育公平的需要。[②] YZ 镇共分为三个教学片区，每个教学片区管辖几个完全小学或者教学点。该镇共 9 个小学一年级存在学前儿童就读现象，其中 6 个分布在教学点。就混读生而言，只有 3 个混读生所在班级分别设立在三所完全小学，隶属这些小学的教学点都存在学前儿童在一年级就读的现象，其中 MW 教学点隶属于 BY1 小学，XG、LG 教学点隶属于 CJW 小学，PH、WC 教学点隶属于 BS 小学。只有存在幼儿在一年级就读现象的 SS

① 潘仲铭主编：《农村幼儿教育体系研究》，北京：教育科学出版社，1999 年，第 4 页。

② 王莹、黄亚武：《农村中小学布局调整中的教学点问题研究——基于河南、湖北的调查分析》，江西教育科研，2007 年 2 月。

教学点隶属于设有学前班的KL小学。

在有关混读生的报道中，接收混读生的小学一年级都设立在小学教学点。比如，陕西省安康市汉滨区一个名为三合小学的教学点（刘锐萍，2006年）、湖北建始县花坪乡的周塘教学点（王国强等，2007年）、石家庄灵寿县宅头乡七油沟村的银城希望小学（佚名1，2008年）、贵州遵义市正安县庙塘镇（曾智鹏，2008年）、广西河池凤山县江洲瑶族乡风平村弄怀教学点、巴标小学（佚名2，2008年）等。我们无法排除报道人员出于博得人们对农村贫困地区教育关注和引起人们同情心的意图，但我们依然可以看出和推测出，这些本来面向小学生的教学点确实让学前儿童进入一年级班级，并和一年级小学生一同就读。

就贵州省P县而言，存在学前儿童在一年级就读现象的教学点多没有通公路，道路崎岖，多为偏僻的高山之地，面的等车无法进去，即使骑摩托车也很危险。在贵州这一调查地，在走访混读生的过程中，经常踏着崎岖不平的路才能找到混读生。另外，混读生所在班级通常距离乡（镇）和所属教学片区较远。这与周芬芬在广西南丹县进行考察得出的结论相一致，“该县农村存在大量的小学低年级教学点，大部分教学点的一年级都存在年龄很小的跟读生，绝大多数教学点没有学前班”①。

① 周芬芬，贫困地区农村学前教育发展现状的考查（未发表），山西师范大学教育科学学院。

第三章　混读生早期教育的产生原因

前两章的内容中提到，混读生的存在违反了国家幼教管理政策，但依然存在。我们很好奇，为什么在二十多年的明令禁止下，这一现象教育形式还存在？第二章曾提到，在学前儿童数量较少的村寨、在没有幼儿园和学前班的学校、在教学点存在混读生，混读生为什么存在于这些地域？混读生早期教育的增多是近十年的现象，为什么在这个特定的时期增多了？

第一章的文献概述中提及，有研究者认为，贫困山区复杂的地理环境、落后的经济、传统的文化观念，是皖南山区“幼一复式”学前儿童教育模式产生的客观原因（吴玲等，2002 年）。还有人认为，甘肃中部定西地区（崔振邦，1995 年）、河北省（佚名 3，2007 年），乃至全国农村（佚名 4，2007 年）学前教育发展中存在的问题之一为人口出生率下降，农村适龄学前儿童数逐年减少，这将导致混读生、学前混合班逐年增多。那在本书研究者所考察的贵州农村贫困地区，混读生产生的原因是否如上所述呢？

任何一种教育形式的产生都与当时当地的地理环境、经济水平、文化观念紧密联系，混读生早期教育的产生也是如此。我们发现：混读生早期教育是近些年社会文化、经济、社会结构变迁的产物；其产生源于家长对看管和教育的需要与学校无法满足其需要之间的矛盾，也源于教育主管部门的管理严重不足，更

源于我国分割的教育体制导致贫困地区学前儿童教育受到义务教育的严重冲击。

第一节 表面原因
——家长需求与学校无法满足其需求之间的矛盾

在去该地搜集资料的过程中，本书著者曾经到大大小小的村寨访谈过十多位孩子的家长。这里的家长都有着强烈的把孩子送到学校的意愿，他们都急于和乐于将孩子送到学校；这里家长对学校、对学习、对读书的肯定及支持让我们深深感动。即使当地没有幼儿园和学前班，哪怕到当地小学学校是仅有一二年级的教学点，这里的家长也期望学校能接收他们的孩子入校。那么，当地学前儿童的家长，为什么这么期望学校接收他们年幼的孩子进入学校？这些家长究竟对学校有着哪些具体的期望和要求呢？

通过对访谈资料的分析，我们发现，家长主要有两个方面的需求：希望“有地方看管孩子”，也希望孩子在“入学前有个适应阶段”。

用一位小学校长的话来说，“一是让孩子满足求知欲的情况。现在的家长很多都外出打工，都希望自己的孩子能够早点入学，有些家长就早早地把孩子送到学校，回家如果学到写个1、2、3，家长就很高兴。家长就觉得，别人家的孩子都能够数1、2、3了，我自家的孩子连个1是什么都不知道，他也不想这么做，就把孩子也送到学校啦。再一个，小孩5、6岁的时候，精力特别旺盛，要不背到山上去干活，也不方便。交几个钱到学校，有老师管着，回家有比较大的孩子看着，一方两便。在我们这里，有的家长不送孩子入学，就是玩水溺死啦或者造成火灾的都有。从安全的角度来考虑要把孩子送到学校，在学校有老师的

责任，在路上呢有大家同学的一种监督。送到学校，既能保证安全，还能学到知识”(H4)。

一、“有地方看管孩子”“入学前有个适应阶段”——家长的强烈需求

这里的老师和家长都无一例外地提到，把孩子“拿到学校放心”、“方便”。在这些访谈资料中，“框”、“守”、“托儿所”、“保姆”、“放心”、“方便”、“安全”等词语被反复提及。仅仅在对一个学校的校长和任教教师访谈的三次材料中，“放心”被提及6次，“方便”被提及3次。这些词语的多次反复出现都说明，当地家长把孩子送到学校的主要原因在于对安全的需要。

1. 家长对安全和看管的需要

(1) 山高路远，不方便带孩子上山干活。

该地家长收入不高，不少家庭刚刚解决温饱问题，他们每天忙“活路”、“找钱”。在家的家长们一直忙农活，比如春季插秧、秋季打米、种油菜、收油菜籽、放牛、打柴等等，而这里平地少、农田少，很多田地在离家较远的地方，而且道路崎岖(见照片3－1)。在这里，很多农民去山上干活来回需要一两个小时的时

照片3－1　距离家很远的田地，摄于20060911

间，他们多选择带饭到山上、中午不回家吃饭。这种山高路远的田地分布也让家长们不便于带孩子山上干活（见照片 3－2），“像这么大的，半大不小的，你去坡上，他走路又走不动，你还要背他”（T1）。

照片 3－2　背着孩子收割稻子的老人，摄于 20060921

为此，家长们觉得，“在学校的时间，大人可以干事情。像下雨天，放牛，小孩也就跟着去。如果去了学校，大人干事情放心一些……我们下田不带着不放心，带着这么小的孩子到田里又不方便，他们什么也干不成，还要你照看”（P12）。“我就说她自己在家里面嘛，玩也没什么玩的；在家里面，也帮不上我什么忙，一会爬这里，要不就是倒人家的东西啊。让她到那里（学校）去嘛，我方便一点”（P7）。

（2）溺水、玩火等不安全事故迫使家长需要有人帮忙照看孩子。

把年幼的孩子丢在家里，让他们自己玩耍本应是一个选择，

而这里到处分布的敞口水窖、[①]崎岖的山路（见照片 3－3 和 3－4）又给年幼孩子带来了危险，加上每家孩子数少，以及当地曾出现过溺水、玩火等不安全事故，这里的家长们需要有一个场所和一些人员帮忙照看年幼的孩子、保证孩子的安全，学校自然成了他们的首选。如 ZCF 老师所说，“因为大人不放心他们在家里面，像现在摘秧啦，有水啦，怕到水里面去”（T1）。至于意外伤害事件，“有过的，我们下面有（山下的村寨发生过），两三个不会游水，掉下去了”（T5）。“听说过出意外造成伤害的。有的家长把孩子关在家里，孩子自己不懂事，自己瞌睡来了，爬到床上；又玩火，把蜡烛点着了，认为好玩的事情，又放在床上，后来把蚊帐点着了”。如果学校不收这些学生，“这样的没办法，自己又要干活啊。尽量克服，把危险的东西放好，他只能这样”（H1）。为此，“送到学校让老师管管，学校比较安全一点”（P7）。

最近几年，当地儿童父母纷纷“下广找钱”（即外出打工赚钱），导致当地出现大量的留守儿童，很多奶奶或者外婆一人要照顾 3、4 名儿童（见照片 3－5）。这些年长的祖辈更是期望有人能帮忙看管孩子。仅仅在 YZ 镇上的一所幼儿园，共计 193 名学前儿童中，父母外出打工的学前儿童有 110 名，占到了 57%。在偏远的村寨这种现象更为严重，比如 BS 小学，父母外出打工的占到了全校学生总数的 80%。父母外出后，年迈的爷爷奶奶是这些儿童的照料人，祖辈本身年纪大，不仅要忙于生计，还要照顾年幼的孙辈。还有的爷爷奶奶一人照顾四五个孙子，负担很大。为此，绝大多数的“爷爷奶奶都希望有个地方看管”“愿意

---

① 水窖是我国黄土高原缺水、苦水（水质苦涩）地区存蓄雨水、雪水的一种水利设施。在贵州 P 县，水窖的水除供人畜饮用外，还可用于浇灌农田。不管是坐在车上，还是走在山间小路上，经常会看到水窖。水窖在解决当地饮水困难的同时，也带来了潜在的危害，比如造成年学前儿童童溺水。

照片 3-3　敞口水窖，摄于 20061012

照片 3-4　崎岖山路，摄于 20061017

送到学校，老师给他管理，老师像保姆一样的，他放心了”(H2)。“在家里面爷爷奶奶要干活，没人照顾。送到学校有人照顾一下也是好的”(P15)。

一位老师还给我们讲述了一个惨剧，“上个月底，打油菜的时候，在我家老家那边，就是往南边那边就发生了一件事情。那奶奶带着两个孩子，还没到年龄读书，就去田边，带着两个孙子去打油菜，两个孩子还没到年龄读书。一打油菜呢，她光顾打油

照片 3-5　要同时照顾三个孩子的奶奶，摄于 20060910

菜了，其实两个孙子都钻到打过的油菜秆里面睡着了。然后呢，打完油菜看看看，两个孙子不见了，以为她干活，已经回家了。天黑了，打好了，嚓一把火，放到油菜秆里面，她就回家了。一回家找不到她的孙呢，才跑过来看。两个孙，睡着在里面被烧的灰溜溜的。都死掉了，一个外孙一个家孙。你看，这种老人留在他身边，父母能放心吗"(T1)。

这样惨剧的发生更是促使孩子的照看者将孩子送到学校，学校无疑是家长最好的选择。正如很多被访者所说，"他就希望你们帮我收，到时间我有个喊处，很安全，老师就起到一个保姆的作用"。"送到学校，老师给他管管，他就放心了"。"放学的时候就像守牛一样，拎孩子，有个叫处，安全"(T1)。

"就是拿给学校来，给老师来守一下，像那个托儿所一样。只要你帮他照顾孩子，安全；只要放学的时候也跟着大人、同学一起回到家，一天没事的话就可以了。只要在学校里面，不耽误他们在家干活。只是说白天他们要去山上干活，对吧？然后拿点钱交到老师这里，放到学校，然后让老师看守小孩子嘛，这样子他们到山上也放心一点。因为放到学校啊，学校的老师肯定

不会让他们玩水啊。学校这边也没有河、也没有水，所以也不用担心。而且老师经常说，不允许那些小孩子去玩水嘛”(T22)。

2. 家长对教育的需要

除了对安全的需要，也有家长有了让孩子入学学习的需要。在对研究地的家长进行访谈时，我发现，不论是幼儿园还是学前班的家长，抑或是混读生或者散居在家的孩子的家长；不论是年迈的爷爷奶奶、外公外婆，还是年轻的爸爸妈妈们，当被问及“上学、读书是否重要”时，他们都肯定地回答“是”、“当然”。当被问及“为什么孩子这么小就送到学校时”，也有家长立马回答“上学对他好嘛”。那这里的家长(包括混读生的家长)认为上学有什么好、期望孩子在学校学点什么呢?

(1) 让孩子懂点纪律

有5位家长提到希望孩子能在学校学点纪律、知道学校的常规，便于为以后上一年级打个基础。一位曾经为教师的爷爷把三岁的孙子送到了小学一年级去混读，当被问及“你孙子这么小，为什么把他送到班里来”时，这位爷爷说“让他来班里面学一些纪律、一些常规啊，便于以后上一年级打个基础”。XTC爸爸被问及时，认为“如果不去上学，一天到晚就是玩，不知去向。和XTC同龄的都去上学了，在家没有玩伴了。让他到那里(学校)习惯一下，到读书就可以了，熟悉环境嘛”(P10)。LZL爸爸也立马回答说“学一下课堂的常规、课堂的纪律啊”(P14)。一位儿子在小学一年级中混读了两年的父亲认为，“虽然也上，但是第一年基本上没会做什么。但那个时候要求也比较低，随便嘛。只要他能愿意去，知道是怎么一回事，能达到这样的效果，我就说可以了。知道每天早上能起来，知道作息时间，知道去上学，至于学好学不好是另外一回事”(P5)。“学到常规、懂得课堂纪律”也得到了老师们的肯定。在被问及“混读过的孩子和什么都没有读过的孩子相比，有什么优势”时，老师们首先提到和肯定的就是“他知道学校的常规啦，知道什么时候上课、下课，知道厕所在哪里”等等。

(2) 让孩子学点知识

尽管这里的家长对安全、看管的需要很强烈，但由于经济增长、受打工的影响、ECCD 项目的影响，不少家长意识到，“如果不通过早期发展教育，学生以后升到一年级学习太差，跟不上老师上课的内容”，为此，“他(家长)希望孩子在入学前能够有个适应阶段，能够初步地掌握一些学习的技巧或者什么的”“在学前班给他们打下一些拼音、识字、识数基础”(A2)。正如 LZL 爸爸所说，“提前早一点上学，好一点。提前搞一点简单的拼音、字啊”“拿到我们这里教，学到多少就多少。他有个底子，等到一年级上课呢，他学会了一些，会写会认了”(P15)。一位母亲听到“希望孩子学点什么呢”这个问题时，爽快地回答“什么都想学，但是他学不到。最基本的字母，多学点字母，算术”(P3)。一位孩子仅有 5 岁的母亲曾连续两年要求学校办学前班，对学校没有办学前班颇为失望，也对学校一年级没有接收自家孩子入学颇有意见，因为这位母亲认为，“他(儿子)每天在家看电视，有时和大人出去田头，喂猪的时候也跟着去的。反正就是跟着大人跑。在学校能学到东西的，像 XTC(一位刚入一年级一个月的孩子)已经会写 1—10 了，但是 LZ(自家孩子)现在什么还不会”“(希望)能够把拼音掌握好，认识 10 以内的数，会 5 以下的加减”(P12)。当然，这里的知识多指拼音、识字、数数等偏重认知的内容，这从一个侧面反映出贫困地区家长教育观念的偏颇。

(3) 让孩子听懂汉语和普通话

如前所述，本研究地在贵州省的一个国家贫困县，这里是汉族、布依族和苗族杂居的地区。在布依族较多且距乡(镇)极远

的个别村寨，还以布依语为主要的交流工具；苗族喜欢居住在深山老林，与外界的交往相对较少。本书曾提到混读生主要存在于偏远的地区，与距离乡（镇）较近的村寨相比，居住在这些村寨的少数民族较多，使用少数民族语言的人较多，听不懂汉话的儿童自然也相对较多。而随着经济的发展和与外界接触的增多，大部分家长都意识到掌握汉语和读书的重要性。为此，家长在孩子5、6岁时就送到学校，想让孩子早期接触汉语和学普通话，为以后正式接受学校教育打下基础。就像一位在距乡（镇）50公里远的一个教学点任教的老师认为，当地家长把孩子送到学校"主要是语言上的考虑"。"在我们那里，如果小朋友都7岁才去学校，他（家长）觉得7岁才进教室，他（孩子）根本不懂汉语。他再慢慢地学，把汉语学好，再学普通话就晚了。所以他们有这种想法，5、6岁送到学校去了，一个学期出几块钱或者几十块钱，让老师买了书跟着学，先听懂汉语，明年再好好学"（T24）。

（4）锻炼孩子的胆量

当地孩子外出的机会少，接触外界人和事物的几率相对少，不少孩子存在胆量小的问题。在我们进行测查时，有的孩子紧张的手打哆嗦或者出了一头汗。家长希望把孩子送到学校锻炼孩子的胆量，为入学做准备。就像一位6岁女孩的妈妈说得那样："像今年去嘛，只是说让她胆子大一点……今年让她去锻炼一下，稍微学一点，胆子大一点，只是这样子。其实今年去，没有什么知识，学不到知识"（P7）。"一个是练胆量，二是至少学了一些知识，虽然知识学得少还是学了一些。主要是练胆子，这里的孩子没有见过世面，在家里胆子小"（T16）。

上文详细分析了家长的需要，但不得不指出的是，尽管多数家长出于对看管的强烈需求而将孩子送到学校，为此对混读生和接收学前儿童在一年级混读的学校持有低要求。尤其是在偏远的一些村寨和留守儿童多的学校，家长素质和要求相对更低一些，只要儿童在学校安全不出问题就行了，就像老师们所说“说不出要求，就是帮她管”(T8)、“不让他打架，不让他违纪，学到多少算多少”(T1)；访谈中 13 位家长回答了“是否知道孩子在学校的学习”这一问题，只有 3 位家长知道学习的进程、教师忽视学前儿童等，绝大多数家长并不知道自家的孩子学习什么教材、课程学到了哪里、今天有没有作业、为什么提前放假等。在这样的低要求下，各个学校也没有出现过家长抱怨孩子在学校没有学到东西、对学校教育质量不满意的现象；家长的低要求和要保证学龄儿童的教学成绩等因素一起促使教师在教学过程中主要关注学龄儿童。

还需要注意的是，我们发现，当地只有个别家长因为学校对学前儿童的收费比学龄儿童高而要求孩子在一年级跟读，也有家长认为“一年级在里面管的严一点，学前班在里面玩”(P3)而愿意让孩子提前上一年级。但多数家长并不希望年幼的儿童在一年级就读，他们认为学前儿童不适合在一年级就读，因为“书里的内容接受不了”(P6、P14、P15)、学前与学龄儿童会相互影响(P6)、重复读让孩子变得“没有心情读了”(P6、P7)，他们希望学校能开办学前班，但由于当地学校不开办学前班、该学校离家近、有安全保障等实际原因，家长只能让允许学校将孩子放在一年级就读。

二、“办不成学前班”“多一点经费”——学校的考虑

面对家长的强烈要求，学校本身有什么考虑？为什么愿意接收学前儿童入一年级？我们发现，学校难以拒绝家长的强烈要求，也希望能帮助学前儿童“适应学校生活”，但“办不成学前班”，还想“多一点经费”，为此将学前儿童放入一年级形成混

读生。

（一）“没有教师，没有教室，办不成学前班”

面对家长把孩子送到学校的强烈需求，部分学校无力承办独立的学前班。尽管没有开办学前班的各个学校都向家长解释“必须7周岁了才能上一年级”，也有老师向家长解释“你们孩子要留，等到时间再读书。提前读书，是不好的事情，会伤害他的自尊心”（T1），但家长的强烈要求和“乡里乡亲”的面子还是让学校难以推辞。不少小学的管理人员在被问及“为什么收不足龄的孩子”时，都无一例外地提到难以拒绝的家长。如，“那些不足龄的[①]孩子家长强烈要求的，我们是当地人，也是面子，无法控制”（H5）；“因为我们没有学前班，没有地方，怎么做呢？有的人说，‘我的孩子呢到了上学的年龄了，你帮我带一下吧，明年他年龄到了，’在我们农村，我有什么办法？‘我有困难，你帮我一下啦’，就会出现这样了”（T11）；“你没见这些家长，一到开学报名的时候，你不收他，他生气。他不理你，他说你讨厌，就这样”（T1）。为此，不少学校不得不接收学前儿童入学。

除了家长的强烈要求，新课程改革的影响和一年级学习内容的加深使得小学学校意识到学前教育的重要性和入学准备的重要性。在想办法满足当期乡亲需求的同时，这些学校也期望能为一年级学习奠定一定的基础，以利于入学适应和教师教学。老师们认为，“你说不收，在没有学前班的情况下，很难让孩子一进学校就能够进入到正常的学习状态中……收他们的目的就是让他们在第二年的时候正式进入一年级的学习状态，在下一年

① 一年级同时有学龄前儿童和学龄小学生两类儿童。当地有关人员（如任课教师、管理人员和儿童父母等）通常将班级中的小学生称作“足龄生”“一年级的”“小学生”“大的”“适龄的”，把班级中的学前儿童称作“不足龄生”“学前班的”“小朋友”“小的”。当引言中再次出现这些称呼时，本书不再做出注释。

级正式进入升学”(H6)。如果等到满7岁才来读书，“刚开始进学校的时候，他肯定要比读过的吃力点。一般最少要三个星期，他要有一个适应的过程，”为此，“我们自己提出来办学前教育。如果不这样做，到六岁半七岁入一年级，意志差，上课比较困难”(H2)。从中可以看出，小学学校管理人员对混读生早期教育目的的定位在于“适应”，他们对学前儿童的期望较低，仅仅期望他们能上课知道遵守纪律、认真听课，“进入一年级的学习状态”。即便如此，多数学校期望开展学前教育。

不论是为了满足家长的需求，还是出于为本校一年级做准备的打算，小学学校决定将办学前教育。尽管所有学校都期望开办独立的办学前班，还有学校曾经办过几年的学前班，但由于现在“条件不允许”，“没有教室，也没有教师”，为此办不成独立的学前班。

1. 小学学校没有多余的教室

之所以没有教室，是因为农村贫困地区的小学，尤其是村级小学，绝大多数的完全小学都在义务教育工程支助下盖好的教学楼共有8个房间(见照片3-6)。其中，办公室1间，仪器室、实验室、图书室或者电教室1间；教室6间，每层楼3间，“正好6个年级，所以没有多余的地方设立独立的学前班”。再办独立的学前班无疑需要场地和建校舍，仅仅依靠学校本身的能力是无法完

照片3-6　小学学校教学楼，摄于20060912

成的，而且各级教育管理部门对建立学前班也不会给予经济上的支持。

当被问及“那为什么后来不办（学前班）了”时，GZ 小学 Y 校长说，“以前有校舍的时候有。有些地方有些校点也没有，因为师资有问题，收起来不知道拿在什么地方上课，就没有办了。没有校舍，主要是没有校舍”（H7）。BS 小学 XZR 校长说，“没有老师啦，最不方便的没有教室了。主要是没有教室了。像他们家长说，每个人可以出到 200 元钱，但是我说，你们出到 200 元钱，没有教室到哪里去上呢？没有教室”（H5）。CJW 小学 LTZ 校长也对没有教室感到十分为难，“关键是没有桌凳和没有地方。那是自己解决不了的。现在的场地仅仅是这个地方，确实要办起来也没有这个地方，这里不可能建起来，这里就这么大。办学前班主要是针对这两个（村）组，每一年大概 20 个左右（孩子）。这样呢，这 20 个，我们反馈到上面，不可能给你解决这个问题，他要给你划拨场地啦划拨经费”“如果说缺老师，那我们还可以说向上面反映，或者学校这边想点办法，大家或者能够在学生上面（想办法）。那是义务教育之外的，是不规定你不能收费的。如果你愿意拿来读了，收费也能承受的，所以如果办学前班，收费后请老师是不成问题的。关键是没有桌凳和没有地方”（H1）。

2. 小学学校师资严重匮乏

之所以没有教师，是因为该地不少小学，尤其是教学点和距离中心小学或者交通要道较远的小学，都存在严重的师资匮乏问题。在该县，按照 ZB 乡中心校校长的说法，“按照省里教师的编制和我们现有的教师，总体上说够了，而在具体落实又不够”（A4），农村小学师资缺编是一个普遍现象。仅以 ZB 乡为例，该乡（镇）11 所小学，除了乡民族小学，10 所小学都严重缺少

教师(见表3-1)。有的小学(如XSM小学)办有6个年级,全校只有1名公办教师。为此,当地小学学校需要聘任代课教师和支付一定的工资。小学教育尚且如此,学校不得不聘任代课教师,附设在小学的学前班师资问题被排在后面考虑。这与范方(2003)的发现相一致。

正如CJW小学LTZ校长所说,没有办学前班,"还有一个就是缺老师,住的条件根本没有。有的老师还住那边,那边是村办公室,借了村办公室住的;像这边的(两间教师宿舍)是我们自己弄的,在这个原来规定一费制的时候有点结余,那个时候弄的,05年之前"(H1)。曾经办过学前班的SS教学点有两层的教学楼,但在2006年只有两个班级、两个50多岁的男教师,他们认为"本身不足龄的,我们想拿到上学前班,但是没有老师,我们只好拿他在这里。没办法""请一个学前班老师呢,至少一个月要400,10几个不够20个学生,一个人拿100都不够"(T8)。据了解,各个学校期望上级派来专业的公办的学前儿童教师的可能性极其渺小。在我们所调查的两个乡(镇),除了乡(镇)中心幼儿园有几名公办教师外,所有学前班老师都是本校花钱聘请的代课教师,这些教师每人每月600元的工资对于农村小学也是一项不小的开支。尽管有学校本可以办学前班,但为了节省这批费用,也采取了将学前儿童放在一年级混读的做法。

表3-1　ZB乡各小学学校的在编教师数和班额

学校名称	学校班级数	在编教师数
ZB民族小学	23	52
TB小学	6	4
XC小学	6	3
XM小学	3	2

续　表

学校名称	学校班级数	在编教师数
LH 小学	4	2
GZ 小学	6	6
KH 小学	6	2
DP 小学	6	2
LT 小学	6	3
DL 小学	2	1
XSM 小学	6	1

除了没有教师、没有教室，还有的学校因为没有桌凳不能办学前班。CJW 村寨的群众向领导提出让小学学校办一个学前班，政府也向学校传达了这一意见，校长回复说"办的条件没有，(因为)有这几个困难：缺老师、缺教室、缺桌凳。现在我们 200 个学生，才 60 套桌子，几乎都是三个四个挤在一个桌子上，实在没办法……这样坐起来质量也受到影响"(H1)。第四章《混读生早期教育的环境分析》中有关"物理环境"的讨论中分析发现，不少在一年级就读的孩子是 3 个人坐一套桌凳，这也在一定程度上证实了当地小学学校缺乏足够的桌凳这一现象。在小学生学习设备还没有得到保障的情况下，学前班的桌凳自然更是受到忽视。

(二)"学校经费困难，多一点经费"

在对各个存在学前儿童在一年级就读现象的小学教师和小学校长进行走访的过程中，我们发现，部分存在学前儿童在一年级就读现象的小学学校曾经办过独立的学前班，比如 ZB 乡的 GZ 小学、XC 小学，YZ 镇的 SS 小学、BS 小学、JB 小学和 CJW 小学都曾经办过独立的学前班，但这是农村税费制度改革前的做法。在税费改革前，尽管这些小学有的时候因为学前儿童人

数少，不足以支撑学前班教师的工资，但是这些小学仍感到办学前教育的重要性，并从义务教育经费中抽取费用补贴到学前班。如，在SS小学，“05年，04年，以前都办。那个时候10几个也办，由学校这边拿钱，拿在校生的学费补给学前班。那个时候学生收80几块，除了20多块钱的书，还有50块。100个学生还有1000块，能解决老师的工资”(T8)。

但是在农村税费改革后，农村教育费附加和农村教育集资被取消，农村义务教育经费筹措的格局发生了很大变化，原来由农民承担为主的农村教育经费将由政府承担为主。诸多研究发现，农村税费改革造成农村教育经费严重短缺，给农村基础教育的发展和农村学校的正常运转带来重重困难，包括民办教师退休费保障难、公办教师工资筹措难、普九债务化解难、中小学危房改造难、学校维修难、学校正常运转难等。[①] 而税费改革对贫困地区基础教育的影响更是深远，这些地区财政收入无力承担农村教育经费，导致农村基层小学经费严重不足，运转困难。小学学校的财力已经无法维持小学自身的运转，更不可能、也无力再补贴到学前班了。在SS小学，“现在一个学生30几块的杂费……20几个学生500块钱，拿500，代课教师的工资不够，不完蛋了吗？粉笔都买不起”(T8)。

在这样的背景下，各个学校不得不考虑增加经费的问题。对于学校来说，学前儿童可以收费，可以增加学校经费。尽管不少混读生管理人员不直接回答“是否可以增加学校经费”的问题，也有小学管理人员回答“不是为了增加学校经费”，但走访过程中，我们还是感觉到了这一点。也有学校管理人员直白承认，

① 曾天山:《关于新时期基础教育工作的若干思考》，见朱小蔓主编:《对策与建议:2003—2004年度教育热点、难点问题分析》，北京:教育科学出版社，2004年。

“你多收一个学生，学校稍微多一点经费，搞活动、搞学校的建设就多一点经费……修那厕所、修地下室，那些伙房，反正就是在用钱，没钱，学校就百八十个学生，(上级下拨的)经费少。(学前儿童)愿意来呢，学校想增加点收入，要来就收”(T1)。乡镇中心校的管理人员们也认为，“作为一个学校来说，它这个地方没钱用了，是要弄一点啊……不足龄孩子也缴费，有一点补贴可以补到小学里面去”(A2)。这样，将学前儿童收到小学一年级中既可以省去聘任学前班代课教师的花费和提供专门场地作为学前班教室的麻烦，还可以增加学校经费。出于这种考虑，无力承办学前班的小学将学前儿童收到一年级中，使得班级成为学龄和学前儿童同在的混合班。

(三)“填充班级学生数”

当地教育者提到，将学前儿童放入一年级还可以填充班级学生人数，平衡小学内部每个年级的儿童数和教师工作量。之所以这样，是因为混读生分布在学前儿童人数较少的村庄，这些地区中达到接受义务教育年龄的一年级学龄儿童也少。第四章的表 4-1 表明一年级中 7 周岁足龄的小学生儿童数量少，这些儿童多则占到班级儿童总数一半，少则仅占班级的七分之一。由于班额过小，不少小学感到“因为你的班学生太少了，我们上个学期按照正规的招收，只有 7 个人，你 1 个班上 7 个人怎么上？确实不好上，于是就延缓时间，去年延伸到 1999 年 12 月份，延伸了 3 个月，这些小孩可以读一年级。现在有 10 几个人，多了 5、6 个，里面有足龄的，也有不足龄的”(H2)。还有的学校考虑到，“学生太少了，你上一年级肯定轻松，别的老师有意见”(H7)。

第二节 深层原因
——教育管理的严重不足和教育体制的分割

来自家长和小学学校的声音让我们了解了当地混读生产生的原因，这些仅是表层原因的展示，其背后是否隐藏着更深的原因？当地对农村学前儿童教育的管理是否影响了混读生的产生？贫困农村地区办学前教育是否特别困难，也在一定程度上导致了混读生的产生？在深入了解贫困地区学前儿童教育的过程中，研究者逐渐意识到，混读生早期教育的产生更是贫困地区无力承办幼儿教育导致的无奈选择，是当地对幼教的管理严重不足和我国教育体制的分割导致的结果。

一、幼教管理的严重不足

1. 高成本的托幼机构教育

在多数人的印象中，贫困地区举办学前教育所需的各项花费少，比如教师待遇相对低、投入教育中的桌椅板凳费用相对低、所提供的教玩具数量少，为此，在贫困地区举办正规的学前教育机构（如幼儿园、托儿所等）更加容易。但事实上，相对于东部地区或者相对富裕的地区，西部农村贫困地区举办幼儿园或者学前班的成本更高。

之所以这么说，是因为：一方面，该地农村居住分散，生源少。在我们所调研的P县，一个行政村通常包括十几个自然小组，每个自然小组人口很少，有的小组只有一两户人家。这几年计划生育政策实施效果显现，加之抚养一个儿童的成本增大，农村人口出生率显著降低。一个大的行政村每年的学前儿童出生数也不过20—30人，这使得集中办幼儿园（班）也面临困难。比

如，2007年，BY1小学的服务半径含5个小组，这些组共有264户人家，3—6岁儿童数共68人。其中，3岁儿童12人，4岁儿童22人，5岁儿童19人，6岁儿童15人。再如，本来办有独立学前班、2008年改办混读教育的JB小学，辐射7个村寨7个小组，村寨共有0—3岁儿童22人左右，3岁儿童20人，4岁儿童30人，5岁儿童27人，6岁儿童25人。乍看上去，学校辐射范围内的3—6岁儿童足以组成一个混龄学前班，但在山区，居民居住分散，交通极为不便，山路崎岖，很多儿童来校需要步行一个小时，最远的要步行两个小时，这样很多学前儿童不具备远距离的步行跋涉能力，父母也不放心让这么小的孩子每天步行一两个小时到校学习。若把孩子集中在一起，办寄宿制学前班，孩子生活、学习都在学前班，保教费用必然增加，无疑又增加了父母的负担，也不是可行之计。为此，尽管学校附近的部分家长强烈要求将学前儿童送到学校，但到校的学前儿童生源少又不足以班一个独立的学前班，这在某种程度上导致了混读生的产生。正如一位校长所说“像比较落后、在条件比较差的地方，混班现象都存在。因为取决于这个地方的教育发展的过程，因为我们县属于山地、农户住的不均，所以导致学生入学的路程比较远，不集中。如果学生比较集中，可以达到30来个，这种情况可以办起来学前班……如果是换在比较远的苗族地区，那边比我们这里还严重”(H6)。

另一方面，“以生养师”也是成本高的一项因素。正如前文所说，在农村贫困地区，在编的公办幼儿园教师很少，这些教师只集中在县城和各个乡(镇)的中心幼儿园。在小学学前班工作的教师几乎都是初中、高中毕业的女代课教师，而学前班往往采取“以生养师”的方式，即用收来的学前儿童学费来发放聘任的幼儿教师工资。一般来说，如果学前班所在的小学学校服务半

径内的学前儿童数较多，能达到 30 人或者以上，这所小学学校为学前班提供一个教室就能设立学前班。当然，上级教育管理者不会为这些代课教师买单，代课教师的工资由本校收取的学前儿童学费来支付。在当地，学前儿童每学期收费 60—80 元之间，30 名学前儿童收费 2000 元左右。该地聘任的学前班教师工资水平很低，在 2005 年仅 300 元，2006 年涨到每月工资 400 元，2007 年增加到每月 600 元。仅以每月工资 400 元为例，每个学期需要支付给学前班教师 4—5 个月的工资，就是 2000 元左右。2006 年，学前班向每个学前儿童每个学期收费平均在 100 元左右，30 名学前儿童收费 3000 元。这样，除掉的书本费用，学前儿童的收费和学前班教师的工资可以持平或者略有盈余，在这样的条件下，学校办学前班才不会赔钱。若该小学附近学前儿童数达到 30 人以上，则可以有盈余，用以补给小学或者给学前班增添玩具等。如果小学学校服务半径内的学前儿童人数不足 30 人，小学学校办学前班则可能存在倒贴的现象，绝大多数小学宁可不办独立的学前班。正如一位校长所说“学前班的普及和办学非常困难，你要办学，学生又少，根本就养不起一个老师。除非正式的中心校，其他你一般的学前班老师都是自己请的，管理的问题，兼顾不到我们本身经费的收入。10 个学生一个学期 100，10 个 1000，根本就不够一个学期老师的工资。工资再低呢，她也不干，工资高了，学校拿不起，办不起来”(H6)。在这种情况下，学校将学前儿童安置在小学一年级中，由此而形成混读生。

2. 教育管理的严重不足

这种自然条件恶劣的地方若想依靠自己的力量发展学前教育，成本太高，为此相当困难，更多需要管理和政策上的扶持，但幼儿教育管理混乱、薄弱和管理主体偏低不利于贫困地区学前

教育的发展。

之所以说对贫困地区幼教管理混乱和薄弱，是因为目前我国将幼儿教育划入基础教育进行管理，但实际上在全国只有少数几个省份的教育管理部门设有专门的学前教育管理机构，大部分地区只设1、2个人管理，通常兼管着别的事务。加之学前教育属于非义务教育，提倡社会力量举办，使得目前对学前教育的管理十分薄弱且混乱。对于被研究地的贫困地区来说，当地县教育局也仅有一个老师主管学前儿童教育，这位教师也近50岁，尽管为本县幼教尽心尽力，但由于身体不好、年龄大，难以、也不可能监管所有幼教工作。尽管当地县教育局“提倡每个学校都要办学前教育，学前教育要求单独办一个班，不允许和一年级混在一起”(Q1)，但对混读生持默认态度，这是因为这些上级教育主管部门管理力量薄弱，且无力支持当地贫困地区学前教育的发展，只能默许混读生的存在。在对班中的学前儿童进行管理时，乡(镇)教育主管部门主张“学前儿童教育基本上都是自主管理，由小学管”(A2)；在进行管理时从未考虑过此类班级的特殊性，将之与普通一年级一样对待，以同样的考核标准考核接收学前儿童在一年级混读的小学和任教的教师，而各个小学为了保证小学教育质量，班级任课教师为了不被罚款，只能主要关注小学生，进而影响了班中学前儿童的教育质量。

所谓学前儿童教育管理主体偏低，是指将幼教管理权层层下放，导致无人监管。我国农村地区学前儿童教育一直普遍存在着管理机构不健全，领导关系不明确，幼教管理制度不完善，多元施政、协调不善的现象，导致基层政府对学前教育不够重视，工作没有计划，没有安排专门幼教经费，没有长期规划等等问题。我们的调研发现，当被问及与学前儿童教育问题时，当地教育管理人员往往表示“我们主要抓义务教育这块，学前教育带

着管”。绝大多数的县级教育部门将实质性的管理下放到乡(镇)教育管理机构——中心校,而各个乡(镇)中心校又因为要主抓义务教育、认为上级和自己不对学前班没有投入而不便插手管理,进而让办有学前教育的小学学校管理本校学前儿童教育。在如此随意、层层委托、无人重视、实际上无人管理的方式下,没有哪一级教育管理部门切实关注和管理学前儿童教育。近些年来,国家将完成“普九”工作作为重要任务来抓,这一工作的对象主要集中在中西部地区。为促进其任务的完成,国务院办公室还曾于2004年颁布了《国家西部地区“两基”攻坚计划(2004—2007年)》,花费大量的人力、物力和财力,力争完成“两基”攻坚战。在这样的形势下,那些贫困地区较多的省、市、县、乡镇,乃至村级的教育管理者不仅要执行全国统一的义务教育改革命令,更要忙于应对上级的各项验收工作,准备无数的验收材料,力争让本地教育达到验收标准。在这样的情况下,更是无人顾及当地的学前儿童教育,即使在学前儿童教育受到严重影响的情况下也无人或无力问津。

2003年,国务院办公厅转发教育部等十部门(单位)《关于幼儿教育改革与发展的指导意见》中就农村幼教事业的发展指出,乡镇人民政府承担发展农村幼儿教育的责任,负责举办乡镇中心幼儿园,筹措经费,改善办园条件;其财政预算也要安排发展幼儿教育的经费。同时要发挥村民自治组织在发展幼儿教育中的作用,开展多种形式的早期教育和对家庭幼儿教育的指导。这一管理规定意味着乡镇政府是农村学前儿童教育的筹办者,是发展农村学前儿童教育的生力军。但是据调查,贫困地区乡镇一级人民政府普遍背负着沉重的债务,基本没有余力办幼儿园(或学前班)。当被问及当地教育发展中最大的阻碍时,不论是县教育局的管理人员,还是乡镇教育主管部门的管理人员,抑

或是村级小学的管理人员，都一致认为“经费”、“财力”。此外，农村小学学前班的投资主体主要是家长，用于学前教育的经费和杂费都是学校想办法从村民手中收取的。这种管理体制虽然有利于调动孩子家长的积极性，但由于管理主体偏低，使它对本村资源状况强烈依赖。这就造成当地学前教育发展的不平衡：在生态环境稍好一些、经济状况好的地方，学前教育发展较好，往往会设一个甚至两个学前班。在生态环境差的、经济贫困的地方，尤其是偏僻的高山之地，学前教育发展就受到影响，办不成独立学前班。

本书研究发现（详见第四章中有关混读生早期教育的外部环境），在面对混读生时，上级教育管理部门采取了不允许、不反对、不管理的“三无”管理方式，这助长了混读生早期教育的增多。具体来看：

一方面，上级教育管理部门积极主张开展学前教育，但对混读生没有明令禁止。按照县和乡镇教育主管部门领导的说法，若招收了未达到入学年龄的学前儿童，一经发现将对该地教育管理人员进行处罚。一乡镇中心校校长提到自己曾为此受到过县教育局的批评，但这仅仅是口头批评，自然并没有影响这一校长对本乡镇混读生存在的默许。

另一方面，各级教育管理部门默许混读生存在有以下好处：可以将其中的学前儿童算入本地学前儿童入园（班）率中，增加了自己的工作业绩；还可以满足家长对看管孩子和让孩子学习知识的需要，避免出现家长“组织一帮人，要求换你们这拨人”的情况；默许了基层小学收取学前儿童收费、增加学校经费，小学学校从中受益，为自己减轻了学校吵着要经费的压力……一举三得，何乐不为呢！而各个小学学校在这样的管理下，也不避讳地接收学前儿童混读了。对于基层小学来说，很多学校都这样

做，自己学校将学前儿童放在一年级自然也是可行的。于是，混读生早期教育在近些年来发展迅速。

二、分割的教育体制

"幼儿教育是基础教育的组成部分，是学校教育和终身教育的起始阶段。幼儿教育应为学前儿童的近期和终身发展奠定良好的素质基础"，各级教育管理人员都熟知这一点。即使在偏僻的贵州山区，每个教师、小学校长和乡镇县级教育管理人员也都极其肯定学前教育的重要性，但是为什么学前教育受到如此严重的忽视、贫困地区混读生这些年来还增多了呢？尽管口头上声明重要性，但实际操作中从来没把学前教育当作是基础教育的一部分。

在对教育管理部门人员的访谈中，总是"哭诉"当地自然环境的恶劣、经费的不足、家长素质的不够、教育管理工作的难做，却很少检讨自己工作的不足和失误之处，本书著者认为这是逃避自己工作职责的表现。此外，我国每年的教育统计报告，在每个省市、乡（镇）的教育汇报中，对学前儿童教育要么不提，要么只言片语地说说幼儿园（班）数量、学前儿童和教师数量，我们无法从中得知学前儿童、幼儿园教师、幼儿园（班）机构的现状如何，质量如何。

其实，这从根本上而言是由教育体制上的分割造成的。学前教育由于它的非义务性，虽属基础教育，但实际上一直被作为单独的一级教育加以考虑，或者根本不被考虑（周芬芬，2006年）。[①] 说到教育，人们首先想到的便是小学、初中、高中这一"六三三"学制，提倡义务教育和普及义务教育更是突出了小学、

---

① 周芬芬:《西部农村学前教育发展的困境与突围》，学前教育研究，2006 年 12 月。

初中的地位。在强调普及义务教育的同时，学前教育作为“非义务教育”往往被忽视。由于“普九”是硬任务，在国家和地方的教育资源总体性短缺的情况下，越是强调义务教育，学前教育资源的结构性短缺越严重，[①]这在被研究地也得到了证实。

我国分割的教育体制影响了贫困地区学前儿童教育事业的发展，导致了贫困地区混读生早期教育的产生，这表现在当地义务教育的推进下对不属于“义务教育”的学前儿童教育发展带来很多负面影响、造成严重的冲击，以下列举三四个典型事件与混读生早期教育产生的关系。

1. 农村中小学校的布局调整

随着计划生育有效有力地实施，近些年来，农村学龄人口呈现出不断减少的趋势，许多原有的村级小学每年只有几个学生，由完全小学变成了教学点。这种教学点的增多造成了农村教育资源的严重浪费，农村教育质量越来越难以得到保障。为此，从2001年起，国家提出在农村进行优化教育资源配置的改革，对农村学校进行布局调整的计划。其做法是将比较分散的农村中小学校和教学点适当集中起来，重新进行区域内中小学网点布局和规划，以提高农村中小学办学质量和规模效益。如，2001年的《国务院关于基础教育改革与发展的决定》决定将调整农村义务教育学校布局列为一项重要工作，之后各地政府纷纷制定本地区的农村中小学布局调整规划，农村中小学布局调整在全国范围内大规模广泛展开。2002年和2003年，国务院和财政部分别下达了《关于完善农村义务教育管理体制的通知》和《中小学布局调整专项资金管理办法》的通知，进一步推动了农村中

① 冯晓霞、蔡迎旗：《中国大陆学前儿童教师状况剖析与政策建议》，朱家雄：《中国视野下的学前教育》，上海：华东师范大学出版社，2007年，第294页。

小学布局调整,各地政府也都加快了布局调整的步伐。[①]

但大规模、一刀切式的学校布局调整对西部地区教育带来了诸多负面影响,有关该调整对贫困地区义务教育发展的不利影响已在很多文章中有所提及,本书暂且不讨论这一问题,仅仅关注其对不属于义务教育阶段的学前教育的影响。该调整由于只考虑到小学办学效益而忽略了学前教育。许多原有的村级小学被合并到相邻村子中,严重影响了农村学前教育,[②]这是因为农村贫困地区学前教育主要依靠小学附设的学前班完成,这些学校或教学点被撤并后,学前儿童需要像大年龄儿童一样走几里路去上学。2006 年,我们访谈了 204 名孩子的家长,其中 149 名家长回答了“孩子从家步行到学校的距离”这一问题。结果显示,只有 65.8%的孩子步行到学校的时间在“0—20 分钟”,这其中包括居住在乡(镇)上的 40、50 名学前儿童;还有 34.2%的孩子需要步行 20 分钟以上,其中 5%的孩子需要步行“60 分钟以上”。路途最远的要走一个半小时才能到学校,路途辛苦、体力有限使得很多孩子到校后已经耗费很多体力,上课时需要睡觉休息;加上路上遍布的水窖、道路崎岖不好走、偶尔毒虫的出没等因素,很多家长不放心让这么小的孩子去上学。也正是这个原因,致使部分儿童散居在家不接受学前教育,没有接受学前机构的教育。2006 年,我们访谈了 31 名散居儿童的家长,64.5%的养育者因为附近没有学前教育机构或者教育机构距离较远而没有让孩子接受教育。

或许有人想到寄宿这一方式,但在农村贫困地区,这一学前

---

① 王松:《民族贫困地区农村中小学布局调整问题研究》,云南师范大学教育管理学专业 2006 年硕士论文。

② 周芬芬:《西部农村学前教育发展的困境与突围》,学前教育研究,2006 年 12 月。

教育形式并不可行，因为该地多数乡（镇）所开设的中心幼儿园并没有寄宿这一形式。即使开设寄宿制或者送孩子到县城进寄宿制幼儿园也行不通。因为一方面路上的危险与住校后是否能够适应，必将造成家长的担心；另一方面，家庭因为子女住校而费用有所增加，这会给西部农村家庭增加一笔巨大的负担，因此不得不放弃让孩子上幼儿园。“把（教学）点弄掉，入学方面就难了。有些小孩走得动，就去；走不动，就辍学了。太小的学生寄宿，自己生活方面不会料理，老人也不放心。家庭富裕可以拿到那里寄宿，经济紧张的家庭根本承担不起，费用会提高很多”（A2）。

农村小学校的布局调整直接导致幼儿园（班）和入园（班）率减少，这也表现在《2001 年全国教育事业发展统计公报》中。该《公报》发布的数据表明，该年全国共有幼儿园 11.17 万所，比上年减少 6.41 万所，在园幼儿（包括学前班）2021.84 万人，比上年减少 222.34 万人；幼儿园园长和教师共 63—101 万人，比上年减少 31.64 万人；幼儿园所数、在园（班）幼儿数和园长教师数分别比上年减少 36.46%、9.9%、33%—46%（教育部，2002 年）；之后的幼儿教育发展两年不稳定，2002 年幼儿园及在园幼儿数均比上年略有增加（教育部，2003 年）；2003 年幼儿园园数有所增加，但在园幼儿数略有减少（教育部，2004 年）。2001 年全国幼儿教育出现的全面滑梯，是义务教育改革对农村贫困地区学前儿童教育的首次、也是最严重的一次冲击，而农村中小学布局调整则是其中的原因所在。这一布局调整还使年学前儿童不能到距家很远的学校去接受独立学前班的教育，只能在距家附近的一年级就读，在一定程度上导致混读生的产生和增加。

2. 农村税费制度改革

改革开放后，通过实行家庭联产承包经营责任制，调整农产

品价格和购销政策，改善了农村分配关系，调动了农民生产积极性，保持和发展了农村好的形势。但是，由于农村税费制度和征收办法还不尽合理，从20世纪80年代末开始，农民负担过重的问题比较突出，影响了农村经济发展和社会稳定。为从根本上治理农民负担，规范农村税费制度，党中央、国务院决定从2000年起进行农村税费改革试点。[①]其中与农村基础教育紧密相关的是“两个取消”，即取消农村教育集资等专门面向农民征收的行政事业性收费和政府性基金、集资。农村税费改革后，义务教育经费筹措的格局发生了很大变化，原来由农民承担为主的农村教育经费将由政府承担为主。

尽管税费改革过程中同时推进乡（镇）机构、县乡财政管理体制、农村义务教育管理体制改革等相关配套改革，且对因税费改革而减少的教育经费，地方政府要在财政预算和上级转移支付资金中优先安排，但依然造成农村教育经费严重不足，这给基础教育的发展和农村学校的正常运转带来重重困难。就像几位校长无奈地说，“改革减轻了百姓的负担，但学校的负担加重了，减少了学校的发展”(H8)。“现在税费改革以后经费更紧张了，基本上每个学期都要超支的。过去的一费制要求一二年级是88(元)，三到六年级是99(元)的收费。这样一费制以后，学校能够周转之后，有时候还有结余的。现在(农村税费改革后)就是(一个学生)只给25元，学校的各项用途又多，办公经费、上级检查的就餐、差旅费啊。现在代课老师的工资学校补一部分，现在就从杂费里面拿，补贴的很少，所以经费紧张，弄不起其他建

① 中华人民共和国财政部，为什么要进行农村税费改革[EB/OL]，http://www.mof.gov.cn/nczhggbgs/zhengwuxinxi/zhengcejiedu/200806/t20080625_50485.html，2008－11－27

设"(H1)。"现在是教育局管辖,物价局允许我们收60元,但是不含保险费,办公经费还是比较紧张的。我们没有办公经费,就是那60元。老师都是在编教师,不需要请老师的费用。但是,这113个学生按照60元算,书费就4000元多了,这样一下来,还剩下2000,再添点东西,其他的水电、桌椅、老师的粉笔、玩具,还有旅差什么都在这里面算。只有这60元,每月其他的经费来源都在这里面。困难,有时想做什么事情,经费限制,做不成"(H2)。

农村税费制度改革对贫困地区学前儿童教育造成了的负面影响主要集中在以下三个方面:

一是对学前儿童教育的投资更少。税费改革前,县级和乡(镇)政府会拨出部分款项用于发展学前教育。即使上级政府不直接拨款给学前教育,小学管理人员也会从上级拨款中抽取部分用于开展学前教育。据了解,部分存在学前儿童在一年级就读现象的小学学校曾经办过独立的学前班,如ZB乡的GZ小学、XC小学,YZ镇的SS小学、BS小学、JB小学和CJW小学都曾经办过独立的学前班。但农村税费改革后,教育经费的固定来源普遍减少,原先附着在教育费附加中的一点幼教经费也随着教育费附加的取消而取消了;[①]加上农村学前教育办园主体的责任不明确,乡镇和村寨不愿意承担学前教育的责任,视学前儿童教育为包袱,或投入少,或随意停办,导致原来开办学前班的学校将之改为学前与学龄儿童同在的班级。比如在SS小学,尽管当时学前儿童人数少,不足以支撑学前班教师的工资,但学校感知学前教育的重要性,从义务教育经费中抽取费用补

① 冯晓霞、蔡迎旗:《中国大陆学前儿童教师状况剖析与政策建议》,朱家雄:《中国视野下的学前教育》,上海:华东师范大学出版社,2007年,第295页。

贴到学前班给老师发工资。税费改革和中小学布局调整后，该校只留有一二两个年级，小学生人数急剧减少，全校一共 20 几名学生，一个学期 500 元的经费只能维持基本的运转，贴钱办学前班也无从谈起。如今，各个小学在开办学前班前都会计算花费，“最少要持平，赔本不能办”（H3）。

二是促使部分小学利用幼儿教育收费弥补小学教育经费的不足。税费改革后，小学学校得到的经费只能维持基本的运转。但不少小学在改革前欠下债务的需要偿还，还有学校想改善学校环境（如建围墙、厕所、旗杆、旗台等），还有学校因师资不足、上级拨给代课老师的聘用费不足而需要想办法补贴教师工资，这些无疑都需要钱。向学龄学生家长集资已不可能，学校只好自己想方法，向学校的学前儿童收费补贴小学成为很多学校的选择，这恰恰是接受低龄儿童混读的原因。不少学校管理人员直白承认了这一点。“税费制度改革后，经费更困难，做什么都费力。2004 年为了应付省里的两基检查，我们很多经费都投入校舍建设，比如这个房子，每年很多贷款要还。向群众集资没有了，国家三令五申（不允许）。学前班的经费来补充小学的经费，我们有这个困难。实话实说。这是很大问题”（H8）。“你多收一个学生，学校稍微多一点经费，搞活动、搞学校的建设就多一点经费。你看我们，原来我们球场和操场是一样高的，然后就请推土机呢把这个地方推平了，和那前台一样高的，又请人挖，又去了几千块钱。修那厕所、修地下室，那些伙房，反正就是在用钱，没钱，学校就百八十个学生，经费少。（学前儿童）愿意来呢，学校想增加点收入，要来就收”（T1）。

三是加剧了幼儿园教师编制紧张。农村税费改革在减轻了农民负担的同时，也减少了县和乡镇两级的财政收入。为减轻财政负担，各级政府明确要求教育行政部门“减校、减人”，从严

控制教师编制。尽管当地村校师资缺编严重，有的完全小学只有 1 个公办教师，但是县里仍是严格控制招聘教师的人数。在义务教育师资为得到基本保证的情况下，处于非义务教育的幼儿园师资更是没有得到关注，学前儿童教师缺编更加严重。前文曾提到，除了乡（镇）中心幼儿园有在编的公办教师，几乎所有的学前班老师是聘任的代课教师。2008 年暑假，该县共招聘了 76 位新教师，其中幼儿园教师 4 位，他们都是在乡（镇）中心幼儿园工作，全县可能没有哪个学前班的老师是在编的公办教师。

3. 普及实验教学、实施远程教育等工程

走进贫困地区的每一所小学学校，只要有教室、有围墙，这些墙壁上都写着标语：不仅有鼓励家长送孩子读书的“今日辍学生明日贫苦户”、“不读完初中不外出打”等，还有“普及实验教学提高教育质量”、“推进远程教育深化课程改革”等。这些国家和省市教育部门下达的诸如“普及实验教学”（简称“普实”）“普及远程教育”等教育工程也影响了贫困地区学前教育的举办。《“九五”期间全国中小学实验室工作的意见》（教备[1997]6 号）指出，“推行实验教学普及县，是使教学仪器设备配备、实验室建设同开展实验教学紧密结合的有效措施，也是保障教育资源充分发挥效益、提高教学质量的有效途径。”在其后的中小学校实验室工作的目标中提出“‘九五期间’，全国应基本实现小小学实验教学普及”、“1999—2000 年，全国经济发展程度较差的地区，即第三片实现普及九年义务教育的 9 个省、自治区中要有 85% 左右的县（市、区）成为中小学实验教学普及县，各县的中小学实现实验教学普及”，并规定“各地应把实验教学普及工作作为‘普九’验收的一个重要内容”。

P 县迄今为止还没有通过国家对“两基”工作的复检，这意味着 2008 年的复检中也将检查“普实”工作。面对两基检查，不

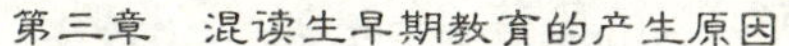

管是县级教育管理部门，还是乡（镇）教育管理部门，都不敢马虎，自然要求基层小学按照要求招办。面对上级的要求，基层小学也只好服从和实施，他们开办实验室、制定实验计划（见照片3－7）、搜集实验材料、填写实验记录表，但在耗费了学校的人力、物力、财力的同时，根本没有达到“保障教育资源充分发挥效益、提高教学质量”的目的。一位校长这样说，“普及实验教学，我们这里这么偏远，没条件做这些，但又不能让我们学校拖全县的后腿。所以上个学期，主要忙“普实”工作了。（那上面的领导会不会来检查呢？）我们倒是希望上级领导来检查，让他们知道我们做了这个工作，但是肯定不会来这么偏的地方，而是被拉到别的地方去了。中心校也知道不会来这里检查，但是还是坚持让做，他们定期要来检查。上个学期三个月的时间才把普及实验教学需要的东西都准备好。我们用了三个月的时间做了三年应做的事情。普及实验教学的仪器瓶是国家配备的，里面的石

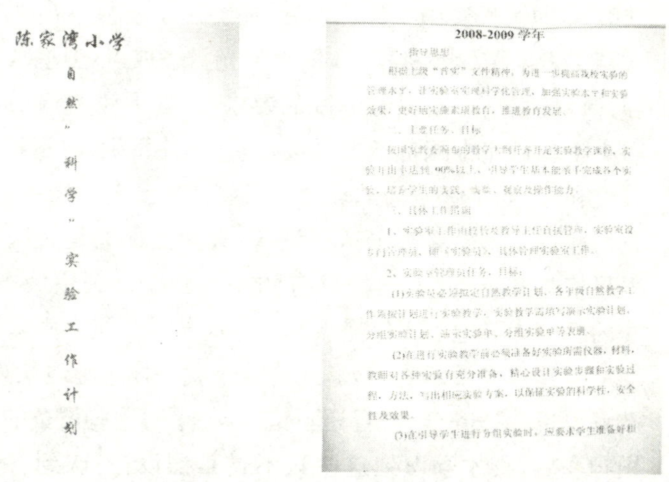

照片3－7 CJW小学制定的实验工作计划，摄于20081015

头这些东西都是学校的老师、学生制作的或者到外面找的。很麻烦”(H8)。

农村中小学远程教育的开展也是如此。2003年9月,国务院召开的全国农村教育工作会议下发了《国务院关于进一步加强农村教育工作的决定》,其中明确提出“实施农村中小学现代远程教育工程,促进城乡优质教育资源共享,提高农村教育质量和效益。在2003年继续试点工作的基础上,争取用五年左右时间,使农村初中基本具备计算机教室,农村小学基本具备卫星教学收视点,农村小学教学点具备教学光盘播放设备和成套教学光盘”。经国务院同意,按照“总体规划、先行试点、重点突破、分步实施”的原则,2003—2004年教育部、国家发展和改革委员会、财政部共同实施了现代远程教育试点示范项目和农村中小学现代远程教育工程试点工作。2005年,国务院批准三部委全面实施农村中小学现代远程教育工程的总体方案,部署2004—2007年的工程实施工作。之后,还提出了农村中小学现代远程教育工程采用的三种模式,即教学光盘播放点、卫星教学收视点和计算机教室。按照国务院的要求,P县下属的每个乡(镇)中心小学和村完小配备了卫星接收系统、计算机、电视机、DVD播放机和1—6年级所需的教学光盘。三次到各个小学调研之际,我们在各个学校看到了这些设备:教学楼顶上是大锅盖一样的卫星接收系统;进入学校仅有的一或两个办公室或电教室,34寸的海尔大彩电、DVD播放机以及海尔计算机会映入眼帘。

看到这些设备之初,您或许会像我一样单纯地认为“这里的教育设备配备齐全,教育还不错”。在了解这些设备的用途和使用频率后,我才意识到这些只不过是摆设:三次到各个学校调研,没有遇到过哪个学校的哪个教师使用这些设备和资源辅助教学;这些设备多放在教师办公室,老师们会看看新闻、校长或

者教导主任用计算机准备上级检查需要的各种材料;尽管在编老师们都接受过县里的计算机培训,拿到了计算机等级证书,但会使用计算机和网络的教师很少很少,刚毕业不久的年轻老师或者教导主任才懂一些基本常识,尤其是在偏远的小学,计算机上落着一层灰或用布盖着,无用武之地;除了乡(镇)中心小学和最大的村校 KL 小学外,其他的学校都没有开通网络,因为开通网络一年需要缴费 600 元,这对只能维持基本运转的小学来说是一笔很大的开销,再说开通了老师们也不知道怎么用;万一哪一个设备坏了,教师们不会维修,更换起来非常麻烦,比如 BS 小学的卫星接收系统已经坏了大半年,但因为要上级一直没审批、钱不到而迟迟没有更换,这里的教师半年多看不到电视,只能晚上坐在宿舍前数星星……这些义务教育工程并没有提高什么教育质量。试想一下,这里多数的村校师资紧缺,每个班级能保证有一位教师任教就很不错了;大多数小学只能开设语文、数学这两门科目,只有在应付上级检查或者给外来人员看课时才上一次音乐、体育或者社会实践,这些先进的设备和资源、教师和孩子们辛苦搜集来的石块基本没有用武之地。

这些义务教育工程更是对当地学前教育带来了冲击,因为这些工程的开展需要场地,要求学校有专门的实验室、电教室。这里的小学学校都是在义务教育工程和世界银行的支助下建立了小学教学楼,教学楼只有教室 6 间、办公室 2 间。在 YZ 镇,除了乡(镇)中心小学和最大的一所村校,其他学校仅有的 6 间教室已经坐满了 1—6 年级的小学生,另外的 1 间教师办公室也是不能动的,只有另外 1 间办公室了。不少学校就是利用这仅有的 1 间场地开办了独立的学前班,学前班的收费也可以维持老师的工资和其他的开支,但因为这些“教育工程”要求建立实验室、电教室。面对上级的工作要求,不少学校不得不将学前班撤销。CJW 小学、JB 小学(见照片 3－8)、GZ 小学、BS 小学这些完全小学中的一年级都是这些义务教育工程普及的“产物”,班级中的学前儿童都是这些义务教育工程普及的受害者。

照片 3－8　JB 小学由学前班教室转换来的实验室,摄于 20081013

4. 义务教育收费呈现逐步降低的趋势,直至 2008 年 9 月完全免费

近些年来,义务教育向学生及其家长收取的费用呈现逐步降低的趋势,直至 2008 年 9 月 1 日提出完全免费。2004 年 9 月,全国义务教育阶段学校全面推行了“一费制”的收费办法。其做法是在严格核定杂费、课本费(包括教科书、作业本费)的基础上,一次性统一向学生收取费用,收费项目包括杂费、课本费和作业本费。一费制实施后,在贫困地区农村,父母只需要每学期缴纳 60 元的费用。从 2008 年秋季开学开始,在全国范围内全部免除城乡义务教育阶段学生学杂费,对享受城市居民最低生活保障政策家庭的义务教育阶段学生,继续免费提供教科书,对家庭经济困难的寄宿学生补助生活费。这些决定对进一步强化政府对义务教育的保障责任,对推动义务教育均衡发展、促进教育公平具有重要意义。收费降低极大地减轻了贫困地区学生

的家庭负担，对巩固入学率起到了很好的效果。

但是随之而来的是贫困地区学前教育受到影响。2004 年实行一费制后，农村父母只需要每学期缴纳 60 元的费用。2006 年调研之际，幼儿园（班）的收费是 100 元上下，还有的班级是学前儿童和小学生收费一样，都是 60 元每个学期，其部分原因在于“家长会抱怨、有意见，怎么比小学还要贵”，“有些家长外出打工，大部分家长可以支付的起。但是受一费制的影响，如果你收的高，家长有想法。如果收不高，老师请不到好的，质量又提不上来”（H8）。2008 年开始的完全免费义务教育造成的影响更大，因为学前教育需要缴纳费用，义务教育完全免费，很多家长在孩子不到入学年龄的情况下，就要求学校接收其子女入学。在 2008 年 9 月，ZB 乡民族小学就有 50 多名不足龄儿童的父母让孩子上一年级，这些父母认为他们的孩子已经上过一两年的学前班，再接着上学不到东西；还有部分原因在于每学期幼儿园（班）要收费 100—180 元之间，这里的父母也希望能省掉这些花销。

我们所调查的 YZ 镇、DT 乡也出现了类似的情况。不少父母认为“上小学都不要钱了，上个学前班还要交一百多块钱。学前班学的东西还少，一年级学得更多，不划算”（A8）。YZ 镇幼儿园每学期收费 150 元左右，有的孩子在 3 岁多就进入幼儿园读书。待大班毕业时才 6 岁多。2008 年 70 多名毕业的大班学前儿童中，只有 40 人升入了小学，其余的 30 人因为年龄不足 7 周岁而被拒绝接受，这些孩子只好再退回到幼儿园重新读大班。这些孩子已经读过大班，和中班直接升上的大班基础不同，为此幼儿园为这批孩子开设了不同的课程，教师教授的知识更多一些，每个孩子还有作业本。更特别的是，有的小孩大班毕业后无法升入小学，其父母又不想让其再读幼儿园，“她父母就把她留在家里，没上一年级，也不上幼儿园，每天就是自己玩玩”(Q2)。DT乡也有类似的情况，“有的家长干脆就不送到学前班，就在家等着，等到7岁了直接上一年级”(A8)。

以上本书列举了四个有代表性的义务教育改革事件，并简述了其对当地学前教育造成的负面影响。需要指出的是，每一个改革事件的初衷都是好的，都是希望通过这样那样的方式优化教育资源配置，改变贫困地区基础教育的状况，提高其教育质量；这些措施也都减轻了贫困地区负面的家庭负担，开阔了教师的视野，为教师教学和质量提高提供了资源和设备……这些益处都是无法抹杀的。本书著者只是从一个学前教育研究者的角度来看这些措施对贫困地区学前教育造成的不良影响，这些不良影响引发了我们对政策、制度的一些思考。

在学校、家长、上级教育管理和国家教育体制等诸多因素的交叉合力下，产生了混读生这种特定背景下的特殊的学前教育安置类型。可以看出，本研究发现的混读生的产生原因与以往研究者(详见第二章“研究背景和文献综述”中的“混读生早期教育研究综述”中的部分内容)的认识有重复之处，但并不完全一致。西部农村贫困地区混读生的产生与当地经济、文化、教育等方面的发展有关，有其特殊的原因。为此，混读生早期教育有其存在的客观性。

第四章　混读生早期教育的环境

图1-1显示，混读生早期教育及儿童发展受到外围因素的影响，它们为混读生的出现、早期教育的开展和实施提供了可能性和必要的条件，也影响了混读生早期教育的现状。为此，我们有必要关注混读生早期教育的环境。需要指出的是，“环境”并非仅指物理环境本身，而是泛指影响混读生早期教育的因素。

图1-1显示，地区特点，特别是混读生所处的县和乡镇的特点，直接影响了混读生的存在及其早期教育现状，这些地区通过管理法规、经济和文化状况等因素对混读生的影响作用更加强大。但混读生早期教育更多地受到班级所属小学学校的影响，如小学学校管理人员的特点、管理、学校的师资配备、经费来源等。以上两者处在混读生所在的班级之外，我们将之称作“外部环境”。就存有幼儿在一年级就读现象的一年级本身来说，班级的一些基本特点，诸如教师状况、儿童状况、物理环境、健康安全等，又为早期教育的开展提供了一个框架和可能性，我们可以将之称作混读生早期教育的“内部环境”。

本章将从外部环境（上级管理）和内部环境（班级特点）两个角度来分析混读生早期教育的的环境状况。

第一节　混读生早期教育的外部环境

在探讨混读生受教育状况之前，我们想知道：面对存有混读

生的存在，当地县和乡镇教育主管部门及混读生所属小学学校对该班怎么进行管理的？

一、上级教育主管部门对混读生的管理

在教育管理上，我国采取“在国务院领导下，由地方各级人民政府负责，按省、县、乡分级管理”（中华人民共和国义务教育法实施细则第三条，1992）的方式。在这一管理模式下，直接管理各地教育的上级部门是县教育局和乡镇中心校。当然，各地教育管理部门对早期教育的管理也是采取这一分级管理方式。在这样的管理模式下，当地从县到乡镇的教育主管部门对混读生是否进行管理呢？

县教育主管部门——县教育局对混读生持不允许、不反对、不管理的“三无”态度。不允许存在幼儿在一年级就读的现象表现在以下方面：“县教育局提倡每个学校都要办一个学前教育，学前教育要求单独办一个班，不允许和一年级混在一起”。对于这样的班，“按规定是不允许的，这些地方不足龄的学生是不（作为学龄儿童）上报的”（Q1）。该县提出的两基验收口号上有一条“一个不能收”，即低于7周岁以下的不足龄生不能收。尽管不允许，当地县教育主管部门还是默认了幼儿在一年级混读这一现象的存在。对于这种班级的存在，县教育主管部门的管理人员只表示“一旦孩子进入一年级，我们就不好掌控了”（A5）。面对幼儿在一年级混读现象的存在，县教育局目前所做的就是要求下级乡镇中心校上报每年进入一年级的学前儿童人数，之后对全县在一年级中混读的学前儿童人数进行统计，并计算到当地学前儿童的入园（班）率中；并没有采取任何措施加以管理。

县教育局将幼教管理的权利下放给乡镇中心校，而中心校让办有学前教育的小学学校管理本校早期教育。为此，乡镇中

心校对混读生所在班级的管理方式是：学龄儿童由乡镇中心校统一管理，而学前儿童则由各个学校自主管理。对于混读生，乡镇中心校只是每年统计一次他们的人数，没有相应的管理或者一点点的要求和规定。值得注意的是，乡镇教育主管部门将混读生所在的小学一年级和普通一年级同等对待，对教师考核、学生考核等各个环节没有照顾到这种班级的特殊性。我们对小学管理人员和教师的访谈印证了这一点，比如："镇中心校知道我们有这样的班级，他们有登记的"。虽然说"没要求，自己办"(H12)，但要保证学龄儿童教育质量。正如混读生所在班级教师所说，"学前班没有什么要求，反正老师尽量去做，但一年级一定要质量"(T3)。"他们(乡镇中心校)说你们学校自己安排嘛。他们对一年级(的学龄儿童)有规定，对学前班(儿童)没有规定……学前班的自己(学校)运作、定方案"(T7)。再如，在考核上，"只是考虑到这些足龄生。学了多少知识，你考试的成绩怎么样；不足龄它没有考虑到，不管你人数的多少，对班级有没有影响"(T24)。

上级教育主管部门将混读生所在的一年级与普通一年级同等对待、一刀切的管理方式影响了教师对学前儿童的关注，因为"只要求一年级的质量和其他一年级的质量是一个等级，就这样要求"，"它(幼儿在一年级混读)影响到一年级的成绩，这样哪个老师都不愿意教一年级"(Q3)。不仅如此，上级的这一管理方式还影响了小学学校对混读生的管理。

由上文描述可见，各级教育管理部门对混读生早期教育的管理缺失，这主要表现在：面对混读生早期教育的存在，上级教育主管部门采取不允许、不反对、不管理的"三无"管理方式；还将接收学前儿童的一年级和普通一年级同等对待，采用同样的管理方式。

二、小学学校对混读生的管理

混读生所在班级隶属于当地的小学学校,混读生的早期教育状况自然也受到所属小学的影响。以下,我们重点从学校对教师和儿童的管理来看学校对混读生的管理。

(一) 小学学校对混读生所在班级的任课教师的管理

在上级教育主管部门对一年级中学前儿童不管理、将这一年级当作普通一年级来管理的方式下,小学学校管理人员在选择教师、对教师的要求和考评、支持和帮助上映射出主要关注班中的学龄儿童,将学前儿童带管的特点。具体来看:

1. 对教师的选择

对于每一个接收学前儿童混读的一年级的小学学校来说,选择哪一教师在班级任教都是一个难题,因为没有教师会主动要求接手此类班级。在这样的情况下,小学对任课教师的选择呈现出多样性,但多数学校无奈地选择了"轮流上"、"强人所难"、"没有办法"的安排方式。从几个学校具体来看:

"轮流上"。老师们都不愿意上混读生所在班级的课,BY1、GZ、JB等小学为了解决教师问题采用循环方式。正如老师所说,"学校就是这样安排,我们是轮流。我去年教6年级,今年教一年级"(T1)。"反正哪个老师在我们学校都很不愿意上一年级课程,最累的。最愁上一年级。没办法。我们是大循环,淘下来,再挑下来,反正每个人都要带一次。轮到你呢,你就带"(T21)。

"强人所难"。部分教师教授混读生所在班级是被学校管理人员"强迫安排"的。如,BS小学一年级的两名教师都曾建议校长将学前班独立,其中一位老师向校长提议让新来的教师任教混读生所在班级,为以后打下好的基础。其中的一位女教师期

望自己带学前班，其他老师一人一班。但校长认为自己和教导主任经常出去“开会”和“做材料”，“时间不够用”，于是两人只一人上一科的课。坚持把学前儿童和学龄儿童合在一起，并告诉两位教师，“不分班的话呢，上一科就可以了。如果分班分出来的话呢，一定要上三科。就是说上学前班的两科，还要上任何一班的正课”(T23)。两名老师认为“有点强硬，有点强人所难的感觉”，但因为在开学初已经答应来代课，没办法，只好在混读生所在班级任教了。

“没有办法，只有这几个老师”。这是教学点选择教师时普遍采取的方式。如，SS教学点只有一二两个年级，且只有两名快要退休的老教师，两人只好一人一科，承担起整个教学点的教学任务。在规模更小的教学点，只有一个教师一间教室，教师无从选择，只能承担起教学的所有责任。

“有责任心、耐心”。XC小学校长认为在选择教师时要求有责任心，为此他选择了一位年长老师任教混读生所在班级，因为“老师年龄大了有耐心”(H9)。BY1小校长认为，混读生所在班级“任务重”，“这个班上课，家长过路，会指责你的这个老师上课怎么样”(H12)，需要老师“责任心强”，这位老师能达到这一要求，比较“合适”。此外，GZ小学也是采取了类似的选择教师方式。

“重任务给年轻人”。GZ小学校长说，尽管“我想教(混读生所在班级)，但是我的事情多……有时候去开学，事情多，带不了一年级……我们一年级就考虑拼音比较好的老师，要为学校奉献的老师”(H7)。基于这样的考虑，学校选择了年轻的两位老师一起任教混读生所在班级。任课教师也认为，“校长把任务比较重的交给我，把稍微轻松的放给老教师，重的任务给年轻的”(T7)；“我们两个是挑重担的。哪科不重，我们不挑。重的

只有我们两个挑，要不谁来啊”(T9)。

“自愿选择”。该地师资水平相对低，师资缺编严重。当地不少教师在中学毕业在村校任教，原始学历较低，教学能力有限，代课老师的水平更是有限。为此，个别学校的老师“偏于爱上低年级的课”“他们愿意带嘛，二年级一年级的知识比较浅显一些，高年级呢谈不上什么高深，但是你要跟得上。要是提个问题，你想上半天，你老师的形象就在他的心目中泛化了。所以，老师偏于在低年级。有时候你偶尔出现一个某些知识性的错误，学生也不容易发觉。但是在高年级啊，你老师出点小问题，他可能不课上说出来，但是课下说，你老师很尴尬的啊”(H6)。

从以上可看出，前三种任课教师的选择方式都表露出小学学校的无奈心态。尽管其他的选择方式(如，有责任心、耐心，重任务给年轻人)似乎表露出小学管理人员对班级中学前儿童的关注，但从小学管理人员和任课教师的言谈中，我们不难看出，学校管理人员对教师的选择余地很小，这些教师在学校任命下有些无可奈何。

2. 对教师的要求和考评

对于混读生所在班级来说，因为要保证乡镇中心校规定的教育质量，加上无法做到让学前儿童和学龄儿童都从中收益，为此几乎每个存在混读生的小学管理人员对任课教师的要求都是“把一年级教好，把学前班管好”。在一些小学，“为了敷衍了事嘛，(校长)开会的时候就说一年级呢也是照常这样子，如果少了一份作业啊少了什么，都要罚什么”(T23)。“没有什么规定，只让你把学前班管好，让他们遵守纪律，能够写一点字，不让他们在外面乱打乱跑，要求只是这样”(T21)。即使在稍微关注一点学前儿童的个别小学学校，“也不是一点也不讲，着重的也讲一讲，有些脑筋聪明的，你可以叫，可以提问他一下”(T3)。

由此可以看出基层小学的管理人员面对混读生也是无计可施，只能按照上级的规定，要求教师要保证学龄儿童的教学成绩、学前儿童的安全。而实际上，教师做到前者已实属不易，学前儿童及其发展自然被放在脑后。

3. 对任课教师的支持和帮助

混读生这一幼儿在一年级就读的现象在当地已存在多年，不少教师曾任教此类班级多次，也有整个学校的老师都曾教授此类班级，那学校是否会让教师之间就此种班级进行相互交流、共享已有的经验或者探讨如何教学和管理呢？

个别老师提到会说说这种班级的情况，也会交流一下经验。如 XC 小学学校“对代课教师在教学方法、责任心上进行培养，看一年级的教学光碟、教学录像；去其他学校进行交流，取长补短”(H6)，但“方法不管用，还是不好教”。在个别学校，“也有讨论，但是讨论之后往往是不了了之的……因为讨论的时候，他没有平行班，就这么一个老师，他和其他老师讨论，他也不熟悉这个问题。讨论的结果往往是不了了之。我觉得一直以来都是按照老样子，按照自己的想法，想怎么做就怎么做”(T13)。为此，绝大多数学校很少规定或要求曾教授混读生的教师之间互相介绍和共享一些经验，虽有个别老师询问其他教师如何教授，但大家的观点多是没有办法，任课教师对班级教育的探索多是基于自己的经验。

在奖励上，该班教师的工作压力大，但是老师在工资等待遇上与其他教师没有差别。我曾经向几个混读生所在班级的任课教师询问过“学校有没有什么奖励”之类的问题，老师们听到这一问题后多笑呵呵地摇头。只有 GZ 小学一任课教师 L 老师提到，“就一年级有，一个月补 20(元)”，但是这 20 元仅仅是公办教师独有的，原因在于“上两门语文课时比较多”(T7)，还作为班级的班主任；同样作为这一班级的C老师为学校聘请的代课教师，虽然“（他）上六年级的数学，也上一年级的数学”“没有加每月的20”。更多的老师则认为，在工资上，“我们拿一样的钱，没有照顾。”“有什么奖励啊，我们本身就是教师，校点那么穷，哪有什么奖励”（T8）。“像我们带高年级，有的班人数比一年级还要多，所以奖励机制是一样的，没有其他的补助”（H6）。

我们可以看出，尽管教师们对学前儿童在一年级混读这种现象已经不再陌生，但由于自身能力有限、学校对任课教师没有提供任何支持和奖励、周围可得资源和帮助少，为此任课教师们做出的改变极少。在“教好小学生、管好学前儿童”的要求下，混读生所在班级的任课教师压力大，只能疲于应对上级和本校管理人员的规定和要求，对班中学前儿童采取忽视的态度（详见第五章和第六章的详细分析）。尤其是教学经验少、能力差的代课教师，只是按照以往教师的做法日复一日地重复教学。

（二）小学学校对混读生的管理

乡镇教育主管部门对早期教育采取的是小学学校“自主管理”的管理方式。在这一管理下，小学学校对混读生在收费、年龄、人数等自己做出管理。

1. 学前儿童收费及管理

对于学前儿童来说，学校收取的费用只有一项，通常使用小学缴费的称呼，即“学费”。家长只需要缴纳一次的学费就足以让孩子接受一个学期的教育。之所以要收费，是因为学前儿童不属于义务教育的范围，无国家补助下拨到学校。

至于收费标准，因为镇中心校的态度是“他们的收费我们不管。各个学校自行解决，收多少用多少”（A2），为此不同学校采用了不同的收费方式。

一年级中学前儿童的收费一般比学龄儿童高。绝大多数混读生所在班级对学前儿童的收费在100元上下，且出现逐年提高的趋势。这些小学主要参考了本乡镇学前班的收费标准，为此收取和学前班差不多的费用；也有学校在收取学前儿童的费用时参考了学龄儿童的收费标准。

在学前儿童收费的使用中，除掉书本费，剩余的钱则归本学校所有。值得注意的是，这些收费经常被挪用到小学学校中，用来改善办学条件、补发教师工资、奖励教师和招待前来检查的各级领导，很少用来购买玩具和装饰环境等。因为收费使用由学校自己决定，为此学前儿童收费使用不接受乡镇中心校或县教育局的检查和监督，无需上报经费使用情况。

2. 对学前儿童年龄和人数的规定

多数混读生所在班级对学前儿童的入学年龄做出了规定。在所了解的10所小学内，8所小学要求儿童年龄在5周岁或以上，其原因在于年龄太小的孩子还不能自理，需要老师照顾生活，再次增加教师负担。即使如此，在一些小学的一年级的人数高达五六十人，甚至更多。在学前儿童人数上，该镇中心校教导主任提到，“对学生人数没有限制。只要家长有需要，我们都收”（A2）。我们所调查的各个班级也证实了这一说法，只要家长愿意送来，学校就接收学前儿童入学。

在所走访的小学中，只有BY1小学在2008年9月后要求学前儿童入校的年龄是6周岁或以上。该小学自2005年存在低龄儿童在一年级就读的现象，因为混读影响学龄儿童教学成绩、教师教授起来十分辛苦，以及发现混读伤害了学前儿童的自尊心、使其产生厌学等，不想接收学前儿童入班，但又无法不顾家长的强烈要求，进而在2008年改变了接收学前儿童的要求，只接收6周岁以上的学前儿童入学。尽管家长对此有异议，抱怨学校的做法，但该学校还是坚持了这一规定。

（三）小学学校对班级未来的打算

接收学前儿童混读的小学学校都感到了此类班级教起来十分的辛苦，而且教学效果不理想。或因为混读生早期教育效果不理想，这些学校的管理人员也对班级的未来进行着谋划。从这些打算中，我们一方面可以看出小学管理人员对混读生所在班级的教育教学感到困难和效果不佳，一方面也可以看出他们对上级管理部门支持本校办学前教育不抱期望。

在一些村校，尤其是居民和学前儿童人数较多的学校、办过独立学前班的学校，教师和管理人员切身感受到学前班带给学校和教师的益处，这些学校又开始谋划办学前班。如，BS 小学是距离 Y2 镇最远的村校，辐射 3 个村寨 15 个小组。村寨共有 0—3 岁儿童 30 人左右，3—6 岁儿童 30 人左右。这里学前儿童人数多，和小学生混读后班级总人数达五六十人。该小学曾在 2005 年办过学前班，因原来的教室被改为实验室，没有多余的教室而停办学前班。该校教师一直缺编严重，2008 年 9 月该校新增了两位在编老师，代课教师人数和需要学校支付的工资数减少；加上教师多次提意见要求将学前儿童和一年级学生分来教学。为此，这里的校长打算下个学期办独立的学前班。在教师方面，学前儿童缴纳的学费可以支付教师工资和维持班级基本运转；在教室方面，学校打算利用闲置的村委会办公室作为教室。

同样地，GZ 小学辐射 7 个小组 15 个村寨，如今有混读生的一年级中儿童总数为 72 人，其中混读生 39 人。在 2005 年之前学校只有四间石砌的教室；2005 年到 2006 年间，乡政府为其拨款建设了新的教学楼；教学只有 6 间教室和 2 间办公室，其中一间办公室做了图书室，一间教室为一个班级，没有多余的教室来办学前班。幸运的是，乡政府又给学校投钱兴建了操场，设置了

篮球架、花圃等，2008年暑假在原来的教学楼旁边开始建教师宿舍楼。10月，教室宿舍楼基本建设完毕。学校决定拿出4间作为教师宿舍，解决教师住宿问题，再在一楼办一个学前班；并决定，以学前儿童缴纳的学费作为聘请代课教师的费用。

即使在人数并不多的一些村校，虽然面临重重困难，也迫切希望办独立的学前班。如，BY1小学的校长决定通过政府和村委会协调，利用村公所来解决教室问题；并利用学生的缴费作为教师的工资。该校长还打算，如果办学前班，一是向幼儿园等学校取经，学习管理经验；二是换教材，因为学前班的教材难度要轻一点，要求也低；三是还要聘请年轻的、会唱会跳的女生来任教。如果有幼师毕业的老师，即使花高一些经费，也是会聘请的(H2)。即使有了这些谋划，但在2007年这里的管理人员又决定不办独立的学前班，因为学校的财政权都缴纳到了中心小学，这里的老师即使卖力教授接收学前儿童混读的一年级，学校和个人也没有受益，为此没有办学前班的动力了。到了2008年，这里的管理人员依然是不打算办独立的学前班。

而在一些学生稀少的学校，尤其是在教学点，这里的教学人员没有打算办学前班。如WC和PH教学点的所有儿童人数仅有二三十人，且仅有一名任课教师、一间教室，他们不可能、也没有打算办学前班。

在实际调研中，我们感到，各个学校都迫切希望将学前儿童和小学生分开进行教学，且在当地人口、经济等实际情况的基础上决定了是否要办学前班。这些实际情况主要包括周围学前儿童人数、教室空间问题。由此也可以看出，当地教师对政府扶持办学前教育不抱期望，贫困地区学前教育机构的建立需要上级部门的谋划(详见第八章第二节)。

由上可以看出，多数学校对学前儿童的年龄、收费和人数等

没有做出规定，这造成了班级中学前儿童人数多。多数学校无奈地选择教师、要求任课教师“教好小学生，管好小朋友”、没为教师提供支持和帮助。在这样的情况下，我们推测，任课教师会将绝大多数的精力放在学龄儿童身上，对学前儿童仅是保证其安全，对其教育和发展上的关注很少，这将在第五章和第六章的研究中得到证实。

第二节　混读生早期教育的内部环境

就混读生所属的班级本身来说，班级的一些基本特点，如教师状况、儿童状况、物理环境、健康安全等，为早期教育的开展提供了一个框架和可能性，接下来我们将分析混读生早期教育的这些内部环境。

一、混读生早期教育的教师状况

作为施教者，教师的重要性无可置疑。借鉴《六省市幼教机构教育评价研究》对班级主要任课教师特征（含年龄、性别、教龄、文化水平、教师受专业培训的时间、教师资格证书）的描述（项宗萍等，1995 年，第 190 - 191 页）。本书基于以上角度，并增加了教师稳定性这个角度来描述混读生所在班级任课教师的基本现状。

在基本情况方面，在性别上，绝大多数混读生任课教师是男教师。在年龄上，只有大概五分之一的教师年龄在 20—30 岁之间，多数教师年龄在 50 岁左右。这些教师的教龄多在 16 年以上，部分教师教龄常达 26 年以上，这部分反映了农村贫困地区基础教育师资老化的问题。在被调查的教师中，有一半的教师是第一次教接收学前儿童混读的一年级，也有一半的教师是第

二次教授该种班级。多数教师一人负责教授班级的所有科目；个别学校的一年级班主任负责教授这个班级中“主科”科目(《语文》《数学》),《小学综合实践》、《音乐》、《美术》、《体育》等“副科”科目则由负责全校这一科目的教师教授。

接收学前儿童的一年级的教师没有接受过幼教培训,这表现在:在职前培训上,在编的一年级的教师都是当地师范院校的普师(中师)专业毕业,加上这些教师的教龄较长,多数教师是多年民办教师转为公办教师。所以,这些教师在职前从未接受过幼教培训。接收学前儿童的一年级的代课教师多是年长 40 多岁、无机会和能力外出打工的人,或者年少的中学毕业生,或者孩子尚小的年轻妈妈,他们更不可能接受幼教培训。在职后培训上,这些教师仍隶属于义务教育的小学教师,上级对他们教授学前儿童从未提出什么要求和规定,所以在职后培训上,这些教师只接受小学义务教育阶段的各级培训,未被纳入幼教师资培训中。

在教师稳定性方面,农村贫困地区的学前儿童代课教师的稳定性差、流动性大。和全国各地的农村教师一样,贵州农村贫困地区教师是否为在编与工资待遇直接和教师流动与否息息相关。不论是哪种学前教育安置类型,代课老师多将教师工作当作一种临时的过渡或者补贴家用的经济来源方式,多数教师干上一两个学期另谋出路。当然,教师流动性大在一定程度上影响了接收学前儿童的一年级的教育质量。

以上描述表明贫困地区任教学前和学龄儿童的教师存在着师资老化、工作量大、没有接受过幼教方面的职前和职后培训,部分教师稳定性无法得到保证的问题。

二、混读生早期教育的儿童状况

只要家长愿意送来,学校就会接收学前儿童入学,这导致了

不同学校混读生人数不统一。表4-1是YZ镇2007年上半年部分接收学前儿童的一年级中的儿童总数和各年龄段儿童数。可以看出，接收学前儿童的一年级中学前儿童和学龄儿童人数失衡，几乎所有班级中学前儿童人数超过学龄儿童人数。尽管学前儿童占了班级一半，甚至超过四分之三，但教师并未将其看作受教育对象，学前儿童受到严重忽视。

表4-1　部分有混读生班级的儿童总数和各年龄段儿童数

学校名称	儿童数	7岁以上	6—7岁	5—6岁	4—5岁	4岁以下	学前儿童占比例(%)
BY1小学	30	10	10	8	2	0	54—5
BS小学	30	9	7	9	4	1	70
CJW小学	19	5	12	2	0	0	73.7
JB小学	30	16	8	3	3	0	46.7
PH小学	18	5	2	7	4	0	72.2
LG小学	30	4	7	9	6	4	76.7
总计	157	49	46	38	19	5	68.8

借助育儿历史调查和幼儿园(班)教师调查，我们简单地看看混读生的基本情况：男女儿童相差无几；在民族上，布依族儿童占到了57.2%；91.4%是非独生子女；在家庭排行上，40%的混读生排行第三或者以上，28.6%的儿童排行第二，还有31.4%的儿童排行老大或是独生子女。在家庭情况上，混读生的父母多是小学毕业，其中父性养育者的学历80%为小学及以下，母性养育者的学历更差，58.1%没有接受过教育，35.5%的学历为小学；混读生家庭的收入不高，58.6%的家庭收入低于4000元每年，只有13.8%的家庭收入高于8000元。在这样的家庭背景下，儿童养育者对儿童教育上关注少，与教师的联系少，这在下文对“混读生早期教育的课程资源”分析中得到证实。

三、混读生早期教育的物理环境

班级的设备、空间和材料等为早期教育的切实开展提供了场所和资源。《幼儿园工作规程》对幼儿园的园舍、设备做出了规定。《六省市幼教机构教育评价研究》中从户外活动场地、室内活动场地、各类设施、教玩具拥有和使用情况等角度来描述城乡托幼机构的物质设施及其使用状况，并发现，乡村机构设施变量的作用较城市明显增强、总效应显达 0.25。它强烈地制约着教师安排玩具材料的使用频度和教师在非学前活动时允许儿童选择玩具主题的时间比重，从而间接影响乡村儿童的认知发展。① 物理环境如此重要，我们有必要关注混读生早期教育中的物理环境。本书借鉴以上研究对物质设施及其使用的考察方式，我们从空间、设施、教玩具拥有和使用情况等角度来描述接收学前儿童的一年级的物理环境，同时增加了座位安排这一角度来映射接收学前儿童的一年级教师的教育观念。

（一）混读生早期教育的空间和设施状况

考察发现，接收学前儿童的一年级教师没有充分意识到和使用空间资源来促进班级学前儿童发展。通常来说，接收学前儿童的一年级教室自然就是普通的小学班级教室，班级能用和常用房间数都是一间。孩子们坐的桌凳和其他小学生一样，多数接收学前儿童的一年级（尤其是完全小学）因儿童数量多（因为学前儿童本不应该进入这一班级），常常一张凳子上坐着 3 个孩子（见照片 4－1 和 4－2），为此十分拥挤，在上课时很多孩子拿书、写字、翻书都受到影响，也会因此产生冲突。

接收学前儿童的一年级多粘贴伟人图片、宣传标语、明言警

---

① 项宗萍、廖贻：《六省市幼教机构教育评价研究》，北京：教育科学出版社，1995 年，第 188 页。

照片 4-1　一套旧桌凳上坐着 3 个孩子，摄于 20070713

照片 4-2　一套新桌凳上坐着 3 个孩子，摄于 20070613

句等和其他小学班级一样的装饰（见照片 4-3）。个别接收学前儿童的一年级也粘贴了拼音、认数、汉字等挂图，为了防止孩子撕掉，这些挂图粘贴的位置都较高，要么在黑板之上，要么在两边墙壁的上方（见照片 4-4 和 4-5）。为此，年幼的孩子根本看不到这些挂图上的具体内容，这些装饰潜在的教育价值没有真正得到实现。也偶有班级曾经作为幼儿教育非正规教学点的教室，而留下了部分卡通图片（见照片 4-6）。同样遗憾的是，

照片 4-3　BS 小学接收学前儿童的一年级的墙壁，摄于 20070613

照片 4-4　GZ 小学接收学前儿童的一年级墙壁上的挂图，摄于 20070613

这些图片只是“遗留”下的，只是孤立地被粘贴在哪里，没有老师关注这些图片，孩子们也忽视了它的存在。

接收学前儿童的一年级教师极少使用学校现有的设备来促进学前儿童发展。这些班级和小学其他班级共用操场和体育设施，但绝大多数学校仅有两个篮球架和两个的乒乓球台（见照片 4-7），设备极其简陋。接收学前儿童的一年级教师也从未在课堂教学（包括体育课）中使用这些设备。只有在课间十分钟，孩

照片 4－5　XC 小学接收学前儿童的一年级墙壁上的挂图，摄于 20060926

照片 4－6　非正规教学活动时墙壁上留下的图片，摄于 20070612

子们会站在上面玩拨珠或趴在旁边玩(见照片 4－8)。

(二) 混读生早期教育的座位安排

在对存有幼儿在一年级就读现象的班级环境的观察和对教师的访谈中，我们发现了一个特别有趣、但又值得深思的现象：只有个别学校让学前和学龄儿童大小搭配地坐在一个课桌上，这样做的目的在于“以大带小。小的看到大的在学习，会模仿；如果大小分开，小的和小的就玩起来了，什么也学不到”(H4)；

照片 4－7　贫困地区的完全小学学校，摄于 20060918

照片 4－8　连围墙都没有的教学点，摄于 20060919

绝大多数接收学前儿童的一年级是将学龄儿童和学前儿童分开来安排座位。“反正要分好”，之所以这么做，是因为“如果你不这样做，不行。足龄的（小学生）那些学不到东西，学校考评主要看足龄（小学生）的成绩”（C 老师，2007 年 6 月 18 日）。

这种分开坐通常有三种做法：一是把学龄儿童放在每一组的前面，学前儿童在每组的后面坐。如 SS 校点教师这样做，还“最多将比较聪明一点的学前儿童排到前面一点”（T8）；BY1 小

学的张老师在两年前教授接收学前儿童的一年级时，“足龄的，我就把他排在前面；然后不足龄的，满 6 岁以上的，我把他排在

照片 4－9　GZ 小学的孩子们，摄于 20070613

中间；再小一点，我就把他排在后面”(T2)。二是学龄儿童自成一组，学前儿童自成一组或者两组，分占教室的两边。照片 4－9 是 GZ 小学接收学前儿童的一年级的座位安排图。在这个班级，左边是学前儿童，且 3 个孩子坐在一张桌子上；中间和右边是学龄儿童。教师上课时，主要面向学龄儿童。图 4－1 是 JB 小学 2007 年的座位安排图，形象地展示了这一做法。三是把所有学龄儿童集中在教室的一角，学前儿童则坐在其他位置。这种做法通常出现在班级学龄儿童只有 10 人以下的班级，比如 JB 小学(见图 4－2)和 BS 小学。

教育生态学的研究者认为，在座位安排上，“任何一种座位编排方式都暗含着某种教育学思想，暗含了教师所期望的交往方式”“作为课堂环境的重要因素，(座位编排)对学生的态度、行为、学习以及课堂中的交往活动都有着独特的影响”“由于所处的‘生态位’不同，处于行列式座位编排中的学生之间又存在着差异，教室座位本身(前排或后排、中间或两边)将影响学生的学

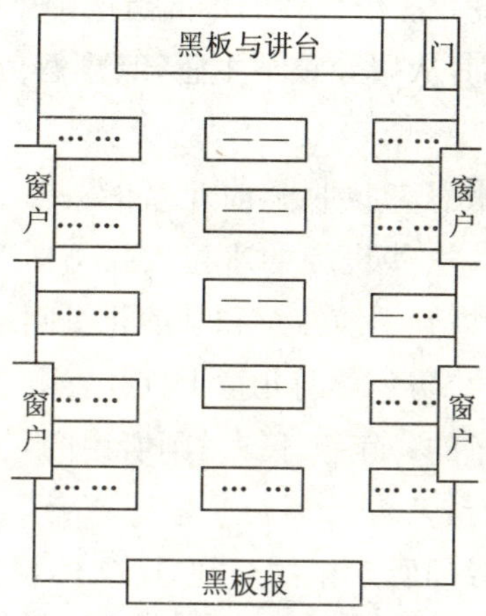

说明：… 代表学前儿童
— 代表学龄儿童

图 4-1 接收学前儿童的一年级座位安排图 1

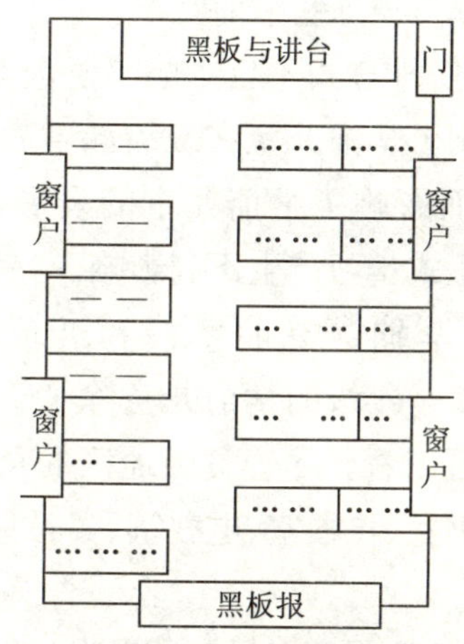

说明：… 代表学前儿童
— 代表学龄儿童

图 4-2 接收学前儿童的一年级座位安排图 2

习成绩和学习态度。座位位置的不同造成师生间空间距离和人际距离远近的差别，从而导致学生感知、理解的差别，并制约师生交往”①。

从上述观点来思考接收学前儿童的一年级的座位安排方式，我们可以看出：这些班级的座位安排方式反映了教师的想法，教师主要是考虑到学前儿童和学龄儿童间不会相互影响，尤其是为了保持纪律、防止学前儿童干扰和影响学龄儿童的学习。就像接收学前儿童的一年级任课教师所说的，“反正要分好”“如果你不这样做不行，足龄的那些学不到东西”(T9)。这种座位安排方式暗含了教师所期望的交往方式，体现出的是教师对班级中学龄儿童的重视、对学前儿童的忽视，因为学龄儿童坐在教室中央或者集中坐在一起，教师授课时便可以有针对性地面向这些儿童；学前儿童分散坐在教室两边或者后面，教师上课时无法同时顾及，更可以忽视这些学前儿童。此外，接收学前儿童的一年级中这种座位安排方式不仅影响了学前儿童看到黑板、视力受到影响，更加剧了学前儿童在班级课堂教学中的受忽视情况和放任状况，进而影响了学前儿童的发展，比如导致油子②等，很可能对后期正式学习产生不利影响。

（三）混读生早期教育的图书和教玩具状况

在图书资源上，一年级的学前儿童除了学校统一发放的教材，没有儿童图书可以看。尽管贫困地区的每个小学学校都有图书室，或者将图书室、仪器室、电教室、实验室并在一起的一间

① 范国睿：《教育生态学》，北京：人民教育出版社，2000年，第244—247页。

② 当地教师和家长多次提到，学前儿童在小学一年级中混读久了变成“油子”“老油子”。其含义是“天天在那里学习，孩子觉得没有意思了”(T21)，“读多年下来，他没有心情读了。老读，读成老油条了……喊他读书也不读，他不想读，读的没意思了”(P4、P16)……这样看来，“油子”的主要意思是厌学、对学习不感兴趣。

办公室，学龄儿童每周的某个下午可以去借书看。但学前儿童图书并不包括在内，学校也不会拨款为学前儿童购买图书。

接收学前儿童的一年级被看作小学的一个普通班级，没有专门的学前儿童玩具。如果说接收学前儿童的一年级有可以玩的东西，那就是和其他班级和学龄儿童一起共用的体育设备，包括跳绳、羽毛球、篮球等。但上体育课的时候非常少，一个学期只有一两次或者根本没有，所以儿童基本上没有机会得到这些东西玩。更多的孩子（包括小学生）都是在玩自带的弹珠、跳绳，这些传统的游戏依然在贫困地区广泛存在（照片 4－10 和 4－11 是课间正在玩弹珠、滚铁环的男孩，照片 4－12 和 4－13 是跳绳、用石子玩跳房子的女孩们）。

接收学前儿童的一年级也没有为学前儿童准备专门的教具。它们和学校其他班级一同使用仪器室中的教具，这些是义务教育阶段上级部门统一发放的。这些教具虽然是针对学龄儿童的，但也可以拿来对学前儿童进行教育。我们的观察发现，不论是开展什么科目的教学活动，教具使用都很少，偶尔使用的也只是三角尺、时钟模型等教具，仪器室内陈列的标本、挂图等教具很少出现了课堂教学中。

照片 4－10　滚铁环的孩子，摄于 20060921

照片 4－11　弹弹珠的孩子们，摄于 20060911

照片 4－12　跳绳的孩子们，摄于 20060918

照片 4－13　跳房子的孩子，摄于 20060918

您或许会像我一样想到，农村地区有很多活生生的教材，也有很多的教育辅助资源，教师们可以用这些手边的、廉价的材料来自制玩具或者制作教具辅助教学。如，使用小石子、小木棍来教孩子学习数字，长短，粗细等等。除了个别老师会使用到这些资源，很多老师并想不到这是可以辅助教学的资源。尽管当地教育主管部门一再提倡自制玩教具，也偶尔举行过类似的培训，但很多老师已经习惯了“说教、让学生倾听”这样的教育方式，加上数量较多的代课教师，他们更是习惯了仿照小学教师的教法来教学前儿童。所以，被我们看作教育资源的很多素材，在当地老师那里并不是什么教育资源，自然也未使用到教学中。

从以上描述中我们不难看出，接收学前儿童的一年级的空间和设施、图书、玩教具拥有等没有考虑到学前儿童的存在，这些资源都存在严重匮乏的问题，学前儿童对游戏、玩具的需要没有得到关注和满足。

四、混读生早期教育的健康安全

托幼机构是对学前儿童进行保育和教育的场所，学前儿童保育和身体健康理应受到极大的关注。那在农村贫困地区的接收学前儿童的一年级，能够做到“保育”与“教育”的相结合呢？

本书借鉴《幼儿园工作规程》对幼儿园卫生保健的要求及其国内外对托幼机构质量进行评估的维度，从防疫、体检、保健老师和制度、如厕、饮水、卫生消毒、设备维修、午餐、午休、安全教育和接送制度等方面详细阐述。

接收学前儿童的一年级的学前儿童在进入小学初会交纳15元的保险费，这是每个孩子都要交纳的保险费。有了保险费，学前儿童在以后成长中遇到意外伤害时可以获得赔偿。据了解，每个学校都有孩子从中受益，这减轻了家庭的负担。此外，接收学前儿童的一年级的孩子入校后会把自己的防疫记录本带到学校，定期接受乡镇卫生站来学校打预防疫苗（见照片4-14和4-15）。如果孩子错过在校或幼儿园打疫苗的机会，或者孩子没有机会进入学校或者幼儿园，家长可以带着孩子亲自到乡镇医院去打防疫疫苗。这些疫苗都是国家免疫规划的疫苗，包括乙肝疫苗、卡介苗、脊灰疫苗、百白破疫苗、麻疹疫苗、白破疫苗、流脑疫苗、乙脑疫苗等。

照片4-14　乡镇医院的工作人员到学校，摄于20060918

除了上文提到的帮忙收费保险费和组织儿童打免费疫苗，各个小学学校的接收学前儿童的一年级不要求、也没有对儿童

照片 4-15　乡镇医院的工作人员和打疫苗的孩子，摄于 20060918

进行健康体检，自然也没有建立城市中流行的健康记录本。接收学前儿童的一年级的老师们对于孩子的疾病史和过敏史，或者不知道，或者知道并不记录。教师们没有意识到要对此加以了解，并做较为详尽的记录；或者知道也没有这样的条件和精力来这样做。

按照上级的规定，小学学校应该“有兼职保健老师，有医药箱”、“建立健全卫生保健制度”。但实际上，一般是教导主任担任“有兼职保健老师”这一有名无实、吃力不讨好的职务，即使担任这一职务也不需要“坚持全日健康观察”。所谓的卫生保健制度也是学校购买的或者上级发下来的宣传挂图，没有学校有心力去“建立健全”这个制度或者按照这个制度的要求执行。绝大多数的学校也没有什么医药箱。学校备有的用于预防发生意外时的急救药品和设备很少很少，多是一点点的纱布和消毒酒精，有的小学连一点药和酒精都没有。我们曾在 BS 小学遇到一个四年级的男孩发高烧，老师着急的没有办法，只好用工业酒精稀释给他降温。还好，这个孩子很快就回复了正常，放学时已经能和一个寨子的同学高高兴兴地回家了。如果孩子遇到夹伤、破鼻子等轻伤，一般是班主任老师帮孩子包扎一下。若能遇到孩子父母，教师会告诉父母发生的意外。如果孩子发生了较为严重的意外伤害，比如摔断胳膊，老师们只好想办法把孩子带到乡镇卫生院或者更远的医院进行治疗。在严重意外伤害时，学校自然也不会忘记通知孩子的父母。很多学校距离乡镇很远，幸好这里的孩子都比较硬朗，不会像城市的孩子那样娇弱；摔倒、磕伤是常有的事，父母也通常认为孩子打闹、有点小伤是正常的，父母也没有像城里的父母那么呵护孩子。否则，仅仅保证孩子没有一点点伤害就够这些偏远小学的老师忙的了。

接收学前儿童的一年级是小学学校的一个附设班级，学校没有、也不可能专门给几十名学前儿童修建厕所，所以这里的厕所都是坑式的厕所，蹲槽比较宽。还有的厕所上面漏雨、地面不太打扫而很脏。幸好的是，这里的孩子自理能力比较强，部分教师也会有意识地教给刚来学校的儿童如何上厕所，所以没有发生过意外事件。

至于学前儿童在校的饮水需要，因为这里很多家庭的饮水都成问题，而且除了乡镇都要依靠水窖蓄水，所以让小学学校提供这样“奢侈”的设施根本不可能，所有在校学生的饮水问题自然也无从谈起。不少老师可怜孩子，便自己多担水，让孩子随意来喝，这自然是生水。在我们所去过的学前班和接收学前儿童的一年级，只有 CZ 小学有一处洗手处（见照片 4 - 16），这处洗手处也经常是口渴孩子的饮水处，学前儿童和小学生可以使用，而其余的学校都没有类似的洗手设施。

至于执行卫生消毒制度和进行清洗消毒工作，接收学前儿童的一年级自然也是没有的。跳绳、小球再脏，孩子们也是愿意玩的，因为这是他们仅有的一两件玩具；餐具、盥洗用具是孩子享受不到的奢侈品，自然也没有什么消毒之说。

照片 4－16　CZ 小学的洗手处，摄于 20060919

至于设备检查和维修方面，接收学前儿童的一年级都是学年开学初、请专门的木匠或者建筑工人进行这些工作。若学期中出现设备破损，一般情况都是老师们自己动手处理。

在这里本书想重点谈谈孩子们的午餐。除了乡镇中心幼儿园和乡镇上的中心小学，每所村校都有孩子中午不回家的情况。这些孩子要么干脆不吃饭，要么吃自己早上带来的冷饭。我曾经问过几个孩子“中午不吃饭，饿不饿”这个极傻的问题，尽管不少孩子回答“不饿”，但人是铁饭是钢，正是长身体的孩子怎么会不饿呢！要知道，这些孩子可是早晨不到 7 点就开始赶往学校，直到下午 4:30 全校集合之后才能回家，到家的时候就已经是晚上 5、6 点了，长达 11 个小时不进食的孩子身体成长、学习精力自然也受到影响。即使孩子回到家也不是立马就能吃到热饭的，因为他们的家长去忙农活还没有回来，即使回来也不会专门给孩子做一顿饭，所以这些孩子也只能吃点早上或者中午剩的冷饭。除了中午在校不吃饭的孩子，还有一些孩子早晨带来饭。不要以为他们带来的饭菜会多么美味，那仅仅是能填饱肚子的“饭”。看看下面的情景（见照片 4－17 和 4－18）您就知道是什

照片 4－17　午间进餐的孩子，摄于 20060919

照片 4－18　午间进餐的孩子，摄于 20060919

照片 4－19 和 4－20　午间吃饭的孩子们，摄于 20060919

么情况了。这张照片是在 SS 教学点拍摄的，不论是哪个村校都有这样的场面。午餐通常是孩子的家长给他们用辣椒炒的米饭，条件好的家庭还会炒上豆腐。这里缺少水，家庭种植蔬菜和吃到蔬菜的机会并不多，为此孩子的餐盒里很少有蔬菜，就连腌制的咸菜都是很少见到的。所谓的“餐盒”也不是我们常见的餐盒，条件好的家庭会给孩子买不锈钢和塑料的餐具，条件差的就直接用带有颜色的、很薄的方便袋或者其他塑料包装袋来包饭了（见照片 4－19 和 4－20）。孩子们的午饭不仅仅只限定在中午放学后吃，不少孩子在课间十分钟时就拿出餐盒吃一点，到下一个课间再吃一点。这里的孩子饭量比较大，在幼儿园的孩子

可以吃两碗(碗比城市幼儿园用的碗大一半)的米饭,想想不能回家吃饭的孩子忍受饥饿、还要坚持上课是多么可怜。

在中午休息时间,孩子是完全自由的,没有老师的监督,自然也没有乡镇中心幼儿园学前儿童享受的午休。这些孩子随意地玩,除非出现伤害事故老师才会露面管一下。中午长达两个半小时的放纵玩耍也对下午的学习造成了影响,因为孩子玩得过疯、没有休息,尤其是不吃饭的孩子体力消耗已经非常大,所以在下午的课堂上,你经常可以看班中的孩子(包括年幼的学龄前儿童)趴在桌子上睡觉(见照片 4－21)。因为混读生不是教师的重点关注对象,所以教师一般不会“打扰”学前儿童的睡觉。

照片 4－21　睡觉的孩子,摄于 20070613

山区中有一些会给人造成伤害的动物,如“竹叶青”这种毒蛇。乡镇政府下设的村寨,尤其是在偏远的、山高植被茂密的村寨和小学学校中,经常有类似的毒虫出没。在一些学校,也曾有孩子被蛇咬伤、没有及时治疗而导致全腿溃烂。为此,安全教育是这里的老师们和管理人员每天都强调的。这不仅反映在每日的放学集合讲话上,也反映在随时随机教育上。2008 年 10 月,我们到最偏远的村校调研，中午和老师们准备午饭之际，就听到外面的孩子大吵大闹。出去一看，才知道一条黑色的毒蛇从墙外爬了进来。我们和这里的女老师也都被吓得够呛，多亏胆大的男老师及时用石头狠狠地将毒蛇砸死。孩子们因为好奇而向前凑，着急的这位老师只好对孩子不断地大喊“向后退啊”。蛇被砸死后，这位老师将蛇挑到操场中间向全校的孩子讲解蛇的危害和遇到蛇应该怎么做（见照片 4－22），并一直告诫孩子们不要因为好奇就随便碰一些虫类，以免造成伤害。

照片 4－22　老师正向孩子讲解毒蛇危害，摄于 20081016

至于学前儿童的接送制度，接收学前儿童的一年级是没有的，但接收学前儿童的一年级采取了和其他班级一样的保证学生来校和离校的规定。早晨，距离学校近的孩子自己到学校，距离学校远的年幼孩子则跟着自家的哥哥姐姐或者同寨在同一所小学上学的高年级儿童一同来学校。放学时，他们也是这样回家。千万不要小看这些小哥哥姐姐或者高年级儿童在保护和保证年学前儿童安全到家时所发挥的作用。在这里，山高路远，道路崎岖，危险因素很多；因为有的村寨很偏远，距离学校需要步行 2 个小时，道路十分狭窄，有些孩子甚至要拿着镰刀边开路边

向学校赶。为此，年长儿童发挥的带头和保护安全的作用很大。这些年长的儿童在学前班或者一二年级时跟着高年级的同学来上学和放学回家的，待年长儿童升入乡镇上的初中学校，他们自然而然就承担起了照顾更年学前儿童的责任。这已成为每个学校的惯例。

为了保证学生都在学校和能安全地离开学校，每个小学放学前的集合和校长或者其他老师的讲话是必不可少的内容(见照片 4-23 和 4-24)。我们曾经到过的每个学校和幼儿园都是这样做的：在每天下午的集合时间，所有班级的学生都要以自己的班级为单位排队。之后，每个班级的孩子数数，以确保学生都在队伍中，如果缺少了哪个同学都要说明原因；如果学生没来，教师会亲自走访或者让同一村寨的孩子去通知这个孩子明天来上学。再后来就是主持教师讲话，主要内容涉及班级卫生打扫、自身卫生清洁、在校在外安全注意事项，并强调村寨距离学校较远的年长儿童要带好年幼孩子回家。最后，孩子们解散回家，老师们也回家。我们在孩子解散后才开始准备回乡镇住处，每次坐着老师们的摩托车或者租来的小客车在狭窄的路上“飞驰而

照片 4-23　每天必不可少的放学前集合 1，摄于 20080928

过”，路边结伴回家的孩子总是很高声地打招呼“老师回家啊”，还有的学校的孩子则自动地停下来，向老师敬礼并打招呼。这里的老师说，这是学校规定的方式，孩子停下来敬礼一方面是对老师和外来人员的尊重，另一方面也是提醒开车司机注意道路上的人群和诸多的拐弯，以保证司机和学生的人身安全。

照片 4－24　每天必不可少的放学前集合 2，摄于 20081017

以上给我们展现了小学学校在保证包括学前儿童在内的所有儿童的安全上所采取的措施。我们发现，当地利用了一些适宜、灵活的方法来保证儿童的基本安全问题，如让年长儿童带来年学前儿童回家、每天的集合讲话、随机的安全教育等，这满足了儿童在安全方面的一些需要，但因为当地条件的限制，儿童在其他方面的安全和健康需求没有得到满足。为此，我们还需要采取更多措施来保证农村学前儿童的健康和安全需要。

综上所述，我们可以发现：混读生早期教育的内部环境也不佳，这表现在：任课教师存在师资老化、没有接受幼教培训、部分教师稳定性无法得到保证的问题；绝大多数班级中学前儿童数超过学龄儿童数。在物理环境上，面向学前儿童的空间和设施、图书、玩教具等资源存在严重匮乏的问题，接收学前儿童的一年

级的座位安排体现出的是教师对学龄儿童的重视、对学前儿童的忽视。混读生的健康和安全仅得到了部分保障。

处在上述环境之下，混读生早期教育的内部过程是怎样的？在早期教育中，课程是实现早期教育目的的手段，课堂互动，尤其是师幼互动是实现教育过程的途径，两者构成了早期教育最重要的过程性质量，两者也是影响儿童发展的最直接因素，接下来的章节将从这两个角度对混读生早期教育现状进行具体描述。

第五章　混读生早期教育的课程

上一研究重点关注的环境为混读生早期教育的开展提供了条件。“从某种意义上说，所有教育目的都要以课程为中介才能实现”①。课程是帮助学前儿童获得有益的学习经验、以促进其身心全面和谐发展的各种活动的总和，是实现早期教育目的的手段，其重要性毋庸质疑。为此，在考察早期教育现状时，对混读生早期教育的课程状况进行考察极为必要。

在查阅农村托幼机构课程状况的文献后，我们发现，已有研究主要从课程目标、课程内容、课程实施、课程评价和课程资源来探讨，揭示了农村托幼机构课程在这些维度上存在的各种问题。作为一种特殊的学前教育安置类型，有关混读生早期教育课程的研究少，我们不能全面地了解混读生早期教育的课程现状。

本书著者对混读生早期教育课程的研究将从课程的基本要素，即课程目标、课程内容、课程实施、课程评价入手，同时增加了课程资源这一角度来全面地描述混读生早期教育的课程概况。

第一节　混读生早期教育的课程目标

国内研究者曾发现，农村教师在制定课程目标时随意性较

① 施良方：《课程理论：课程的基础、原理与问题》，北京：教育科学出版社，1996 年，第 83 页。

大，而且往往是以认知发展为主要目标。部分教师也没有制定课程目标的意识，造成课程目标空缺（王启萃等，1995 年；闫悦，2005 年；聂劲松，2006 年）。混读生早期教育的课程目标是否也存在此类问题呢？

在课程目标上，接收学前儿童的一年级的情况颇为不乐观。小学管理人员和教师都没有为学前儿童发展设定什么具体的目标，对学前儿童的学习没有明确的学业期望。为此，学前儿童跟着学龄儿童读到哪里算哪里，学到了什么就算什么。

由于课程目标是某一课程门类或科目学习完以后所要达到的发展状态和水平的描述性指标，直接影响和制约着后继课程因素的设计和操作、日常的教育教学行为。为此，在没有早期教育课程目标的情况下，混读生的课程内容、组织和实施、评价等也存在着很多问题，比如课程内容和学龄儿童完全一样、实施时忽视学前儿童、不对学前儿童进行评价等。

第二节　混读生早期教育的课程内容

课程内容是实现课程目标的手段，对于教师和儿童而言，主要解决的分别是“教什么”和“学什么”的问题。[①] 前文发现，接收学前儿童的一年级教师对学前儿童没有明确的学业期望，这样课程目标指导下的课程内容是否存在？

一、混读生早期教育的一日安排

所有接收学前儿童的一年级的一日作息时间表和小学其他班级是完全一样的。从作息时间表（见表 5 - 1）可以看出，这些班级的每节课都是 40 分钟，一周上课时数多达 30 节以上，到

① 朱家雄：《幼儿园课程》，上海：华东师范大学出版社，2003 年，第 149 页。

校、上课、下课、离校也都和学龄儿童是一样的安排。我们对接收学前儿童的一年级进行的观察也发现，任课教师确实这样上课，没有观察到学前儿童可以早退的现象。观察还发现，在每节课上学前儿童静坐，又没有符合他们身心特点的学习内容和教玩具等材料，对学前儿童身心发展不利。而且，户外活动时间被大量无意义的教学挤占，长时间的静坐和无事可做让学前儿童在无意中学习、但未必真的学会学龄儿童的学习内容，这容易造成他们厌学，失去学习兴趣。

表5-2是GZ小学接收学前儿童的一年级的课程表。调研发现，所有接收学前儿童的一年级张贴和实行的都是普通一年级的课程表。可以看出，接收学前儿童的一年级上午的课多是语文和数学；下午的课相对丰富很多，多是音乐、美术、小学综合实践、劳动等。显然，这样的课程安排是典型的小学课程安排，管理者和任课教师没有考虑到学前儿童的存在和他们对活动、游戏和动手操作的需要，更从未为班级学前儿童做出一些课程安排。在这样的一日活动安排下，学前儿童在学校的学习是跟着学龄儿童在班级“混”。

表5-1　接收学前儿童的一年级作息时间表

8:10	预备
8:20—8:50	早读
9:00—9:40	第一节
9:40—10:00	课间操
10:00—10:40	第二节
10:50—11:30	第三节
11:30—14:00	午休
14:00—14:40	第四节

续 表

14:50—15:30	第五节
15:40—16:20	第六节
16:30	离校

表 5-2 接收学前儿童的一年级课程表

		星期一	星期二	星期三	星期四	星期五
早读						
上午	第一节	数学	语文	数学	语文	数学
	第二节	语文	数学	语文	数学	语文
	课间操	课间操	课间操	课间操	课间操	课间操
	第三节	语文	思想品德	语文	语文	语文
午休						
下午	第四节	音乐	美术	写字	实践	体育
	第五节	体育	写字	实践	数学	音乐
	第六节	活动	劳动	活动	劳动	美术

这样的作息时间和课程安排都表明，接收学前儿童的一年级的任课教师和相关人员没有考虑到学前儿童的存在和需要，这样的课程安排对学前儿童来说是完全小学化的，这一安排下的课程内容自然也有存在很多问题的。

二、混读生早期教育的课程内容

绝大多数混读生使用的是一年级的教材，只有一个小学混读生使用的是学前班教材、学龄儿童使用的是一年级的教材。之所以使用了不同教材，是因为本校校长将混读生当成学前班上报给乡镇中心校，而这一年所有学前班的教材都由乡镇中心校订阅，为此乡镇中心校便为其订阅了和其他独立学前班一样的教材；学龄儿童的教材是规定性的，国家划拨下来的。

对于绝大多数接收学前儿童的一年级来说，学龄和学前儿童使用的教材是完全相同的。“教材都是一年级的，不管是哪个

年龄段的”。之所以这样做，是因为“便于老师上课、布置作业，减轻老师的负担”(H12)，还有部分原因在于接收学前儿童的一年级中学前儿童人数太少、人数不固定，“学生(学前儿童)十个八个，最多二十个，他明年足龄了读一年级了。这个人数不是一年就十个八个，他明年又来一个，再来一个，一个学期他来一个几个的，这个书不好订”(T24)。在这样的情况下，接收学前儿童的一年级选择一年级教材作为学前儿童的教材。但我们认为，学校为学前儿童选择一年级教材表面上是因为便于教师教学、学前儿童人数少，但更深层的原因则在于小学学校没有把学前儿童当作真正的受教育对象，小学学校出于自己的方便、免去订阅不同教材的麻烦而选择了一年级教材。

现在接收学前儿童的一年级教学所使用的教材是人民教育出版社2006年出版、课程教材研究所与小学语文课程教材研究开发中心编写的“义务教育课程标准实验教科书”(见照片5-1和5-2)。如今，混读生的书包里都背着《语文》、《数学》、《美术》、《小学综合实践》、《音乐》、《品德与生活》等科目的教科书。我们以一年级第一学期教材的内容来看这些教学内容对学前儿童身心发展的适宜性。《语文》教材共有150页的教学内容，6个单元，20节正文，生字表有500个字。《数学》内容有116页，内容主要包括数一数、比一比、1—5的认识和加减法、认识物体和图形、分类、6—10的认识和加减法、11—20各数的认识、认识钟表、20以内的进位加法等。《美术》主要内容是让儿童认识美术工具和材料、颜色、图形、动手画、自制玩具和用品、剪纸等，来提高审美能力、装饰环境。《音乐》共有8个单元，分别是小手拉小手，听、谁在唱歌，快乐的一天，花儿多多，秋天的歌，森林里的故事，新年老人走来了等；每个单元下面又有5、6节内容。《小学综合实践》教材共有60页，内容涉及认识学习用品、日常用

品、自然现象、学习礼仪、团结友爱、交通规则、动手制作等。《品德与生活》教材共54页内容，包括“我上学了”、“祖国妈妈我爱你”、“过新年”三个单元，每个单元下有4、5节内容。

照片5－1和5－2 《数学》《语文》教材书，摄于20070613

对以上内容经过仔细分析后，我们认为，教材中的部分内容是适合学前儿童学习、可以为以后正式成为学龄儿童学习这些内容打下基础的。如，《语文》教材中的看图说话、动手操作、部分儿歌、元音、单韵母、简单的字；《数学》教材中简单数字的书写，计算、方向、大小、上下等常识，排列组合的规律，认识图形和物体、分类等。还有美术、音乐等课程中的部分内容也是可以被学前儿童学习的。但在教师教学能力和教学理念都比较落后的情况下，当地多数教师只能按照教材一节节上课、不具备将以上内容以形象和动手的方式教授给学前儿童的能力（详见第八章第一节“有关混读生早期教育质量能否改进的讨论”）。此外，这一教材上半学年的大部分内容和下半年的全部学习内容远远高出学前儿童的接受能力；这些内容需要通过上课来完成教学任务，旨在向小学生传授系统的文化知识。为此，这些课程内容根本不符合学前儿童的身心发展特点。

还需要指出的是，尽管有个别学前儿童可以听懂教师讲授，能跟得上一年级教材的学习进度；尽管接收学前儿童的一年级中部分学前儿童处于6—7周岁之间，这些孩子符合了义务教育所规定的儿童年龄要求，但因为当地属于“条件不具备的地区”，为此义务教育的起始年龄是7周岁或以上，且接收学前儿童的一年级任课教师也只认定7周岁以上的儿童才是真正的受教育对象。为此，教师根本也无意于让学前儿童学习这些内容（详见本章下文“混读生早期教育的课程实施”），这些看上去可以被7周岁以下儿童接受的内容并没有教授给他们。接收学前儿童的一年级任课教师们还认为，学校和自己本身的条件不好；学前儿童学习一年级的书太厚了，内容过于偏重，没法上完；而且这些书的内容不适合学前儿童，无法兼顾班内两个年级的学生。面对这样的教材，教师只能“凭着我自已的知识，还有我的责任心”教授班级。在这样的情况下，接收学前儿童的一年级的现有课程内容对学前儿童来说达不到促进身心发展的目的。

乍一眼看上去，接收学前儿童的一年级中的教学科目齐全，其目的是为了促进儿童德、智、体、美、劳的全面发展。我们可以推测认为，这样教学安排和内容下的学前儿童即使学习不到书本上的知识，至少也可以在社会性和情感方面获得一些发展。然而，真正的教学活动并非按照课表安排进行。在实际教学上，教师们主要教授语文和数学这两科，音乐、美术、小学综合实践、劳动等科目被看作副科，受到教师的忽视，这些科目基本上不开展教学。2008年10月，我在一所小学调研，连续在该学校跟踪班级中的儿童、教师三天，这三天里教师的课程安排内容比较丰富，教师教授了所有的科目，且美术、音乐各自上了两节课。过后，我询问班里的学生，“你们上过几次美术课了”，孩子们回答“一共三次，你来之前上过一次”。至于体育课，上个学期曾上过

一次，这个学期是第一次上体育课。在更偏远的学校，当我们提出看课时，有学校校长和老师坦白地说“课程表是给上面领导检查看的，一些课我们基本不上的”。确实，孩子们每学期都能拿到一套全新的一年级教材，一共8本书，但真正可能用到的就是语文和数学。偶尔的音乐、体育、美术课，也都是老师自己看着上：音乐课上，老师会唱什么歌，就教学生唱什么歌；美术课就是画画，有的是命题画画，如画小动物、画花草，有的是随便画；体育课学习左右、立正、稍息这些每日排队需要掌握的技能。

《幼儿园教育指导纲要(试行)》提出，幼儿教育活动内容的选择应该体现以下原则：既适合幼儿的现有水平，又有一定的挑战性；既符合幼儿的现实需要，又有利于其长远发展；既贴近幼儿的生活来选择幼儿感兴趣的事物和问题，又有助于拓展幼儿的经验和视野。显然，接收学前儿童的一年级这样的课程内容达不到以上要求。此外，接收学前儿童的一年级的课程内容显然也没有达到“早期教育应该涵盖多方面的领域和经验，如游戏、身体动作、语言、社会、科学探究和数学思维、音乐和美工等”，“活动要符合儿童的需要、兴趣、能力和经验；以儿童自己的操作活动为主，儿童有选择不同的材料和活动的机会，并以促进儿童各方面的发展为宗旨”等的要求。

总之，接收学前儿童的一年级的一日安排和课程内容呈现出完全小学化、没有考虑到学前儿童的存在、需要和身心特点等问题，这显然不利于其发展。

第三节　混读生早期教育的课程实施

“课程实施是把课程计划付诸实践的过程，它是达到预期的课程目标的基本途径……课程实施是整个课程编制过程中的一个实质性的阶段"①。课程实施关注的是课程计划在实际上所发生的情况，为此，对混读生早期教育课程实施的考察更可以形象地展示出教师对学前儿童的重视如何。本书主要从教学层面来考察混读生早期教育的课程实施。

一、混读生早期教育的课程实施概况

上述提到，只有一个学校的接收学前儿童的一年级为学前儿童订阅的是学前班教材，学龄儿童使用的是一年级的教材。这一班级的老师认为，学前儿童和学龄儿童使用了不同的书，而且书之间交叉很少，班级中的课程开展十分吃力。这一任课教师还认为，"我们这里是培养一年级的基础，所以要把拼音基本上在学前班混熟，1—10啊、简单的字啊，基本上要掌握，我们一年级上起来呢才轻松"(T21)。为此，老师在进行教学时还是以小学课本为主，基本上让学前儿童跟着一年级的学，学前儿童手上的学前班教材"有时吧也用不着"。

对于所有接收学前儿童的一年级来说，"上课的时候，基本上按一年级的教材来进行的"(H2)，教师在实际的教授中也没有准备针对学前儿童的教学内容。另外，对教师备课笔记的观察也发现，接收学前儿童的一年级教师的备课笔记和普通一年级教师一样，只是把教学参考书中的教案重新抄写了一遍，教师没有为不同年龄段的儿童分层制订目标。当然，这并不意味着教师完全忽视了班级中的学前儿童。这在接下来的接收学前儿童的一年级的课程实施类型中得到证实。

通过对访谈资料的分析和对33节课程教学活动的观察，我们总结出了农村贫困地区混读生所在班级的课程实施的几种方

① 施良方:《课程理论:课程的基础、原理与问题》，北京:教育科学出版社，1996年，第128页。

式(见表5-3)。简单来说,此类班级课程共有两种具体的实施方式:

一是复式教学。这一教学方式的做法是在一节课内,教师将学前儿童和学龄儿童分开,分别对其进行教学:教师先给其中的一个年龄段上课,让另一个年龄段复习或者写作业;而后教师给本来上课的孩子布置作业后,给另一年龄段上课,也就是"采用直接教学和布置、完成作业轮流交替的方式,在同一节课内由一位教师对不同年级学生进行教学的组织形式"①。比如,GZ小学有的老师提到自己教学时,"把一年级的这边布置好了,然后再给学前班教一些浅显的、简单化的,把他带起来"(T10)。还有老师"在一节课中,20分钟教这边,20分钟教那边。分开的时间要卡死,足龄的教给知识,不足龄的教他写字"(T7)。尽管几位教师提到曾使用复式教学方式对一年级中两个年龄段的儿童进行教学,但在对33节课程教学活动的观察中,我们没有观察到哪一老师采纳这种教学方式。我曾经问过一位老师有没有想过使用复式教学这一方式,这一老师这样回答"这行不通。因为他们在同一个教室里面,你教这边,那边说话;你教那边,这边在说话。根本没办法安静下来。(王:如果一边小朋友脸朝这,另外一边小朋友脸朝那呢?)不可以,那样也不行。我已经试过很多方法,都是没用的。为什么呢?这些小孩子就知道玩,一下课就到那个操场上去玩,根本没把心放在学习上。而且,就算一起上课,他总在下面玩小动作、在说话,好像有讲不完的话"(T23)。

① 黄济、劳凯声、檀传宝:《小学教育学》,北京:人民教育出版社,2000年,第4页。

表 5-3　混读生所在班级的课程实施类型

类型＼项目	复式教学	集体教学		
		对学前儿童和学龄儿童提出同样的要求	对学前儿童提出比学龄儿童低的要求	只关注学龄儿童，对学前儿童无任何要求
所占比例	只谈到，未见到	21.2%	15.2%	63.6%
课堂表现	直接教学和布置完成作业轮流交替	按照一年级内容和教学进度对所有儿童同时进行教学	对学前儿童和学龄儿童在纪律、作业、方法上等要求不同	若课堂纪律好，学前儿童安静、无聊；若纪律差，学前儿童吵闹、无聊
涉及科目	未见到	绝大多数的美术、体育、音乐课，偶尔的语文或者数学课	个别的语文、数学课(任课教师教学能力相对好)	60%是语文或者数学活动，个别音乐、小学综合实践课

二是集体教学。这一教学方式的做法是一年级的任课教师同时对学前儿童和学龄儿童进行教学。这是混读生所在班级的课程实施的唯一方式，被观察的 33 节教学活动都采取了这一方式。本书重点关注了班级中学前儿童的受教育状况，依照教师在集体教学课堂上对学前儿童提出要求的不同，我们将集体教学这一方式又分为三种亚类型，具体来说：

(1) 教师对学前儿童提出和学龄儿童完全一样的要求，而且在上课时也同时关注学前儿童和学龄儿童。在 33 节课堂教学活动中，共有 7 节教学活动采取了这种方式，占到了 21.2%。在 7 节活动中，有 6 节是美术、体育、音乐课；只有 BS 小学一老师在语文《一去二三里》上对班级中所有儿童进行教学，这表现教师在教授内容、要求儿童写作业、指导儿童写字时都是明显针对所有儿童的。另外，我们还发现，绝大多数的体育课、音乐课和美术课采取的都是这种教学方式。在这种教学方式下，混读

生任课教师没有对课程内容进行任何改编或对学前儿童提出不同要求，教师按照一年级内容对包含学前儿童在内的所有儿童进行教学。尽管这样的教学将学前儿童看作和学龄儿童一样，教授内容时对两者提出的要求完全一样，没有考虑学前儿童的身心特点，但令我们感到欣慰的是，至少关注到了学前儿童；在美术、体育和音乐等活动上，学前儿童十分开心、积极参与。暂且不考虑这些儿童在这些课堂上的所获，他们情绪良好、有事可做、积极参与，仅仅是这些就让我们感到欣慰。

（2）教师对学前儿童提出比学龄儿童低的要求。在 33 节活动中，有 5 节活动采取了这种教学方式，占到了所观察教学活动总数的 15.2%。这一教学方式的做法是，教师在上课时同时关注学前儿童和学龄儿童，但教师对两类儿童的要求不同，这表现在教师在纪律、要求、作业上等方面采取了不同的做法。如，在纪律上，“小的上十几分钟可以出来玩玩”；在作业上，“年龄小的不安排作业”；再如，在要求上，“同时上课的时候，一年级的要会读会写；学前班只要求他们认识，不要求他们写，（因为）他们写不到”（T21），“今天教 3 个声母，适龄的要求能够写、能够发音；其他的会读就行了”（T2）。虽然这样的教学活动没有考虑学前儿童的需要、并做出特别的课程安排，但它确实是在考虑了一些儿童接受能力后做出的一些变化，在一定程度上应该可以促进儿童的发展。但遗憾的是，这些教学活动占到所有教学活动的比例低。

（3）教师只关注学龄儿童、对学前儿童无任何要求。这种完全忽视学前儿童的教学方式是主要的课程实施方式。在 33 节课堂教学活动中，有 21 节活动采取了类似的教学方式，占到了全部教学活动的 63.6%。在 21 节活动中，有 16 节是语文或者数学课，占到了 61.2%，还偶尔涉及小学综合实践、音乐等科

目。而前文的分析显示，语文、数学才是混读生所在班级主要教授的科目，为此可推测，学前儿童在课程实施中受到严重忽视。观察发现，这种课程实施方式下的班级课堂呈现出不同的特点，学前儿童也有不同的表现，以此我们可以将之简单分为两类。但需要注意的是，不论课堂纪律是好，还是差，混读生都是无聊的、无事可做的。具体来看：

① 班级课堂纪律尚好，学前儿童安静、无聊。在这样的课堂上，教师班级组织能力较好，整个课堂教学过程较流畅；但教师只关注学龄儿童和能跟上课堂学习的个别学前儿童，多数学前儿童是陪衬；只要他们不说话、不影响教学进行，教师一般不关注他们。偶尔教师会提问个别举手的学前儿童，当然在很多情况下，学前儿童无法说出答案，这时教师多让他们“坐下再想想”。在这样的课堂上，学前儿童一直比较安静，要么看窗外、要么睡觉、要么自己玩耍。因为过度无聊，学前儿童偶尔也会出现混乱，这时教师会喊“1、2”，班级全体儿童回应“坐端正”，之后班级纪律良好，教师继续给学龄儿童上课。如此反复，直到下课，学前儿童才能开心地跑到教室外面玩。

② 班级课堂纪律混乱，学前儿童吵闹、无聊。在这种课堂上，教师的班级组织能力差，课堂教学思路不清晰，看不出教师的课程教学过程；整个班级氛围比较混乱，教师即使一再摔教鞭，学生也只能安静一小会儿，教师的恐吓和警告没有明显作用。在这样的课堂上，上课铃响，学生零零散散进入教室，教师慢腾腾开始上课。教学过程中也很容易看到学前儿童擅自离位、走出教室，或者与同伴打闹、嬉戏的行为，也有孩子在教师还没有说下课的情况下就自己跑出教室上厕所或者到户外玩儿。在这样的课堂上，教师一离开儿童身边，儿童就不看书了；教师只能关注到其中的几个学生，还关注不到所有的学龄儿童，学前

儿童更是没有得到关注，整个课堂上他们反复吵闹。

值得注意的是，不论在上述哪种教学方式下，即使在教师关注了学前儿童的课程实施中，混读生所在班级的任课教师在教学活动的组织形式上都是十分单调的，基本上都是以集体班级教学为中心安排为主，普遍采取教师讲、学生听，教师念、学生读的“注入式”或死记硬背的方式。只有在偶尔的美术上，教师会给儿童选择的机会，允许学生可以“随意画”“想画什么就画什么”，但这时教师又是明显过于放手，对班级儿童的活动没有任何指导。

由上可以看出，绝大多数混读生所在班级的课堂教学采取了集体教学方式，在美术、音乐、体育课上教师主要采取同时上课，统一要求；在绝大多数的语文、数学等关注知识学习的课堂上，教师主要采取的是忽视学前儿童的课程实施方式；对学前儿童和学龄儿童同时教学，但提出不同要求、关注到不同年龄儿童的课程实施类型很少被用到；复式教学只出现在教师的言谈中，没有出现在实际教学中。在实际教学中，混读生所在班级最主要的课程还是语文、数学这两科。这样看来，混读生所在班级的课程实施还是主要面对学龄儿童，学前儿童在班级中受到忽视。

二、从课堂现场看混读生的课程实施

以上描述了混读生所在班级的课程实施的几个类型和基本表现，以下将从课堂提问、互动内容和教师对学前儿童关注的变化这几个细节来印证课程实施概况的发现，这部分的研究发现可与第六章的研究相互验证。

在课堂提问上，以班级课堂纪律尚好的数学课《认识时间》为例。在这节课上，教师对新课的讲授占据了大部分时间，教师在复习环节对学生的提问较多。在整个教学过程中，教师共提

问 20 次。一年级中的 10 名学龄儿童得到了 15 次提问，其中，LGH 被提问 6 次，MXW 被提问 4 次，LX 被提问 2 次，GL、LGF、XTX 被 1 次提问，其余 4 名儿童没有被提问到。班中 20 名学前儿童得到了 5 次提问，其中 XY 被提问 4 次，LGC 被提问，但没能说出答案，教师让他“坐下再想想”；其他 18 名学前儿童没有得到提问，这些儿童在课堂上比较安静。从提问数量的分配上看，75％的提问面向学龄儿童，25％的提问机会面向学前儿童。但需要指出的是，XY 是这一班级中发展水平最好的学前儿童，也能跟的上一年级的课程学习，教师将之以学龄儿童来看待，这个孩子也参加每个学期乡镇组织的考试，其成绩被算入教师的教学考核中。这样看来，除掉 XY 之外的 19 名学前儿童得到提问的机会只有 1 次，占到班级提问总量的 5％。从提问这一小的环节上，我们不难看出，任课教师对学前儿童的严重忽视。

在教师与儿童互动内容上，先以整个课堂纪律较差的数学课《给图形分类》为例。在整个教学过程中，XZL 教师提问学龄儿童很多次，但只关注了班级中其中的 4、5 个学龄儿童，没有关注其他学龄儿童。在 40 分钟的课堂教学上，教师共发起与学前儿童的交往 10 次，其中 9 次的互动内容都是有关纪律的，如喊一个孩子的名字暗示他“坐端正”、敲一个孩子的桌子提醒他“不要说话啦”，只有一次是在上课之初教师让坐在最前面的一名学前儿童“拿出书”。再以这一小学整个课堂纪律尚好的语文课《一去二三里》来看，CFX 教师与学前儿童的互动集中在维持纪律，帮助学前儿童拿书、拿本子、削铅笔上，教师还会偶尔握着学生的手写字。其实，不仅仅是在这两堂课上，在绝大多数的混读生所在班级的课堂上，教师与学前儿童的互动内容多集中在纪律约束上。当学前儿童控制力差、违反课堂纪律，尤其是影响了学龄儿童学习时，教师会对个别或者多名学前儿童进行批评，要求其“学前班的小朋友要好好听课”、“不要说话”等。当然，教师没有对学前儿童进行非常严厉的批评。总体上看，在小学一年级中混读的过程中，学前儿童与教师的互动频率极低，互动内容局限在纪律约束上，互动结果是学前儿童保持安静，教师与认知发展有关的互动内容极少极少。除了个别能跟得上课程学习的学前儿童能得到老师的提问、认知刺激，其他学前儿童多是被置于达到“遵守纪律”要求后的“放任”状态。这在后文的“第六章混读生早期教育的课堂互动分析”中会得到证实。

我们还发现，在整个学年之中，任课教师对学前儿童学业上的关注一直很少，但对学前儿童生活和自理能力的关注在一学年之中是有变化的，这主要体现在：在每一学年的开学初，教师对学前儿童生活自理能力和学习习惯稍微加以关注，但随着学前儿童在课堂上的逐步适应，教师对他们的关注慢慢减少。具体来说：

① 在每学年开学初，混读生任课教师认为这时“情况更糟糕”，因为学前儿童还不适应学校生活，在生活自理能力上差、害怕见到教师、不懂得课堂常规等。比如，在生活自理能力上，“有的小同学连厕所都找不到，自己的鼻涕也不会擦，脸也不会洗，穿衣服扣子一个高一个矮的也不知道，鞋子穿反了也不知道。有的拿到学校臭尿拉哄的，来学校他不知道哪个是哪个，他只知道哭”(T9)；在课程常规上，“开始上课的时候，敲钟他们也不知道是什么。你去教室了，喊‘进教室了进教室了’，他才会进教室。他不懂是上课还是下课”(T21)。“刚来的学生他根本一点都不懂啦，有时候上课他就跑出去啦，跑出去啦，有时候他要回家啦，有时候他要到外面玩啦，随便你怎么框他他都不进来啦”(T2)。另外，还有个别孩子刚来学校害怕老师，“他刚开始来，

他很怕老师，见到老师进了教室，他就好像老鼠见猫，他就害怕”(T24)。面对这样的情况，混读生所在班级的任教教师感到“第一个星期特别特别的累”。

② 面对这样的现状，不少教师首先教给儿童常规，如“先教他们进学校熟悉环境，不要走错。男同学跑一边，女同学跑一边，帮他们规定好。上厕所要注意安全，要蹲好”(T1)，“教他们去厕所要准备纸，或者去叫下课的时候去解手”(T21)；再如，“告诉他铃声响，要进教室开始上课”(T21)。

③ 这样，过上个把月，“他懂一点才稍微好一点。上课铃响了，也知道进教室了”(T1)；“能懂一点，基本上能懂了。上课呢知道进教室了，下课呢他喊‘老师下课了，敲钟了’”(T21)。“在纪律方面，上课知道站起来了，下课知道站起来了。在课堂当中、上课期间，要尿啦屎啦，他也会请假了。尿完也知道回到班里上课，常规懂了一点了”(T9)。

④ 随着学前儿童的慢慢适应，教师对学前儿童以上方面的关注逐步减少。或许是因为这些学前儿童已经能老老实实地呆在教室里不乱跑，也知道了教师的指令和能按照指令保持安静，已经不会影响班级中学龄儿童的学习；也或许是因为关注学前儿童已经花费了不少时间，学龄儿童的正常教学受到影响，教师感受到了压力……总之，在学前儿童进入学校一个月左右，任课教师对学前儿童的关注变得更少，开始将绝大多数的精力放在了学龄儿童身上。

从对课程实施的分析中，我们可以看出，绝大部分学前儿童即使在一年级中呆两三年，但也一直处于受忽视状态：教师仅关注能跟上课程学习的极少数学前儿童，绝大多数学前儿童则处于放任的状态；他们得不到提问的机会，被安排在教室的两边或者后面；只要上课不吵不闹，老师就不会关注到他们；如果吵闹，教师只会一再让他们“不要说话”；班级中的学前儿童没有玩具、游戏和操作活动，在教室的大多数时间很无聊。以上研究发现将在“第六章混读生早期教育的课堂互动质量”中再次得到证实。

更可怕的是，如果学前儿童在5岁进入一年级，则需要在同一个班级就读两三年。这些儿童坐到同一位置，书包里背着相同的书本，直到等到7周岁成为正式的学龄儿童，才会受到教师的关注。这两三年中一直受到这样忽视，这可能导致学前儿童厌学、对学习抱无所谓的态度。在课程内容本来就不适合学前儿童的状况下，教师的长期极度忽视和极少关注自然会影响学前儿童的发展，这一推测将在“第七章混读生认知准备发展及其对后期学业成就的影响”的研究中得到证实。

第四节　混读生早期教育的课程评价

课程评价对象的范围很广，它既包括课程计划本身，也包括参与课程实施的教师、学生、学校，还包括课程活动的结果，即学生和教师的发展。在农村贫困地区，班级所属的托幼机构没有对课程计划本身进行评价，对任课教师的评价也是多通过对儿童的考核来看教师的绩效。尽管对学前儿童进行考核和评估这种评价方式存在问题，但却是当地仅存的课程评价方式。为此，本书重点从对学前儿童的考核上看混读生早期教育中的课程是否存在评价、在评价什么。

在对学前儿童的考核上，乡镇中心校对各个幼儿园(班)的管理是“根据各个学校的情况，这块主要放在学校自己安排的”(A2)。为此，各个幼儿园(班)的课程评估和学前儿童发展评估由所在的幼儿园或者小学学校来确定。

在儿童发展评估上，混读生受到忽视，这表现在没有面向他们的评估。期末时，班级中的学龄儿童参加乡镇中心校组织的统考，学前儿童的考核则由各个小学学校自行处理。乡镇中心校管理人员说“一年级的学前儿童可以参加考试，我们都为他们准备了试卷”(A7)，还将之告诉了混读生所在班级的小学校长和任课教师。且为了保证与其他学校一年级比较时的公平性，乡镇中心校规定一年级中学前儿童的成绩不记入教师的教学成绩中，也不被用于给教师的教学成绩进行排名。但可能是乡镇中心校没有传达或者小学学校有关人员理解有误，小学学校的管理人员和教师都认为“学前儿童不可以参加全镇的统考”。

照片 5-3　考前只辅导学龄儿童的老师和他的学生们，摄于 20070613

观察发现，除非能跟得上学龄儿童课程学习的个别学前儿童，教师会让他参加全镇统一组织的考试外，绝大多数学校在期末考试前的十天或一周，直接让学前儿童回家不来学校。2007年6月，我们到乡镇各个小学学校的调查持续到了月底，恰遇了小学学校为期末考试备考。在考前的5天，本书著者曾独自到一教学点做调查，发现学前儿童已提前放假回家，教师在对学龄儿童进行考前辅导(见照片5-3)。

还有个别学校自己出题考察学前儿童。在给学前儿童进行期末测查的学校，教师和校长们说，“这些孩子的卷子是我们学校出。内容部分就是在他学的教材上挑一些相关的、简单的题目。语文方面考拼音和识字，数学方面考认数、10以内的加减”(H5)。“让他们写一些，比如数字大写的和小写的连线搭配，或者一些按照这样子写字，你写一排在上面，让他写一排在下面。或者说写1—20，或者写单数、双数。语文方面，让他写一些ɑ、o、e、i、u、v这些，写一些声母啊，这些很简单的。写字不写很难的，写一些‘小’字啊、‘大’字啊、‘工’字啊。上面写一些简单的字，让他照着写就行了。或者让他们写自己的名字”(H7)。可以看出，即使学校对一年级中的学前儿童进行测查，也是关注了儿童对知识，尤其是数学、识字、拼音等的掌握。尽管部分学校提到对学前儿童进行考核，但遗憾的是，我们没有看到哪个小学学校真的在进行这个测查。

由以上描述可以看出，同在课程实施中没有得到教师的关注一样，一年级的学前儿童在课程评价上也是受到教师忽视，绝大多数任课教师会因为要帮学龄儿童备考而提前给学前儿童放假，没有针对学前儿童的课程评价。

第五节 混读生早期教育的课程资源

课程资源指有利于实现课程和教学目标的各种要素，包括一切对课程和教学有用的物质、人力和财力，以及时间、场地、媒体、设备、设施和环境。《幼儿园教育指导纲要(试行)》中也指出“环境是重要的教育资源，应通过环境的创设和利用，有效地促进学前儿童的发展”，这些环境包括幼儿园(班)的空间、设施、活动材料，学前儿童同伴群体及幼儿园教师集体、家庭、自然环境

和社区的教育资源。那任教混读生的教师是否意识到了这些资源，并借用它们来促进学前儿童的发展呢？

一、混读生早期教育的空间、设施和材料资源

混读生所在班级空间、设施、活动材料资源的情况详见“第四章混读生早期教育的环境研究”中的“混读生早期教育的物理环境”，在此不再重复。以下详述混读生所在班级的任课教师对家庭资源、同伴资源和教师资源的使用情况。

二、混读生早期教育的家庭资源

儿童是幼儿园(班)与家长联系的纽带，幼儿园(班)承担着与家长沟通、共同促进儿童发展的职责。《幼儿园工作规程》第八章专门就“幼儿园、家庭和社区”做出了四条规定，《幼儿园教育指导纲要(试行)》第三部分“教育活动的组织与实施”的第十条也指出“家长是幼儿园教师的重要合作伙伴。应本着尊重、平等的原则，吸引家长主动参与幼儿园的教育工作”。那混读生任课教师是否将家长作为一种教育资源呢？

混读生所在班级隶属于小学学校，小学管理人员要求班级的任课教师进行每生一学期至少一次的家访和每学期至少一次的家长会，了解孩子在家的情况、进行育儿指导，以达到家校共育的目的。但我们三次到该地调研之际都没有遇到小学中的任何一个年级(含混读生所在班级)开家长会。在对学前儿童家长的访谈中，只有一位家长提到“一年两次家长会”(P9)，其余的家长都说学校没有开过家长会。尤其在距离乡镇十分偏远的一所小学，家长从来没有来过学校开家长会、不知道什么是家长会(T23)。在接受访谈的家长中，有一半家长从来没听老师说过

自家孩子在学校的情况，还有一半家长在路上、场坝①上碰到老师时会说说孩子在学校的情况。通常在孩子出现比较严重的问题，如打架、不上学的情况下，教师才会主动去家访。另外，如果儿童发展较好或家庭住址距离教师家较近，教师与家长的沟通相对更多。还有部分关注孩子学习的家长会主动联系教师，也能得知孩子在校的情况。偶尔的家长会和家访、老师和家长碰到时的聊天是家校联系的主要方式。

教师素养、家校距离、家庭结构、家长忙碌等多种因素交叉在一起，共同影响了家访。如，接收学前儿童混读的一年级分布在很偏远的村寨，儿童和家庭距离学校的距离远，家长不方便见到老师。又如，当地家长“活又多，一天都上坡，不会跑到学校问问他在学校怎么样”(P3;P8)。“我们没有时间去那里，一般我们多数时候都碰不到他们老师。他们老师往那边走，我们就往这边干活，碰不到的”(P7)。特别是在打工潮的背景下，近几年很多年轻父母“下广找钱”②，家庭结构出现变化，导致教师感到和家长的沟通工作难以进行，且效果不佳。正如几位小学教师所说，“现在打工的比例很大，父母都不在家，爷爷奶奶在家看着孩子。有时候爷爷奶奶顾着疼爱他了，不忍心，只要看着孩子背着书包上学，他就乐滋滋的，他想不到……家里繁忙的农活，他没有时间和精力关注孩子晚上看书了没有，根本就没有这个精力”(H8)。

---

① 在该地，村民各种日常生活必需品的主要来源地为场坝。场坝设立于该乡镇各片区的中心地带，是赶集的场所。赶集当天，周围村寨的村民云集于场坝进行产品的交易。赶集为当地人们的见面交流提供了机会，场坝成为当地人见面的主要场所。

② “下广找钱”是当地人对外出打工赚钱的称谓。这里的“广”不局限于“广东”或者“广州”，而是泛指离开当地、到外地外出打工。

一位校长这样痛心地说道："过去几年啊，平时我们下队，就是家访的概率比较高。这几年，家访去不了了，你想着到家里面去家访，家里面只有爷爷奶奶。有的家长爷爷奶奶在老家，你跟他说教育孩子，他根本不懂，所以去家访的意义不大。所以这几年，如果孩子的父母在，我们就家访的概率还高一点。如果父母不在，除非意外伤害这种情况才家访，不得不去的情况。如果一般情况没有必要去，我们就不去了。我想啊，父母啊这是个社会问题，这个父母望子成龙，但是着力在经济上，所以把孩子一扔，在外面每月一千块。这是个恶性循环。能够把经济抓到手了，但是失去更多了，失去更多"(H6)。

尽管以上因素影响了家校联系，但最主要的原因还是在于学校和任课教师没有充分意识到这项工作的重要性、也没有用心去做，才导致家访等少。当地个别学校的实践证明，利用开家长会时教给家长一些基本的学前儿童启蒙教育方法、帮助其改变落后的育人方式，进而使他们协助教师共同促进孩子的健康成长是可能的。由上我们可以看出，混读生所在班级的任课教师与家长的主动联系很少，教师没有充分意识和利用家庭作为教育资源来促进班级儿童的发展。

三、混读生早期教育的同伴资源

接收学前儿童混读的一年级中不同年龄的儿童之间会产生认知冲突，且年龄相近、认知发展水平相近的儿童处在彼此的最近发展区内，为此，班级有潜在的、丰富的同伴资源可以利用。若发现这一点，并加以利用，不仅可以减轻教师的负担，还可以有效促进不同年龄儿童的发展。那混读生所在班级的任课教师是否意识到同伴资源并加以利用呢？

有 7 位被访教师回答了这一问题，他们或多或少地采取过

“小助手”、“小促大”等方式来辅助自己的教学。一方面，一些教师会让学龄儿童或者发展较好的学生帮助老师管理纪律、指导年幼的儿童做作业、监督完成作业、教他们握笔写字。如，承担管理纪律的学龄儿童或者发展较好的儿童会告诉其他学生，“不能说话，老师来了就要打你们”(T24)。如，在指导做作业时，成绩较好的儿童可以做小助手，“(如果)其他孩子有不会的(问题)可以问他，假如他说他也不会，再来问我‘老师，我不会做了’，我再教给他们”(T24)。再如，刚入学的学前儿童什么都不会，混读生所在班级的任课教师会“慢慢地叫他们的大哥哥大姐姐教他们写。这样回家了，哥哥姐姐会教他们写一下，才能跟着我们上课”(T21)。另一方面，还有个别教师利用班级有学前儿童这一点来激励学龄儿童好好学习。“足龄的学生做完作业的时候，我就安排他，‘哎呀我也给你们一个机会，看你们哪个当老师，老师好不好当，来做小老师。你们一个对着一个上，我看你们效果如何’”“有时候上课的时候，(比如)上拼音，会问一年级的学生，‘有谁愿意当老师？’一年级的就记住了，我要用心学，那样我可以当小老师”(T2)。

但在对混读生所在班级实际教学活动的观察中，我们并没有在任一节的课堂教学上观察到教师使用“大带小”、“小助手”的方式；只在个别课堂上观察到教师借助学前儿童的存在来激励学龄儿童好好学习的现象。如，在BY1小学数学课《学习<、>、=》上，身为学前儿童的XY在正确回答了教师的提问后，教师夸奖了他，并说“一年级的同学要加油了啊，学前班的XY小朋友都回答出来了”。之所以没有利用同伴资源，部分原因可能在于我们这些外人看课，教师希望展示一堂纪律良好的课，怕此类方式影响了正常课堂教学。更主要的原因，我们认为是：教师并没有充分意识到这种做法的潜在益处，教师要保证学龄儿童

的教学成绩、怕这样做会影响其学习成绩，加上学龄儿童自身能力发展有限、教师也没有对他们怎么帮助教师和指导学前儿童加以引导，为此，混读生所在班级的任课教师较少利用同伴资源。

四、混读生早期教育的教师资源

研究发现，部分混读生所在班级的任课教师偶尔利用了学校的教师资源，来完成班级教学。如，访谈发现，有个别老师会向其他老师说说这种班级的情况，会交流一下经验；再如，部分学校的教师将接收学前儿童混读的一年级和二年级的音乐、美术、体育合在一起上课，借助班级中其他教师和学校中其他科目教师的教育力量促进学前儿童的发展，还可以减轻教师负担。除此之外，我们没有发现利用学校教师资源的方式。另外，以上列举也只是个别教师的做法。为此，混读生所在班级的任课教师对校内外教师资源的利用极少。

结合"第四章混读生早期教育的环境"中对"混读生早期教育的物理环境"的描述，和上述描述，我们可以看出，混读生所在班级的任课教师在课程资源的开发和利用上存在严重不足的问题，这表现在：教师没有充分意识和利用空间和设备资源；混读生所在班级中没有专门针对学前儿童的图书和教玩具，小学中的教育材料没有被有意识地用到对学前儿童的教育上；教师与家长的联络比较少，教师没有认识和利用家庭资源；教师没有充分意识到和利用同伴资源和本校内其他教师的资源。

本章重点关注了混读生早期教育的课程状况，研究发现：接收学前儿童混读的一年级没有针对学前儿童的早期教育课程体系，这表现在教师根本没有为学前儿童制订课程目标、也没有针对学前儿童的课程内容、课程实施时对学前儿童关注严重不足、

课程评价上没有关注到学前儿童、课程资源上极其缺乏。混读生学习着不适合自己身心发展特点的一年级教材，且在多数教学活动中受到严重忽视，一直扮演着陪衬学龄儿童学习的角色。在这样的课程中，作为施教者的教师究竟是与班级中的学前儿童究竟是怎么互动的？混读生所在班级的课堂互动是否也表现出严重忽视学前儿童的特点？以下将进行详细描述。

第六章 混读生早期教育的课堂互动质量

第四章和第五章分别就混读生早期教育的环境和课程进行了探讨。在这样的环境和课程下，混读生早期教育才得以展开。班级教师“有大量时间与儿童直接接触和发生互动”，是影响班级儿童发展的“重要他人”；早期教育的教育过程又是主要以师幼互动为主的课堂互动为途径开展的活动。课堂互动过程更直接地影响儿童发展，为此，课堂互动构成了混读生早期教育现状又一重要的研究内容。

本章在对托幼机构教育质量的重要性及其评估进行述评的基础上，尝试借用 CLASS(Classroom Assessment Scoring System，Pianta，Robert C.等，2008 年)这一评估课堂互动质量的工具对农村贫困地区共计 90 多节集体教学活动进行分析，着力从教师与学前儿童互动的角度来探讨混读生所接受的课堂互动质量。在分析思路上，我们分别对课堂互动的总体概况和三个大纬度分别进行阐述。

第一节 托幼机构教育质量的重要性及其评估概述

直到 20 世纪 70 年代，以美国为代表的西方幼教界仍在讨论“家庭之外的集体保育对儿童会有哪些不利的影响”。但从70年代末开始，随着社会政治经济的发展，幼教资金投入加大、工作母亲和单亲家庭数量增多，以及理论界提出早期教育的重要性，托幼机构数量得到空前的发展，人们开始比较不同类型托幼机构的教育效果和质量。美国、英国、加拿大等曾对托幼机构教育质量进行过大规模的追踪研究，如美国的成本、质量和结果(Cost Quality and Outcomes，CQO)研究、NICHD早期养育研究网(NICHD ECCRN)研究，英国的学前教育的有效供给(Effective Provision of Pre-school Education，EPPE，Sylva，K.等，2006年)研究。在过去的30多年里，已有研究涵盖托幼机构教育质量(child care quality)的重要性、内涵、构成要素、影响因素、评估等。

研究者一致认为，托幼机构教育质量十分重要，它对儿童的发展(尤其是认知发展)有着短期和长期的影响。高质量的托幼机构教育与更好的发展结果有关，低质量带来低的发展结果(Anna C. Moore等，2007年；Peisner-Feinberg，E. S.等，2001年；NICHD ECCRN，2005年；Sylva，K.等，2006年等)。托幼机构教育的积极影响在来自处境不利背景的儿童身上表现最为显著，即使这些儿童所在的托幼机构的平均质量是中等甚至是低的，托幼机构仍对来自低收入家庭儿童的影响更大(Peisner-Feinberg，E. S.等，2001年；Anna C. Moore等，2007年；Nirmala Rao，in press等)。为此，研究者研发不同的测查工具来评估托幼机构的教育质量。

一、托幼机构教育质量评估概述

在托幼机构教育质量评估研究上，国外曾通过认证标准(如，全美幼教协会颁布的高质量幼教机构评估标准，1998年)、

州颁发执照规定、对儿童养育的发展效果进行评估等方式来定义质量(Lisa da Silva 等,2006 年)。如今,人们使用的方法更为广泛,包括直接观察儿童养育的质量、间接测查儿童养育的质量、研究者对个体儿童的评估测查、养育者或父母对个体儿童的评定、儿童养育记录和父母信息的记录(Deborah Ceglowski,2002 年)。还有个别研究发现,形式更短的电话访谈对托幼机构质量量表得分有足够的预测能力,电话访谈是搜集养育环境质量的一个有效途径(Susan D. Holloway 等,2001 年)。

综合现有文献,我们总结了已有托幼机构教育质量研究中常使用的评估工具,详见表 6-1。

表 6-1　国外托幼机构教育质量评估中使用的评估工具

工　具	描　述	使用该工具的研究
早期环境评估量表 Early Childhood Environment Rating Scale Revised(ECERS-R)	基于观察和访谈,用于测查班级环境和实践的适宜性;含 7 个分量表 37 个条目,为 7 点等级量表;另有版本用于评定家庭养育机构(Family Child Care Environment Rating Scale, FCCERS)、婴儿/学步儿和学龄儿童的养育环境(Infant and Toddler Environment Rating Scale, ITERS)、学龄儿童养育环境评估表(School-Age Care Environment Rating Scale, SACERS)	CQO 研究;全美儿童养育工作人员研究;佛罗里达儿童托幼机构教育质量提高研究;家庭养育和亲戚养育质量研究
早期方案评估档案 Assessment Profile for Early Childhood Programs	整体质量指标的列举,有不同版本用于评定婴儿/学步儿、学前、学龄和家庭养育的质量	NICHD 早期养育研究

续 表

工　具	描　述	使用该工具的研究
学龄儿童托幼机构教育质量评估 Assessment of School-Age Child Care Quality	等级量表,用以测查班级环境和养育者实践的14个方面	全美上学前和放学后方案研究
UCLA早期观察方式 UCLA Early Childhood Observation Form	测查在一个特定的班级中,教学方式是说教条式还是儿童中心的	CQO研究;佛罗里达儿童托幼机构教育质量提高研究;家庭养育和亲戚托幼机构教育质量研究
养育者互动量表 Caregiver Interaction Scale	基于对教师的观察测查师幼互动过程质量;用以评估教师的情感氛围、控制风格、班级中的回应;为26个项目,4个分量表:敏感性(温和地和孩子说话)、严厉(对孩子很严厉)、分离(对孩子的活动不感兴趣)、许可(当孩子行为不当时不谴责孩子);简化为三个分量表:敏感、严厉、分离;为4点量表;观察教师在每个条目上出现行为的频率;有良好的内在评定信度	被广泛用于研究,如全美儿童养育工作人员研究;CQO研究;佛罗里达儿童托幼机构教育质量提高研究;家庭养育和亲戚养育质量研究
养育环境观察记录 Observational Record of the Caregiving Environment	含养育者语言清单和质量指引图两个部分;使用步骤:观察初选出一儿童,用一个小时来观察和记录任一养育者的语言;一个小时后共有60个记录,观察者计算每一类型语言的出现次数;依据被观察儿童的年龄选择相应的质量指引图表;在图表上为每一被观察行为作出标记;决定每一分数反映了质量的哪一水平;通过观察哪一等级被记录最多,再判断方案质量	NICHD早期养育研究

续　表

工　　具	描　　述	使用该工具的研究
课堂评估记分系统 CLASS（Classroom Assessment Scoring System）	测查班级中的情感氛围、活动组织和对学习的教育支持；关注师生之间的互动和教师利用拥有的材料做了什么；为 3 个维度 10 个分量表，是 7 点量表（1—2 代表低水平、3—5 代表中等水平，5—7 代表高水平）	My Teaching Partner 研究；4Rs 项目方法；应答性的教学方法研究；入学研究；NICHD ECCRN 早期保育及青少年 NICHD 研究

在已有托幼机构教育质量评估研究中，研究者多使用观察等方法，即运用托幼机构评估表来评估质量。在诸多评估工具中，使用较为广泛的是 Harms 等人研发的一套环境评估量表，尤其是早期环境评估表(ECERS，1998 年)。该评估表由美国北卡诺里拉大学 Frank Porter Graham 儿童发展中心的三位研究者提出。经过三年的应用、修订与完善于 1980 年公布发表，1998 年出版修订版。该量表将“环境”定义做了延伸，包括活动、材料、设备、互动、监督、管理和常规，研发者证实其信度和效度良好。ECERS 不仅在美国得到了广泛应用，且被意大利、瑞典、西班牙、葡萄牙、德国、冰岛（Harms 等，1998 年）、加拿大（Hillel Goelman 等，2006 年）、英国（Sylva，K.等，2006 年）、孟加拉国（Anna C. Moore 等，2007 年）、澳大利亚（Wolfgang Tietze 等，1996 年）等国学者用于本国研究。有研究者认为，该量表的信度和效度良好，可适用于不同文化背景的国家（Wolfgang Tietze 等，1996 年）。还有研究者依据该量表研发了适合本国的评估表，如印度学者 Isley(2000 年，转自 Nirmala Rao，in press)研发了泰米尔托幼机构教育环境评价量表（TECERS）。

虽然早期环境评估表这一工具得到了广泛的应用，但也越来越受到质疑，因为这一工具过于注重班级物理环境的创设、材料的准备和具体的课程，“在过去的几十年，ECERS 已经成为项目发展的指导，导致投资在早期教育的环境特征上”(Andrew J. Mashburn 等，2008 年)。与此同时，课程、师幼互动等过程性质量的重要性越来越得到了国内外研究者的认可，这不仅反映在各国和地区的过程性教育质量标准内容提倡更加人性化的学前儿童教育(如，尊重儿童，平等地对待每一位儿童；根据儿童的需要、兴趣和能力，提供更多的选择，发挥儿童在学习与发展中的自主性和积极性；加强教师对个别儿童的了解，根据儿童的不同发展水平和特点提供个性化的互动和教育)上(周欣，2003 年)，也反映在研究者研发了多个测查工具来研究这些过程性质量上。

近十年来，托幼机构教育质量引起了我国研究者的关注，是托幼机构教育各关涉方的关注焦点(刘霞，2003 年)。在国内，有学者界定了托幼机构教育质量，并认为托幼机构质量含条件质量、过程质量和结果质量(刘霞，2002 年)，但也有人认为，结果质量标准不应作为质量评价的标准(郭良菁等，2006 年)。我国研究者对托幼机构教育质量评价的评价工具(周欣，2003 年，2004 年)、评估内容(戴双翔等，2003 年；邱白莉，2005 年；刘丽湘，2006 年；刘焱，1998 年)、评价组织实施(刘霞，2002 年，刘丽湘，2006 年)、编制评价标准的步骤与要求及评价模式与标准(刘焱，1998 年)进行了较多的研究。在此不再一一阐述以上内容，仅详细阐述农村托幼机构教育质量研究的已有发现。

国内两项大型农村早期教育研究——六省市幼教机构教育评价研究(项宗萍等，1995 年)和“河北农村学前教育项目”(潘仲铭，1999 年)进行的研究发现，农村集体教育机构对儿童的发展所起的作用更大。在农村，父母从事生产劳动，孩子没人看管，未能获得安全保护；加之农村儿童父母文化水平普遍较低，学前儿童缺乏必需的教养。托幼机构教育是对家庭教育不足或

不利的重要补偿，它对改善乡村与落后地区儿童的教育环境有着极为特殊的价值。为此，关注农村早期教育，发展学前儿童机构教育并提高教育水平显得更为必要、更有价值。也有研究者（周欣，2003 年）提出，在今后很长的一段时间内，发展学前机构教育，提高托幼机构教育质量的工作重点应放在农村和贫困地区。

值得一提的是，中央教科所幼教室主持的《六省市幼教机构教育评价研究》（项宗萍等，1995 年）是国内托幼机构教育评价中难得的大规模研究。该研究对城乡 876 名儿童进行了发展水平调查，还考察了教师对儿童活动的安排、儿童活动及其与教师安排的关系，教师的行为、管理、人员、设施及其使用情况，家庭及家庭教养情况，并采用 LISREL 7 构建了认知与社会性发展的因果关系模型。

尽管国内已有少量的对农村托幼机构教育质量的研究，但尚未有研究关注到贫困地区的托幼机构教育质量，且已有在研究方法上多使用调查法和观察法，很少使用上文提到的专门的托幼机构教育质量评估工具。刘霞（2002 年）曾使用 ECERS 对北京 22 所一级一类园进行的研究发现：该量表基本适用于我国托幼机构教育质量评价，但这些园总体质量还没有达到该量表的高质量水平。显然，使用这一工具对农村贫困地区托幼机构教育质量进行评估不合适，因为其标准太高。此外，我国托幼质量评估对国际普遍接受的幼教机构质量重点关注得还不够，其中包括师生互动（刘焱，1998 年；周欣，2003 年；邱白莉，2005 年）。为此，我们需要增加对师幼互动等方面的关注。

二、师幼互动质量评估概述

在托幼机构内，教师是影响儿童发展的“重要他人”。已有研究证明（Hamre B K，Pianta R C.，2001 年），儿童与其幼儿园教师的关系对于儿童发展有着更为重要的意义，其重要性远远超过了儿童以后的师生关系。近 20 年来不断有研究证明，儿童早期在幼儿园中与教师关系的质量对于儿童社会适应的意义与同伴关系同样重要(张晓等，2006 年)。基于其重要性，自 20 世纪 80 年代中后期开始，师幼互动问题受到国内外研究者的高度关注，成为幼教界关注的一个热点。如今，师幼互动评估已经成为托幼机构教育质量评估的核心。

国内研究者曾对国外师幼互动研究已经进行了文献综述，本书不再详述，仅列举一二。如，刘晶波(2000 年)从师幼互动的基本特征、对儿童发展的影响、师幼互动模式、影响因素、外部行为、客观环境、具体研究方法这些角度展示了国外师幼互动问题的研究状况。张晓等(2006 年)介绍了师幼互动的类型、特点、测量、影响因素(教师特点、儿童特点、两者结合)、对儿童心理发展(包括儿童的同伴关系、学业适应、社会情绪和行为适应)的影响，并指出，最近研究开始重视对师生关系进行教师、学生以及观察者的多视角，多方法测量，识别教师特点和学生特点的组合对早期师生关系的影响，以及探索早期师生关系对儿童发展的长期影响，特别是对儿童适应不良的缓解作用。叶子等(2009 年)则从师生互动的基本成分、类型、形式、影响因素及其稳定性等介绍国外研究发现，同时还提出有必要继续加强对师生互动本质、特征、结构等基本理论的探索，更多地开展关于师生互动过程与机制的动态研究，进一步深化对师生互动影响因素的认识。

通过对以上师幼互动研究综述的再分析，我们发现，国内研究者都展现了国外研究者在师幼互动的类型和模式、影响因素、对儿童发展的影响等方面的研究发现。但相对而言，国内对国外师幼互动的研究方法的介绍比较少、不集中。虽然张晓等人(2006 年)的综述发现，教师、学前儿童，观察到这一关系的其他人

(如,研究人员、学前儿童同学、其他教师)都可以作为师幼关系的评价者,他们还介绍了国外由教师评价师幼互动的方法(含Pianta等人1992年编制的“师生关系量表”(STRS)、Pianta等人设计的“教师关系访谈”(TRI)),刘晶波(2000年)也介绍了Waters和Deane(1985年)研发的Q分类测量,但介绍仍是相对少。

实际上,国外学者研发了多个测查工具来研究师幼互动。在进行师幼互动研究时,国外学者偏重定量研究手段、采用量表工具来研究;他们所运用量表的形式与内容依照各自研究目的而定(刘晶波,2000年)。在这些评估工具中,弗兰德尔互动分析系统(Flanders Interaction Analysis System,FIAS,Flanders,1970,转自王烨芳,2005年)是最早尝试用来观察师生互动的系统化教学观察方法,它以教师影响的方式来探讨师生关系与教室气氛,但该工具只能分析师生间语言互动的部分,不包括其他的行为(如,非语言的沟通、事件本身的背景因素)。之后出现的史坦林观察系统(Stallings,1977年)、克拉斯德(Cluestr)分析技术(转自王烨芳,2005年)也是分析师幼互动的研究工具。值得注意的是,养育者互动量表Caregiver Interaction Scale(CIS,Jeffrey Arnett,1989年,转自Debby Cryer等,1999年,详见上表2.3)得到了研究者的一致认可,被广泛应用到很多研究中。此外,养育环境观察记录(ORCE,Alison Clarke-Stewart,见上表6-3)基于对3477个不同养育环境的观察。它可被无经验的观察者使用,且只需要观察一段时间就可评估质量。研发者认为,尽管养育者的所有行为都与方案的总体质量有关,但是其中某些行为与质量的相关更强烈、更持续,最强和最一致的预测指标涉及养育者指向儿童的语言的种类。基于此,研发者研发了通过关注养育者的语言来考察教育方案的质量的这一工具。

在上述越来越关注师幼互动的研究背景下,Pianta Robert C.

等人研发的CLASS(Classroom Assessment Scoring System)也得到了越来越多研究者的关注和认可。这一评分系统不评价现实中的材料、物理环境或者安全,或者采纳的某一具体课程,而是关注教师与学生之间的互动和教师利用他们所拥有的材料做了什么。这一工具中的维度基于发展理论和“学生与成人的互动是学生发展与学习的主要机制”这一研究所带来的启示,以及对众多文献的回顾、本国多项大规模研究对大量班级的观察而建立起来。研究证明,CLASS这一课堂评分量表可以有效评估师幼互动质量。目前,这一工具已经在美国得到了广泛应用(罗伯特·皮雅塔,涂阳慧译,2009年)。比如,北卡罗琳娜大学、弗吉尼亚大学、加利福尼亚大学洛杉矶分校进行的国家早期发展和学习中心幼儿园多州研究以及州范围内的早期教育项目研究;弗吉尼亚大学Robert Pianta进行的My Teaching Partner研究;纽约大学Lawrence Aber进行的4Rs项目;弗吉尼亚大学Sara Rimm Kaufman进行的应答性的教学方法研究;弗吉尼亚大学Robert Pianta进行的入学研究;NICHD ECCRN进行的早期保育以及青少年NICHD研究(Pianta, Robert C.等,2008年,第88-92页)。

在2008年该工具进行更新后,越来越多的研究者使用这一工具来进行比较研究。在此简单介绍“国家早期发展和学习中心幼儿园多州研究以及州范围内的早期教育项目研究”中对美国幼儿园课堂互动的观察结果。该研究主要是六个州幼儿园多州研究项目以及五个州全州范围的早期教育项目(SWEEP)研究,共有694个幼儿园教室和730个学前班参与研究,地点在11个州的幼儿园(多州研究以及SWEEP研究的综合);6个州的学前班(只是多州研究),观察时间在秋季和春季。研究者报告的数据为秋季和春季观察数据的均值。研究者发现,美国学

前儿童教师的情感支持最好(5.57 分),课堂组织次之(4.75 分),教育支持最差(2.17 分)。在情感支持中,各维度之间存在不同,积极情感最好(5.21 分),消极情感很少(1.69 分),教师敏感性次之(4.64 分),但关注学生观点最差(1.9 分)。在课堂组织种,各维度的得分差异较小,行为管理为 4.93 分,产出性为 4.72 分,教育学习安排为 4.61 分。在教育支持上的总体水平较差,认知发展为 2.46 分,语言示范为 2.18 分,反馈质量仅 1.87 分(Pianta, Robert C.等,2008 年,第 99 页)。

就师幼互动研究而言,目前国内有关师幼互动的研究文献多、繁杂,已有研究主要涉及师幼互动对学前儿童发展的价值、师幼互动的过程、内容、一般流程、基本特征及其原因(刘晶波,1999 年;邓艳,2002 年;巨金香,2006 年;王文乔,2008 年等)。目前国内研究呈现出以下特点:(1) 在研究内容上,以 CLASS 对师幼互动的全面考察看国内研究者对师幼互动的研究内容,发现国内已有研究有偏颇。比如,国内研究关注了教师的行为管理和产出性,较少关注教学安排;行为管理上也仅仅关注了对不良行为的纠正和行为期望,对学生行为和对行为有前瞻性的关注不够。再如,在教育支持上,只对语言示范中的开放性问题与否给予关注,但对语言示范中是否频繁交谈、是否有高级语言等的关注不够,认知发展、反馈质量的关注严重不足。(2) 在研究方法上,国内以往对师幼互动内容(或主题)的研究主要使用了观察法,研究者还辅助使用了文献法、访谈法等,有的研究者采用了由下而上的资料分析和文本呈现的方法,有的研究者采预先将被观察的行为进行分类、而后进行观察的由上而下的研究方法,但不论是哪种方法,在对师幼互动内容的探讨上都存在分类标准的不一致、判断有主观性等问题。只有王烨芳(2005 年)尝试使用了弗兰德尔互动分析系统对我国幼儿园数学教育课堂中的师幼互动进行了研究。为此，我们有必要尝试利用国外类似的研究工具进行本土化研究。

借鉴一种全面、客观的研究工具（比如 CIS、CLASS 等），在保证观察者一致性信度的基础上，对我国师幼互动进行研究是必要的。这不仅可以对我国托幼机构中师幼互动及其质量进行全面的考察、避免主观性等问题，还可以将中国和他国幼儿园在师幼互动上存在的共性或差异进行探讨，有助于国际研究者对质量展开讨论①。

第二节　混读生课堂互动质量的考察方法

本书试图使用 CLASS 这一评估工具对不同学前教育安置类型的 90 多节集体教学活动②进行观察分析，试图在与其他学前教育安置类型的对比中，发现混读生早期教育在课堂互动上的特点和存在的问题。

一、研究对象

本部分的研究对象是农村贫困地区早期教育的教学活动

---

① Wolfgang Tietze, Debby Cryer, Joachim Bairrão, Jesús Palacios, Gottfried Wetzel(1996). Comparisons of observed process quality in early child care and education programs in five countries, *Early Childhood Research Quarterly*, 11(4): 447－475.

② 之所以选择教学活动来分析，而没有全面关注班级的一日生活，是因为：在被研究的农村贫困地区，不论是哪种学前教育安置类型（包括乡镇中心幼儿园），都表现出“小学化”的倾向，这表现在：任课教师按照课程表和一日作息表来实施课程，教师与学前儿童的互动、班级的教育绝大部分都是通过集体教学活动来展开的，课间时间及来校、离校等环节中教师忙于备课、批改作业等，而儿童则在课间自由玩耍。只有在出现意外伤害事故时，教师才会露面对学前儿童进行管理。为此，教师与儿童在除集体教学活动外等时间的互动非常少。基于此，我们只选择了集体教学活动来分析。

录像。

按照课题进展和研究便利，教学活动录像在2006年9月到2008年11月之间拍摄完成。拍摄录像之前并没有想过使用CLASS这一评估工具，拿到这一研究工具和指导手册后，发现这些录像符合该工具对录像的要求和获得高质量录像的建议，即在集体和小组时间，使用数码录像机摄像；在一节课开始时开始录像，在从一个活动过渡到另外一个活动时倒带或者换带；当小组工作或者区域活动时，主要对主班教师摄像，但是偶尔移动摄像，以抓住其他学生在此时的几次经验；使用三角架，在放置录像机时保证教师和绝大多数的学生都可以被录入。①

为保证被分析录像的质量和评分的质量，我们按照以下要求筛选教学活动：该教学活动由本班主要任课教师亲自授课，由其他教师替代上课的活动不被选择在内；教学活动从上课铃声响开始之前就开始拍摄的，直到教学活动结束，老师喊“下课”为止；教师是镜头中拍摄的主角，能从录像中不仅听到教师的言语，还能看出教师的表情、动作等，尤其是教师与儿童的互动。

依据以上要求，我们从三年中拍摄的多个课堂教学活动中共选择了90多节活动（活动清单详见附录四）作为分析对象。其中，存有混读现象的一年级、幼儿园、学前班各30多节教学活动，这些活动涉及不同的科目和儿童发展领域。另外，同一学前教育安置类型的课程尽可能从不同的早期教育机构中选择，以保证被分析录像的代表性和结果的普适性。在本书中，学前班教学活动来自11个学前班、20位老师，混读生教学活动来自11

① Pianta Robert C., La Paro Karen M., Hamre Bridget K.(2008). Classroom Assessment Scoring System (CLASS) manual, pre-K, Paul H. Brookes Pub. Co., 第14-15页。

个小学一年级、19位老师，幼儿园教学活动来自两所幼儿园的大、中、小班共14位老师。

二、研究工具

（一）选择缘由

本部分研究尝试使用了 CLASS（Classroom Assessment Scoring System，Pianta，Robert C.等，2008年）这一评估工具。之所以选择这一工具，主要是因为：

一方面，这一工具适合于本书的研究目的，即课堂互动研究。这一评分系统不评价现实中的材料、物理环境或者安全，或者采纳的某一具体课程，而是关注教师与学生之间的互动和教师利用他们所拥有的材料做了什么。这一工具的维度基于发展理论和“学生与成人的互动是学生发展与学习的主要机制”这一研究所带来的启示，以及对众多文献的回顾、美国多项大规模研究对大量班级的观察，而建立起来。另一方面，国内对师幼互动和课堂互动的研究多以描述为主，迄今为止尚未有成熟的测查师幼互动和课堂互动质量的工具。国内对国外师幼互动和托幼机构教育质量评估工具的介绍和使用都很少，有必要尝试利用这些研究工具进行本土化研究。CLASS能全面反映出课堂互动的各个维度，本书也试图使用这一评估工具来研究我国不同学前教育安置类型的课堂互动质量。

（二）CLASS维度简介

这一工具的研发者认为，可以通过考察师幼互动来考察班级的课堂质量。在最广泛的水平上看，班级中教师和学生之间的互动能被分为三个维度：情感支持、活动组织和教育支持，每一维度包括3—4个小块面（见图6-1）。这一用于班级互动的组织结构的有效性已经在3000多个班级中得到验证，这些班级

从学前班到小校五年级。

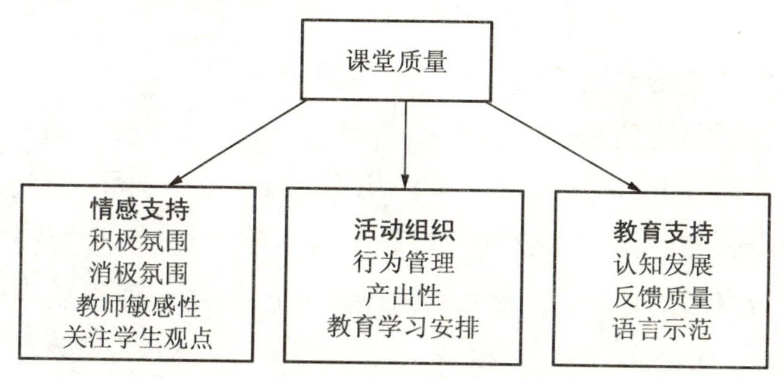

图 6－1 课堂质量评估包含的维度

以下简单介绍三个纬度：

（1）情感支持领域包括以下内容：① 积极氛围——教师与学生和学生之间所呈现出的情感联系、尊重和喜爱。② 消极氛围——班级中教师和/或学生表现出的消极情感，如愤怒、对立或者攻击。③ 教师的敏感性——教师能意识和回应学生的学业和情感需要。④ 关注学生的看法——教师与学生互动的水平，班级活动对学生兴趣、动机和观点的关注。

（2）活动组织包含了三个维度：① 行为管理——教师怎么有效地监管、防止和修正行为。② 产出性——班级常规怎么运转好，教师在多大程度上组织活动和进行指导，以保证时间尽可能地被用于学习活动。③ 教育学习安排——教师怎么促进活动和提供引发兴趣的材料，以至于学生能参与和学习机会最大化。

（3）教育支持含有三个维度：① 认知发展——教师怎么使用教育讨论和活动，促进学生高思考技能的发展，而非关注机械教育。② 反馈质量——教师怎么通过对学生观点、评论和工作的反馈，来拓展学生的学习。③ 语言示范——教师促进和鼓励

学生语言发展的程度(Pianta, Robert C.等,2008 年,第 2 - 6 页)。

有关这些维度的更详细介绍见附录七。

(三) CLASS 的信度和效度

目前,国内尚未有研究者使用 CLASS 这一工具,为此尚未有国内研究的信度和效度而言。不过,该工具的信效度得到了国外研究者的认可,这一工具的研发者已经在指导手册中对此注明。[①] 在此列举一二:

就表面效度和结构效度而言,CLASS 的研发是基于大量的关于课堂行为的文献研究,这些课堂的行为被认为与儿童在学校中的社会性以及学业发展相关。这些维度来自于对保育机构以及小学的研究、有效教学文献、集体访谈以及广泛的预实验研究。在这个过程中,研究课堂质量以及教学效果的专家同意这一工具评估了课堂的各个方面,这些维度对于决定学生表现、获得较好的表面效度非常重要。

就标准效度而言,研究证实了这一工具(幼儿园到学前班版本)和其他的关于课堂和教师评量工具之间的相关。有较高情绪支持、活动组织以及教育支持的课堂在早期儿童环境评定量表-修订版(ECER - S)的两个因素(互动和供应)上的得分较高。

就预测效度而言,CLASS 主要用以评估班级的互动过程,这些和儿童的表现直接相关。来自 NCEDL 多州研究的结果提供了这样的数据,即由 CLASS 评估得出的课堂质量和学生在

① 详见 Pianta Robert C., La Paro Karen M., Hamre Bridget K.(2008). Classroom Assessment Scoring System (CLASS) manual, pre-K, Paul H. Brookes Pub. Co.,第 95 - 105 页。

幼儿园末期的表现具有较高的相关，同时也与儿童在幼儿园期间的表现的发展相关。在这个研究中，CLASS结果和儿童表现结果间的相关是在调整了一系列的协变量，包括母亲教育、种族及性别后进行的。ECERS－R量表也包括在这些分析中。一致性的以及最好的能够预测随着时间发展而发展的课堂质量的维度是CLASS所测出的教育支持。在那些教师能够促进学生高级思维能力、创造力以及给以与学业表现相关的口头反馈的课堂中，儿童的接受性以及表达性语言、对于前阅读概念的理解以及应用性数学技能都提高了。CLASS情绪支持领域和所有儿童的表达性以及接受性语言得分以及教师所报告的儿童行为问题的减少相关。此外，NICHD SECCYD的研究使用COS观察一、三、五年级的教室，在该研究的一系列报告中报道了与CLASS内容相似的多种评定量表的预测性效度，那些结果与当前的讨论相关。来自NICHD SECCYD的结果表明了使用COS观察教室所得到的情绪以及教学质量，对于儿童学业表现以及社会性发展的增量具有显著的可解释的方差。当前使用NICHD数据的研究表明课堂环境中这些观察到的特点对于缩小高危儿童在一年级的学业差异至关重要。

三、观察与统计

观察程序。按照研发者的要求，整个CLASS观察开始于学校一日生活开始和持续到上午，不低于2个小时。但是，观察可以根据当时的需要进行规划，稍晚开始。[①] 我们根据手册中的以下原则规划了观察：1）观察开始于一节教学活动开始。

① Pianta Robert C.，La Paro Karen M.，Hamre Bridget K.(2008). Classroom Assessment Scoring System (CLASS) manual，pre-K，Paul H. Brookes Pub. Co.，第5页。

2）利用30分钟观察周期（比如20分钟观察，10分钟记录）继续编码，直到观察结束。观察要求观察者在没有打扰的情况下，观察班级活动至少20分钟。在这段时间，观察者应该观察在班级中，谁、什么和事情怎么发生，尤其是关注教师的教育互动和行为。观察单（详见附录八）在每一观察维度的下方为观察者预留了备忘录空间。每一观察周期中，都必须为每一观察维度做备忘录。在20分钟的详细观察和记录后，观察者应该为CLASS的每一等级得出等级分数。在记下等级后，观察者应该开始一个新的观察周期。

记分方法。该评估工具为7点量表，共分为三个等级。其中，1—2代表低水平、3—5代表中等水平、5—7代表高水平。首先，研究者使用CLASS观察单完成每一观察周期后，可以很快算出这一观察周期后的得分。在填分数之前，观察者应该仔细回顾针对每一小维度（比如积极氛围、认知发展）的维度概述，再确定被观察的行为反映了高、中、低范围中的哪个分数。其次，为了得到所有研究周期的综合分，将完成的观察周期的数量进行平均，得到每一维度的单个周期分数。最后，一旦所有小维度的平均分都有了，就可以计算大维度（情感支持、活动组织和教育支持）的得分了。这些维度得分代表了每一相应维度分数的平均分。要注意的是，消极氛围的平均分是相反的。需要用8减去消极氛围的得分，然后将之记在相应的空间上。而后计算每一领域中每一小维度得分的平均分，将之填写到相应空间内。

保证观察信度的方法。首先，学习该研究工具的使用方法。研发人员一再强调，这一评估工具是一个多方面的观察工具，要正确使用它需要经过深入的培训；所有使用者都必须获得足够

的培训，才能尝试使用这一工具。① 因为国内尚未有研究者使用本书工具来观察班级的课堂互动，我们的初次尝试也特别谨慎。我们购买了相关网站(http://www.classobservation.com)的帐号和密码，两位研究者一同反复观看和讨论网站中提供的教学片断。其次，使用双重编码，保证编码的一致性。在熟悉该工具的编码方法后，我们尝试对其中的 6 个教学活动进行反复编码，讨论各方对录像的看法和为什么如此编码。最后，在对这些教学活动编码达成基本一致后，两位研究者重新开始，分别对被选择的所有集体教学活动分别进行编码。为保证信度，我们使用该工具研究者提倡的“双重编码”，即两个观察者对同一班级录像进行编码。在完成所有录像编码后，检查编码一致性，保证观察者一致性信度在 0.85 以上。

统计方法。我们将使用工具后的得分输入 SPSS13.0 进行统计。本书重点要分析不同学前教育安置类型在课堂互动上的差异、发现差异何在，为此主要使用了单因素方差分析(One-Way ANOVA)方法。在报告混读生课堂互动特点的研究结果时，除了使用这一量化研究结果外，我们还抽出使用这一工具对混读现象所在的一年级的教学活动进行观察时，记录在观察单备忘录的记录信息，来解释量化研究发现。

第三节　混读生课堂互动状况概述

在分析思路上，本文研究者对课堂互动的总体概况和三个

---

① Pianta Robert C., La Paro Karen M., Hamre Bridget K.(2008). Classroom Assessment Scoring System (CLASS) manual, pre-K, Paul H. Brookes Pub. Co.,第 7 页。

大纬度分别进行阐述。在阐述时，首先介绍了混读生所在班级在这一纬度上的表现情况，而后将之与当地学前班、幼儿园中的课堂互动进行对比，最后结合观察备忘录中的记录分别对混读生所在班级在这些纬度上的特点，尤其是存在的问题进行了详细描述。

一、混读生课堂互动的基本状况

图 6－2 显示，混读生在情感支持、活动组织和教育支持这三个维度上的得分普遍较低，处于评估的中等或者以下水平；同时，混读生在这三个维度上的得分也存在不均衡，其中的情感支持得分最高，为 3.42 分，处于中等水平；班级组织次之，为 2.07

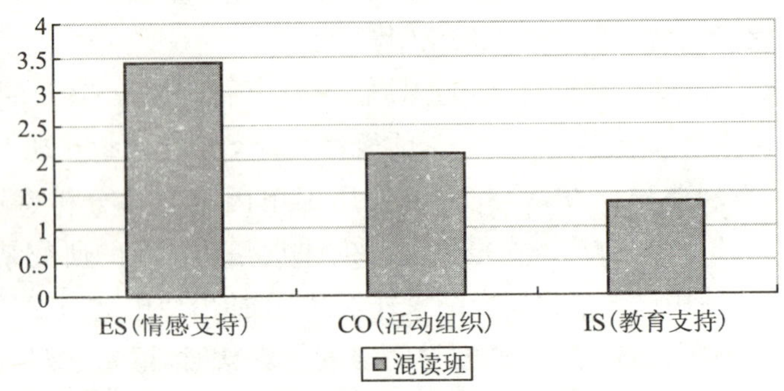

图 6－2　混读生课堂互动的基本状况

分，靠近低水平；教育支持得分最差，为 1.37 分，处于低水平。以上展示了混读生在课堂互动上的基本状况，那与当地其他学前教育安置类型相比，混读生在课堂互动上的表现如何呢？以下将进行分析。

二、混读生与其他教育安置类型在课堂互动上的对比

我们将课堂互动得分作为因变量、学前教育安置类型作为自变量，进行单因素方差分析（One-Way ANOVA）得出了混读

生在课堂互动上的现状和特点。

表 6-2 和图 6-3 显示出：在我国的农村贫困地区，不论是哪种学前教育安置类型，它们对班级学前儿童的情感支持最好，活动组织稍好，教育支持最弱。与此同时，在三大维度上，不同学前教育安置类型之间存在着显著或者极为显著的差异（$p<0.001$）。总体上看，混读生落后于幼儿园和学前班。

表 6-2　不同学前教育安置类型在课堂互动上的比较

观察项目	学前教育安置类型	平均数	标准差	F 值
情感支持	混读生	3.43	0.68	6.25**
	学前班	4.03	0.76	
	幼儿园	4.15	0.61	
活动组织	混读生	2.07	1.00	25.59***
	学前班	3.23	0.81	
	幼儿园	4.00	0.74	
教育支持	混读生	1.37	0.52	27.20***
	学前班	2.65	0.76	
	幼儿园	3.38	1.17	

注：* $p<0.05$，** $p<0.01$，*** $p<0.001$，以下同。

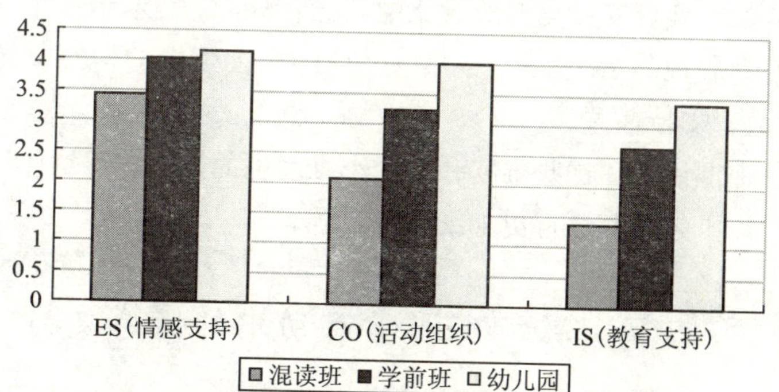

图 6-3　不同学前教育安置类型在课堂互动上的对比

表 6-3　混读生在课堂互动上的得分情况

观察项目	学前教育安置类型(I)	学前教育安置类型(J)	平均数差	p 值
情感支持	混读生	学前班	−0.60	.008**
		幼儿园	−0.72	.002**
活动组织	混读生	学前班	−1.16	.000***
		幼儿园	−1.93	.000***
教育支持	混读生	学前班	−1.28	.000***
		幼儿园	−2.01	.000***

那与其他教育类型相比，混读生在课堂互动的每一维度上都是落后的吗？事后多重检验(LSD)(见表 6-3)发现确实如此，这表现在：在情感支持这一维度上，混读生相对落后，因为学前班好于混读生，两者存在很显著的差异($p<0.05$)；幼儿园好于混读生，两者存在很显著的差异($p<0.05$)。在活动组织和教育支持这两个维度上，混读生相对落后，因为学前班好于混读生，两者存在极为显著的差异($p<0.001$)；幼儿园远远好于混读生，两者存在极为显著的差异($p<0.001$)。

不论是从混读生在课堂互动上的基本状况来看，还是从与其他学前教育安置类型的对比中，我们都可以发现，混读生的课堂互动表现落后、质量差。相对而言，混读生中的情感支持稍好，教育支持最差。

那混读生在这些维度和每个小维度上的具体表现是什么样的？以下将对其进行更加细致的描述。

第四节　混读生课堂互动中的情感支持

我们从积极氛围、消极情感、教师敏感性和关注学生观点这

四个维度来描述混读生课堂互动中的情感支持。

一、混读生情感支持的基本情况

图 6-4 显示，混读生在这四个小维度上总体得分偏低，都处在中等水平或者低水平。同时，四个维度间也存在不同：积极氛围最好，得分达 3.5 分，处于中等水平；消极情感得分低至 1.37 分，印证了积极氛围得分高；教师敏感性得分为 2 分，也是处于低水平；关注学生观点上的得分仅为 1.5 分，处于低水平。

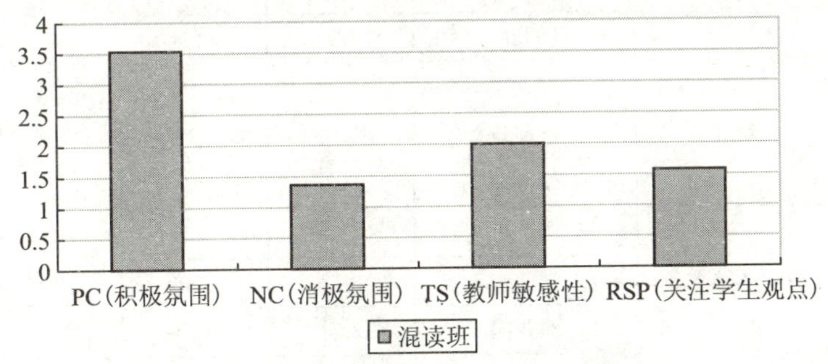

图 6-4　混读生在情感支持上的基本情况

以上展示了混读生在情感支持上的基本状况，与其他学前教育安置类型相比，混读生课堂上的情感支持是怎么样的呢？

二、混读生与其他学前教育安置类型在情感支持上的对比

表 6-4 和图 6-5 显示：在我国农村贫困地区，不同学前教育安置类型在情感支持上存在一定的共性和差异，这表现在：课堂中的积极氛围处于中等水平，消极氛围的得分都比较低。在教师的敏感性上，三者得分都不高，都在 3.5 分以下；但三者存在的差距较大，混读生教师敏感性得分最差，仅为 2 分。在关注学生观点上，不同学前教育安置类型的课堂得分都很低，处在

1.5—2.5 分之间;但混读生得分最差。从下表 6-4 还可以看出,除了消极氛围,不同学前教育安置类型在情感支持的其他三个小维度上存在着显著差异($p<0.05$)。总体上看,混读生在情感支持上落后于幼儿园和学前班。

表 6-4　不同学前教育安置类型在情感支持上的比较

观察项目	学前教育安置类型	平均数	标准差	F 值
积极氛围	混读生	3.53	0.77	5.04*
	学前班	4.10	0.91	
	幼儿园	4.29	0.64	
消极氛围	混读生	1.37	0.96	0.43
	学前班	1.35	0.98	
	幼儿园	1.43	0.75	
教师敏感性	混读生	2.00	1.20	8.79***
	学前班	3.15	0.86	
	幼儿园	3.24	0.99	
关注学生的观点	混读生	1.58	0.84	5.35**
	学前班	2.25	0.97	
	幼儿园	2.52	0.98	

那与其他学前教育安置类型相比,除了消极情感,混读生课堂在情感支持其他三个小维度上都是落后吗?事后多重检验(LSD)(见表 6-5)解答了这一问题。具体来说:混读生中的积极氛围相对差,这表现在:学前班好于混读生,两者存在显著差异($p<0.05$);幼儿园好于混读生,两者存在很显著的差异($p<0.01$)。混读生教师的敏感性相对差,这表现在:学前班教师好于混读生的教师,两者存在显著差异($p<0.05$);幼儿园教师远远好于混读生的教师,两者存在极为显著差异($p<0.001$)。混读生的教师对学前儿童观点的关注相对差,这表现在:混读生的

教师和学前班教师之间存在着显著的差异($p<0.05$)，前者落后于后者；幼儿园好于混读生，两者存在很显著的差异($p<0.01$)。

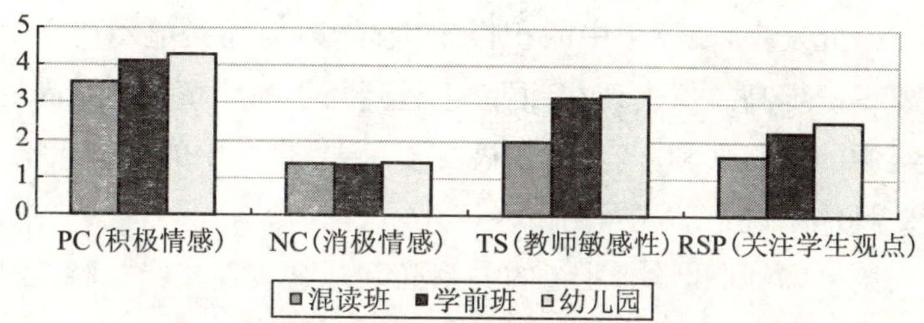

图 6-5　不同学前教育安置类型在情感支持上的对比

表 6-5　混读生在情感支持上的得分情况

观察项目	学前教育安置类型(I)	学前教育安置类型(J)	平均数差	p 值
积极氛围	混读生	学前班	−0.57	.026*
		幼儿园	−0.76	.003**
消极氛围	混读生	学前班	0.02	.949
		幼儿园	−0.06	.833
教师敏感性	混读生	学前班	−1.15	.001**
		幼儿园	−1.24	.000**
关注学生的观点	混读生	学前班	−0.67	.029*
		幼儿园	−0.94	.002**

不论是对混读生情感支持基本情况的描述，还是将混读生与当地其他学前教育安置类型进行对比，我们都发现，混读生在课堂上的情感支持相对差。那此类班级在积极氛围、消极氛围、教师敏感性和关注学生观点的表现上各是什么样的？以下借用观察单中的观察备忘录内容来进行描述。

三、混读生情感支持的特点

（一）课堂互动中的积极氛围不足

研究发现，混读生中的积极氛围尚好，但还是显示出不足，需要得以提高。这表现在：混读生教师与学前儿童的关系尚好，班级中的情感平和，两者的积极交流稍差，班级中的尊重水平一般。具体来说：

第一，教师和学前儿童的关系尚好。这表现在：教师在需要辅导和帮助学前儿童、或让学前儿童保持安静时会走下讲台来到学生身边，帮他们拿书本和打开课本、握学生的手写字、摸摸学生的头。但课堂上，教师很少开启与学前儿童的对话，也很少存在社会性的个人谈话。混读生课堂上，学生之间也很少分享感兴趣的事情。

第二，混读生中的积极情感一般，这表现在：师生的情感不消极，但相对更加平静，在微笑、笑声和热情等方面的表现更少。教师没有表露出对这份工作的喜爱热情，总是以一副"严师"的形象出现在班级儿童面前。相对而言，学前儿童感情也更平静，很少微笑、有笑声，在课堂上较缺乏热情和快乐；在偶尔的音乐、体育和美术活动上，或在同伴打闹或者教师故意逗笑时，学前儿童看上去很开心。

第三，混读生的教师与学前儿童在积极交流上较差。这表现在：只有个别教师对学前儿童有语言上的积极反馈，如肯定学生回答正确、表扬和夸奖学生坐的端正。混读生的教师很少表达出对学前儿童的积极期望，只是偶尔对能跟得上上课的个别学前儿童（如 BY1 小学的 XY 同学）表达出积极期望。

第四，混读生所在班级的尊重水平一般。这表现在：混读生的教师喊学前儿童的机会较少，只是在要求学前儿童保持安静

时或者提问时才会喊名字；教师与学前儿童的目光接触相对也更少，也更少使用温和、平静的语气和表示尊重的语言。在多数课堂上，学前儿童对同伴的回答也不感兴趣。学生之间也没有表现出对彼此的尊重，当同伴回答问题时，课堂上多是乱哄哄的，没人在倾听；但在个别班级组织较好或者美术、音乐课堂上，学前儿童能够倾听同伴的发言和看其表现。

（二）课堂互动中的消极氛围较少

研究发现，混读生所在课堂的消极氛围少。这一研究发现回应了积极氛围尚好的研究发现。这表现在：在 33 次备忘录中，只有 3 次记录到教师表现出偶尔的消极氛围；偶尔出现的消极氛围也会很快消失。具体来说：

首先，混读生的教师与学前儿童都没有表露出强烈的消极情感；即使有，也只是表露初轻微的消极情感，如教师因学生吵闹而表现出偶尔的愤怒，学前儿童之间偶尔出现打闹、推嚷、攻击，但此类行为很快就消失，没有持续很长时间。

其次，混读生所在班级上没有出现大叫或威胁。在观察中只出现过 2 次惩罚性控制，其场景是：班级学前儿童人数过多，上课时比较乱。面对儿童的不当行为，教师大叫让学前儿童安静下来，恐吓他们说“再吵，不让回家吃饭了”“不给你们上课、做游戏了”。在班级混乱时，多数任课教师不断提醒儿童要保持安静。

此外，混读生所在课堂没有出现过嘲笑或者不尊重的话语，也没有戏弄、侮辱或者鄙视学前儿童的情况。另外，同伴之间也没有嘲笑或者不尊重同伴的行为。课堂上从来没有出现严重否定的事情，如把学生当成替罪羊、教师打学生。

（三）教师的敏感性差

研究发现，混读生教师的敏感性差。这表现在：教师没有意识到儿童的需要、很少回应儿童，没有关注到儿童面临的问题、儿童的课堂表现不佳。具体来说：

第一，教师意识不到学前儿童的需要和所需支持。混读在一年级的学前儿童难以理解知识，经常不参与班级的课堂学习活动；即使参与，绝大多数儿童也表现出困惑或者挫败。面对此，教师没有意识到学前儿童的需要和他们到底需要哪些额外的帮助，教师多没有预测到教学内容根本不适合学前儿童；即使意识到，也没有做出一点点的调整和制订针对学前儿童的教学计划。

第二，教师没有关注他们的个别需要。多数老师没有注意到或回应学前儿童，打消了儿童的热情或情感的表达。个别教师会在学前儿童无法回答问题或完成教师的要求时鼓励再“想想”、辅助他们一起完成。当儿童想表达自己想法，但又没有得到老师回应时，他们表现出更多的问题，如吵闹、推嚷、嬉戏等。

第三，绝大多数教师没有关注学前儿童面临的问题。只有个别教师在学前儿童需要安慰和支持时会满足儿童的需要，多数教师即使看到、听到，也没有关注儿童面临的问题。如，在 BS 小学的数学课堂上，一个孩子因同伴攻击而大声哭泣，但教师还是继续上课；如，儿童出现纷争时向老师告状，教师只是告诉学前儿童“不要说话，好好听课”，没有真正帮助儿童解决问题。

第四，学前儿童的自如表现较差。只有部分学前儿童面临问题时会寻求教师帮助，多数课堂上学前儿童不知道应该去做什么或者怎么做。课堂上，即使学前儿童高高举手或者喊出答案，教师也很少让他们发言。

（四）教师没有关注到儿童的观点

研究发现，混读生所在班级的教师在关注学前儿童的观点上严重不足。这表现在：教师古板地执行自己的教学计划，课堂

上以教师为主导，从不支持学生的自主和领导，学生也很少机会讲话和分享想法，教师总让学生静坐和不要动。具体来说：

首先，教师在教学上一点也不灵活，从不关注学前儿童的想法，完全按照课程表一门门上课，按照书本刻板地完成教学任务。这在上一章"混读生早期教育中的课程分析"中得到验证。学前儿童即使表达出自己兴趣，教师也没有关注，更是从来没有出现过教师结合学前儿童的观点改变课程的现象。

其次，在绝大多数的课堂教学活动中，教师从没有给学生（包括学前儿童在内）选择的机会，更不会让学生主导课堂，学生在课堂上就是按照老师预想的方式和流程完成任务。只是在偶尔的美术活动上，教师会让学生"随便画"、"想画什么就画什么"、"想捏什么就捏什么"，但这样的活动又明显缺乏教师的有效指导。

再次，除非是有关课堂学习内容时，否则学生很少有机会讲话和表达。在多数的教学活动上，教师很少给学前儿童提供表达的机会，也很少鼓励学生讲话、表达自己的观点或者意愿。只有在偶尔的美术、音乐课堂上，教师会问问其中的几个学前儿童"你想画什么啊"、"画的这是什么"、"我们唱个什么歌"等。

最后，教师一味地要求学生静坐和不要动。除了体育、美术课，教师允许学前儿童下位活动，其他课堂上教师往往限制学前儿童的活动；若儿童没有这样做，尤其是吵闹影响教师教学时，教师经常提醒学生"1、2，坐端正，小手放背后"。

第五节　混读生课堂互动中的活动组织

我们从教师对学前儿童的行为管理、教师活动组织的产出性、教学安排这三个维度来描述混读生课堂互动中的活动组织。

一、混读生活动组织的基本情况

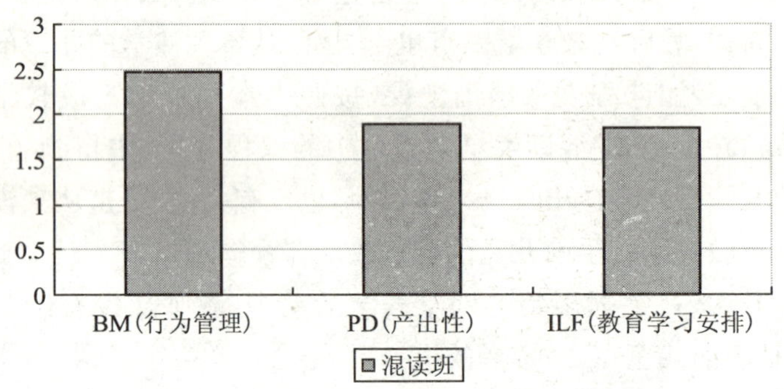

图 6-6 混读生在活动组织上的基本情况

分析发现(见图 6-6):混读生所在班级在这三个小维度上总体得分偏低,都处在中等水平或低水平。与此同时,三个维度上也存在一点不同,这表现在:混读生教师的行为管理稍好,得分达 2.47,处于低水平和中等水平之间;产出性得分低至1.89,处于低水平;教学安排的得分更低,低至 1.84 分,也是处于低水平。

以上展示了混读生课堂活动组织上的基本状况,那在与其他学前教育安置类型进行对比时,混读生在课堂上的活动组织表现如何呢?以下详述之。

二、混读生与其他教育安置类型在活动组织上的对比

表 6-6 和图 6-7 显示:在我国的农村贫困地区,不同学前教育安置类型在活动组织的三个小维度上表现差异大,存在极为显著的差异($p<0.001$)。这表现在:在行为管理上,三者得分相差大,幼儿园相对好,混读生最差。在产出性上,三者得分在 1.89—4.00 之间,混读生明显低于学前班和幼儿园。在教学安排上,三者得分在 1.84—3.90 之间,混读生明显低于学前班和

幼儿园。从总体上看，混读生在活动组织上落后于幼儿园和学前班。

表 6-6　不同学前教育安置类型在活动组织上的比较

观察项目	学前教育安置类型	平均数	标准差	F 值
行为管理	混读生	2.47	1.22	12.86***
	学前班	3.25	1.02	
	幼儿园	4.10	0.77	
产出性	混读生	1.89	1.20	23.11***
	学前班	3.25	0.72	
	幼儿园	4.00	1.00	
教学安排	混读生	1.84	0.96	28.44***
	学前班	3.20	0.95	
	幼儿园	3.90	0.70	

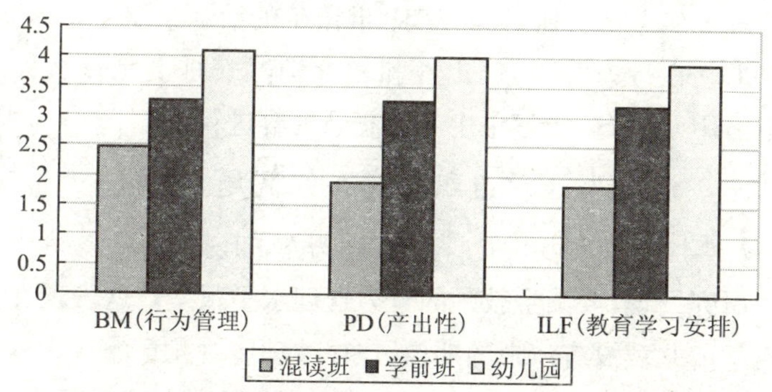

图 6-7　不同学前教育安置类型在活动组织上的对比

那与当地其他学前教育安置类型相比，混读生在活动组织的每一维度上都是落后吗？事后多重检验(LSD)(见表 6-7)证明确实如此，这表现在：混读生的行为管理相对差，落后于学前班，与学前班之间存在显著差异($p<0.05$)；幼儿园好于混读生，

两者存在极为显著的差异($p<0.001$)。混读生的产出性和教育学习安排都差,这表现在:混读生落后于学前班和幼儿园,和其他两者之间存在极为显著的差异($p<0.001$)。

表 6-7　混读生在活动组织上的得分情况

观察项目	学前教育安置类型(I)	学前教育安置类型(J)	平均数差	p 值
行为管理	混读生	学前班	−0.78	.020*
		幼儿园	−1.62	.000***
产出性	混读生	学前班	−1.36	.000***
		幼儿园	−2.11	.000***
教学安排	混读生	学前班	−1.36	.000***
		幼儿园	−2.06	.000***

不论是对混读生自身情况的描述,还是将之与当地其他学前教育类型进行对比,我们发现,混读生的活动组织在总体上落后。那它在行为管理、产出性和教育学习安排上是什么样的?以下借用 CLASS 观察单中的备忘录内容进行描述。

三、混读生活动组织上存在的问题

(一) 教师对学前儿童的行为管理差

研究发现,混读生教师的行为管理水平很差。这表现在:教师对学前儿童没有清晰的期望,往往被动应对儿童的行为,教师很少关注积极行为或使用暗示,班级中反复出现吵闹等不当行为。具体来说:

首先,绝大多数教师对学前儿童没有明晰的、合理的期望,这表现在:除让学前儿童保持安静、小手背起来外,多数教师没有其他的行为期望,尤其是没有学业方面的期望。只有个别课堂上,教师会让学前儿童跟着学龄儿童写一样的作业,或让学龄

儿童做算式时要求学前儿童抄写黑板上算式,但这种期望不符合学前儿童身心发展特点,也不是教师有意识地为促进学前儿童发展而提出的。

其次,混读生教师落后于班级中学前儿童的节奏,往往被动应对不当行为。这表现在:学前儿童上课无聊时经常出现吵闹、交头接耳等破坏课题纪律的行为,教师对此做出被动的反映,并没有提前为学前儿童提供活动以防止问题再发生。

再次,在面对和纠正儿童的不良行为时,绝大多数混读生教师往往采取"不准……"、"不能……"的禁止说教,但教师的此类监控和行为管理往往无效。只有个别教师会关注到学生的积极行为,如说"看哪个小朋友坐的好""×××坐的很好,我们向他学习";也有个别教师采取下讲台去靠近学生、轻轻碰学生的方式来暗示学前儿童注意听讲。

最后,绝大多数的学前儿童在听到教师的期望和要求后,会坐端正、小手背起来,但多数学前儿童还是再度出现吵闹行为。在个别教师行为管理极差的班级,整个班级从上课到下课一直都很吵,此类班级偶尔还会出现同伴攻击行为。

(二)活动组织的产出性低

研究发现,混读生所在班级中学前儿童的学习机会少之又少,自然也谈不上什么学习的效率了。这表现在:混读生所在班级的多数教师没有为学前儿童提供活动,班级常规虽然看上去不错,但学前儿童根本不知道要做什么,教师的准备严重不足。具体来说:

第一,多数教师没有为学前儿童提供相应的活动,自然没有准备这节课结束后的后续活动,为此学前儿童没有任务需要完成或者没有活动需要参与,他们的时间在"陪读"、"混读"中被浪费。

第二，在班级常规和过渡环节上，包括学前儿童在内的学生貌似都知道每日的常规是什么，那就是上课铃声响、进教室上课，下课铃声响、下课出教室玩耍或者上厕所；但儿童并不知道这节课要学习的科目，因为绝大多数教师并不按照课程表来上课，而是自己来决定和临时做出安排。

第三，教师对课堂的准备严重不足。多数教师利用课间时间来看课本内容或备课，也有不少教师上课时才决定上什么内容，教师更没有准备学前儿童要学习的内容。教学以教师讲授为主，教师基本上不会为儿童准备活动所需要的材料。在上课中，有些教师会去办公室拿粉笔、拿美术课需要的胶水等材料。

（三）教师对学前儿童的教学安排差

研究发现，任教混读生的教师对学前儿童提供的教学安排很差。这表现在：教师在课堂上没有有效地增强儿童在活动中的参与，教学模式和材料一点都不丰富，学前儿童对绝大多数课程不感兴趣，很少有教师帮助儿童澄清学习目标。具体来说：

首先，教师极少尝试改变课程或教学方式，以增强学前儿童在课程中的参与或兴趣。只有在偶尔的美术课堂上，教师会帮学生画画、做手工，也会询问儿童"你画的这是什么啊"、"捏的这是什么"；而在其他课堂活动（尤其是语文、数学）上，教师没有积极参与儿童的活动，也没有有效地提问和扩展他们的参与。

其次，教师为学前儿童提供的教学方式、模式和材料非常有限，这表现在教师通过"教师讲、学前儿童听，教师念、学前儿童读，教师做、学前儿童看的注入式或死记硬背的方式"来对所有儿童上课，教师很少使用其他的方式（比如运动、视觉、非言语表达等）向学前儿童传达信息。如果有教具，教师自己控制着这些材料对学生进行讲解。只有在偶尔的手工课上，教师可能会为儿童准备点泥巴或橡皮泥。

再次，学前儿童对课堂内容不感兴趣，没有表现出参与活动的意愿，他们往往坐在凳子上自己玩、睡觉、看学龄儿童的学习或者与同伴嬉戏，直到教师让他们坐端正。只有部分的音乐、美术、体育课是学前儿童感兴趣和乐于参与的。

最后，在极少的课堂上，教师会对学前儿童提出要求，使用一些策略来让学前儿童保持对学习目标的注意。如JB小学的语文课《读写声母和韵母》，老师向学前儿童提出了学会念6个单韵母的要求，该教师先带着学前儿童一遍遍地读这些韵母，然后带学龄儿童学习所有的声母和韵母，之后又转向对学前儿童说"刚才我们读过了单韵母，现在再重新读一遍后，在本子上写下它们"。

第六节 混读生课堂互动中的教育支持

我们从认知发展、反馈质量和语言示范这三个维度来描述混读生课堂互动中的教育支持。

一、混读生教育支持上的基本情况

图6-8显示，混读生所在班级在这三个小维度上总体得分都极低，低于1.5以下，均处在低水平。与此同时，三个维度上也存在一点不同，这表现在：混读生所在班级中的语言示范稍好一点点，得分达1.42分；反馈质量的的得分最低，仅为1.32分。

以上展示了混读生在课堂互动教育支持上的基本状况，那混读生教师在教育支持的三个小维度上和在与当地其他学前教育安置类型进行对比时，混读生教师的表现如何呢？以下详述之。

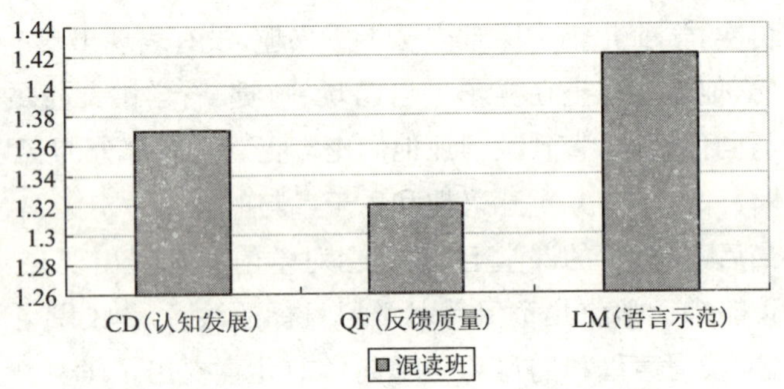

图 6-8　混读生在教育支持上的基本情况

二、混读生与其他教育安置类型在教育支持上的对比

表 6-8 和图 6-9 显示,在教育支持的三个小维度上,不同学前教育安置类型存在极为显著的差异($p<0.001$),混读生的教育支持落后于幼儿园和学前班教师。这表现在:在认知发展上,三者得分相差大,三者得分在 1.37—3.57 之间,幼儿园相对好,混读生最差。在反馈质量上,三者得分在 1.32—3.29 之间,混读生明显低于学前班和幼儿园。在教学安排上,三者得分在 1.42—3.29 之间,混读生明显低于学前班和幼儿园。

表 6-8　不同学前教育安置类型在教育支持上的比较

观察项目	学前教育安置类型	平均数	标准差	F 值
认知发展	混读生	1.37	0.68	23.05***
	学前班	2.65	0.93	
	幼儿园	3.57	1.33	
反馈质量	混读生	1.32	0.58	23.80***
	学前班	2.80	0.89	
	幼儿园	3.29	1.19	
语言示范	混读生	1.42	0.61	21.61***
	学前班	2.50	0.76	
	幼儿园	3.29	1.19	

那与其他学前教育安置类型相比，混读生教师在教育支持的每一维度上都是落后吗？事后多重检验（LSD）（见表6-9）证实确实如此，这表现在：在三个维度上，学前班、幼儿园好于混读生，两者之间存在极为显著的差异（$p<0.001$）。也就是说，不论是认知发展，还是反馈质量，抑或是语言示范，混读生教师的表现都是相对差的，他们为学前儿童所提供的支持非常有限。

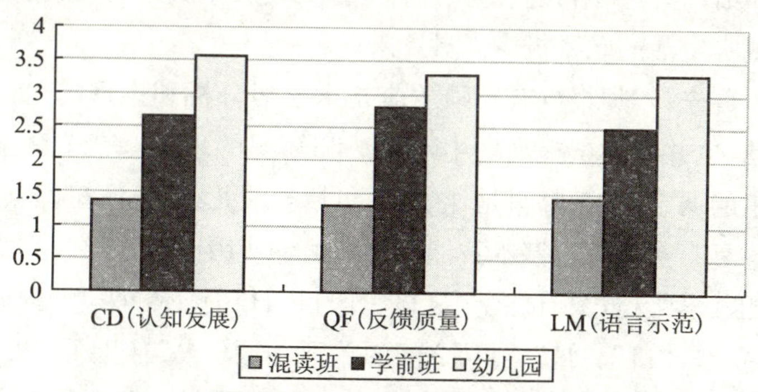

图6-9　不同学前教育安置类型在教育支持上的比较

表6-9　混读生在教育支持上的得分情况

观察项目	学前教育安置类型(I)	学前教育安置类型(J)	平均数差	p 值
认知发展	混读生	学前班	−1.28	.000***
		幼儿园	−2.20	.000***
反馈质量	混读生	学前班	−1.48	.000***
		幼儿园	−1.97	.000***
语言示范	混读生	学前班	−1.08	.000***
		幼儿园	−1.86	.000***

不论是对混读生的教育支持基本情况的描述，还是将之与学前班和幼儿园进行的对比，我们都发现，混读生教师的教育支

持非常非常有限，那教师在认知发展、反馈质量和语言示范上各是什么样的？

三、混读生教育支持上存在的问题

（一）教师为学前儿童提供的认知发展少

研究发现，任教混读生的教师为学前儿童提供的认知发展极少。这表现在：教师很少组织促进学前儿童分析和推理的讨论和活动，极少给儿童提供发挥创造力的活动，教师讲授的知识与现实生活的联系极少。具体来说：

首先，教师很少有鼓励学前儿童学习分析和推理的讨论和活动，也并不尝试提高学生对想法和知识的理解。在关注学前儿童的课堂上，教师只是让学生（包括学前儿童）记住知识点，能够重复事实和练习基本技能。教师很少使用比较、分类、实验这样的教学策略，只有在学习《口、耳、目、日、月、火》课上，教师让儿童比较“口”、“日”、“目”之间的差别，说说“火”有什么用处。

其次，教师很少为包括学前儿童在内的所有学生提供发挥创造力、表达想法的机会。这表现在：教师总是以一种传授知识的方式来进行活动，也没有帮助学生发挥创造力。只有在偶尔的美术活动中，教师会采用头脑风暴的形式，让学生“想想你们要画什么”、“随意画”。

再次，就知识的融会贯通而言，教师在课堂上传授的知识就是小学课文知识，与学前儿童本身的生活和活动互相独立；只有部分教师能将现在的教学内容和以往的知识结合起来，比如在讲授新内容之前，教师带着学生复习一遍以往的学习内容，但实际上，这些内容都是针对学龄儿童的，学前儿童也只是跟着听听。所以，混读生中教师针对学前儿童的融会贯通基本上是不存在的。

最后，教师偶尔会将知识和现实世界、儿童实际生活结合起来。如在《三个好朋友》的学习中提到“因为不小心丢了背包”时，教师教育学生“要保管好自己的物品”；如在画画课上，教师会提醒学生“想象我们的教室是什么样子的”；在学习数数时，询问学生们“××寨子的同学有多少”后，再带着大家数数。但多数情况下，教师也没有尝试让这些知识和学前儿童的实际生活联系起来。如，在数学课《给图形分类》和《认识图形》中，教师只是单纯地让学生看课本中画出的几个图形，没有尝试着让学生找找生活中哪些地方存在这些图形等。

（二）教师对学前儿童的反馈质量很差

研究发现，任教混读生的教师对学前儿童的反馈质量很差。这表现在：教师很少为学前儿童提供支架，没有儿童建立起反馈回路，也没有质疑或让儿童做出解释，很少提供信息拓展儿童的理解，只会偏颇地鼓励学前儿童坐好、听课。具体来说：

第一，绝大多数教师很少或者根本不为学前儿童提供帮助。当学前儿童做出反馈时，教师要么忽略、要么否定他们的不正确反映，只有在回答符合教师的期望时才会肯定一两句；但是，能回答老师问题的学前儿童很少，为此教师几乎没有给绝大多数学前儿童提供帮助。

第二，教师基本上不和学生通过提供反馈进行互动。这表现在：教师没有和学前儿童建立起有效的来回反馈；仅有的反馈集中在儿童回答是否正确；即使作出反馈，教师也没有追问学前儿童；不少教师会自己回答自己提的问题。

第三，教师很少质疑或要求儿童解释思考过程。这表现在：教师根本没有提出让学前儿童思考的问题；学前儿童给出一个错误的回答后，教师继续上课，没有停下来帮助他思考，或者让学前儿童把自己的想法解释给大家听。

第四，教师很少会关注和扩展学前儿童的理解。只有儿童回答符合教师期望时，教师才会对内容进行澄清或拓展，绝大多数情况下教师并没有这样做。

第五，教师很少鼓励学前儿童参与活动及其坚持性。教师只是根据自己的期望给学前儿童特定的反映，他们鼓励和肯定的往往是认真听、不说话、坐端正的学前儿童，而有关知识学习的肯定和鼓励极少极少。

（三）教师为学前儿童提供的语言示范差

研究发现，任教混读生的教师对学前儿童的语言示范差。这表现在：教师与学前儿童的交流很少，有限的交流局限在封闭式的问题上，教师很少重复和拓展学前儿童的言语，看上去高级的语言对学前儿童意义不大。具体来说：

首先，教师与学前儿童的交流少之又少，仅有的交流往往局限在纪律约束和常规维持上。只有个别教师在安排好学龄儿童的作业后，与学前儿童在知识上有偶尔的交流。此外，同伴之间的交流都是自发的，没有得到教师的肯定和鼓励。

其次，即使教师与学前儿童对学习内容有些交流，教师所提的绝大多数问题都是封闭式的、只需要学前儿童回答一个词（如，“是”“否”）或者一句简单的话（如，这是什么、有多少等）的问题。

再次，教师偶尔会重复学前儿童的话表示肯定或者质疑，但极少扩展学前儿童的言语。在通过语言来描述自己及学前儿童的行动上，只有个别教师使用自我交流，如在黑板上写字时说自己在写什么，做“稍息”、“立正”动作时解释含义。

最后，教师看上去使用了多样的词汇，但因为这些词汇是针对学龄儿童的，并非是针对学前儿童群体的，学前儿童难以理解这些貌似相对高级和多样的词汇。为此，这些语言示范对促进

学前儿童发展的价值并不大。

以上从情感支持、活动组织和教育支持及其各个小维度分别详细描述了混读生所在课堂互动的状况。从这些描述和下图(见图 6 - 10)对混读生所在班级课堂互动整体状况的展示上可以看出,除了在情感支持上的个别条目(积极氛围)和活动组织的个别项目(行为管理)上混读生的教师表现处于中等水平外,这些教师在其他条目上的表现都比较差,尤其是在情感支持的关注学生观点和在教育支持的认知发展、反馈质量和语言示范上,教师在这些条目上的得分都低至 1.5 分以下。总体来看,混读生课堂互动的整体质量差,让人担忧。

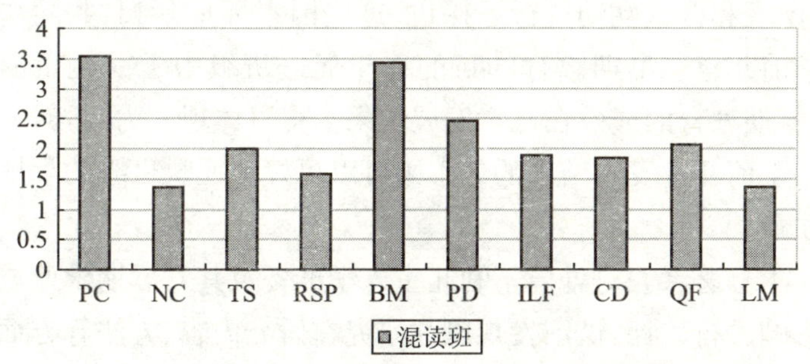

图 6 - 10　混读生课堂互动总体状况

本章从课堂互动的角度证实了在一年级中混读的学前儿童受到了严重的忽视,也进一步验证了上一研究的研究发现。结合前两章的研究,我们想知道的是:在从环境到课程再到课堂互动,学前儿童都受到严重忽视的班级中,班级中学前儿童的发展是否也会受到影响?以下一章将探讨混读生的发展结果。

第七章　混读生入学认知准备水平及其对后期学校适应的影响

前几章分别对混读生早期教育的历史演变、产生原因、环境、课程和课堂互动进行了探讨，这些因素环环紧扣、共同作用于学前儿童。早期教育的目的在于促进班级中学前儿童的发展，早期教育的成效在儿童发展结果上得以体现。为此，对一年级中学前儿童发展结果的考察则可以更好地反映班级的早期教育质量。

本书著者先对处境不利儿童入学准备及其对后期学业成就的影响进行述评，试图发现以往研究在研究内容、方法等方面的趋势及其存在的问题。之后，从儿童认知准备发展的角度入手，着力探讨混读生早期教育对学前儿童认知准备发展及其对入学后最初几年的影响，本章第二、第三、第四节呈现了这一研究的过程与结果。

第一节　处境不利儿童入学准备水平及对后期学业影响的研究综述

早期教育的目的在于促进学前儿童的发展。本书在揭示混读生早期教育现状后，也将探讨这一教育现状下儿童的发展状

况。农村托幼机构教育的目的之一在于帮助儿童做好入学准备(School Readiness),我们的研究也将从入学准备的角度切入,试图发现混读生的发展及对后期学业成就的影响。

"入学"一般是指进入实施正规教育的学校。因为各国义务教育的起始点不同,"学校"开始的年龄或年级也不同。在我国,"入学"是指进入小学一年级;但是在把学前班作为义务教育起始点的欧美国家,"入学"则是指进入学前班。近年来,学前儿童的入学准备问题已经成为美国学前教育的焦点问题之一,不仅在学前教育领域引起了广泛的讨论,而且还引起了全社会的普遍关注。[①] 当前国外研究者主要对入学准备的早期预测因素和生态学模型、评定工具的发展状况和效度评价、采用的干预措施及其效果评价进行了研究,盖笑松等人(2007 年)曾对此进行了综述,本文不再重复这些已有发现。

在很长一段时间里,我国学前儿童教育工作者对儿童入学准备的研究主要从幼小衔接(transition and continuity from preschool to primary school)入手,多是经验性的总结和感悟,即从经验描述层面考察儿童的准备状态(盖笑松等,2007 年;王丽娟等,2006 年)。儿童入学准备虽然和幼小衔接有内在联系,如两者在研究主题上有交叉之处、涉及相同的群体,但在概念界定、关注的时间段、研究范式上存在不同,且入学准备研究更关注处境不利的儿童(盖笑松,2007 年,第 14—17 页)。甚至有研究者认为,两者在本质上有所不同:幼小衔接教育的成功在于优质的教育环境对儿童实施正向的作用;而儿童入学准备以建立生态化的中国儿童成长环境为目标,最终目的是为了促进儿童的终身发展(王丽娟等,2006 年)。目前,研究者已经认定:国内

① 刘焱:《西方学前教育理论与实践的新进展》,比较教育研究,2002 年 7 月。

关于“幼小衔接”概念的界定及含义的理解尚不够清晰，已有幼小衔接的含义也具有一定的局限性；已有的研究范式已经不能满足当前的研究需要；已有研究缺乏对社会处境不利儿童的关注；[①]国内很少用儿童发展的社会生态学观点去考察儿童入学准备问题上的阶层、贫富的城乡差异等。[②]

可以看出，关注入学准备的本土化研究、开展对社会处境不利儿童的入学准备研究已经成为一项重要的研究课题。生活在贫困中的儿童属于处境不利儿童，因为这些儿童更可能缺乏足够的营养、得到健康养育和保险的几率更少、学习机会更少、居住稳定性更差、所在学校质量更低、家庭离婚率更高、邻里危险更多；贫困还影响了儿童身体健康、认知能力、学业成功和社会能力等方面的发展（McCartney 等，2007 年）。本文所关注的农村贫困地区混读生自然也属于社会处境不利儿童，结合本书的研究目的，以下对有关内容进行综述。

一、处境不利儿童入学准备发展综述

关于怎么定义入学准备的争论是长期存在的。有研究者认为，入学准备状态是指学龄前儿童为了能够从即将开始的正规学校教育中受益所需要具备的各种关键特征或基础条件（Gredler）。[③] 还有研究者认为，入学准备是指对学前儿童在进入学校时应当达到的发展水平的期望或能够适应新的学习环境和任务要求的身心发展的水平与状态。[④] 如今，人们从综合的多维

---

① 盖笑松：《儿童入学准备研究与实践》，吉林：吉林教育出版社，2007 年，第 18 页。

② 刘焱：《西方学前教育理论与实践的新进展》，比较教育研究，2002 年 7 月。

③ 转自：盖笑松、张向葵：《儿童入学准备状态的理论模型与干预途径》，心理科学进展，2005 年 5 月。

④ 刘焱：《西方学前教育理论与实践的新进展》，比较教育研究，2002 年 7 月。

度角度来理解入学准备，其中美国教育目标委员会（NEGP，1992年，转自Kathy Pollard Martin，2003年）的定义得到了认同。它认为，儿童入学准备囊括了包括语言发展、身体健康和动作发展、社会性和情感发展、指向学习的方法、认知和一般知识等影响儿童在校成功的众多因素。目前，国外和国内对入学准备的研究也多采纳这一定义，这表现在目前的研究者往往使用国际通用的标准测验（如，PPVT、比奈或者威克斯勒智力量表等）或者自己研发的各种儿童发展工具来测查儿童在入学时的发展水平，以此作为儿童入学准备的发展状况。从这个意义上讲，“入学准备”等同于“入学时的发展”，本文研究也采取了这一定义。这一界定在以下对社会处境不利儿童的综述中得到体现。

对社会处境不利儿童的关注存在一个基本假设：处境不利儿童往往处于低水平的入学准备状态，与条件较好的同伴相比，这些儿童进入学校时其准备情况较差、更可能没有做好学习的准备。诸多研究已表明，社会处境不利儿童在身体健康、认知和学业发展以及社会性和行为表现等诸多方面所呈现的问题在儿童早期就有所体现（张莉，2008年），这些儿童在身体健康与动作技能、情绪与社会性、学习态度、言语发展、认知发展都相对更差（盖笑松等，2007年）。

研究证实，家庭经济背景和儿童在入学准备上的成绩差距密切相关，童年贫穷及其相关效应可以解释大部分入学准备上的种族和族群差距形成的原因（William T. Dickens，Genetic，2005年）。在早年经受贫困的儿童，在进入正式学校前可能达不到必需的学前能力，他们常常处在学业发展的低端。没有学业准备技能的儿童越来越远离学习过程（McCartney，K.等，2007年）。如，研究发现，来自低收入家庭儿童在各种测验上的分数显著低于高收入家庭儿童(Valerie E. Lee 等,转自刘焱,2002 年)。美国教育部的早期纵向研究(ECLS - K)测查了 19000 个幼儿园的儿童,并计划追踪到小学 5 年级。研究发现,与白人儿童相比,黑人儿童和西班牙儿童在阅读得分上低于半个标准差,在数学成绩上的得分低于 2/3 个标准差。① 脑神经科学的研究也发现,在认知控制、学习和记忆、阅读这三个对于入学准备来说非常关键的指标上存在着明显的社会经济阶层差距。在涉及左半球语言系统的任务上,来自中产阶级家庭儿童的平均成绩高于经济处境不利儿童 1.1 个标准差;在额叶的认知控制系统上,这种差距为 0.68 个标准差。②

近几年,国内研究者介绍了国外儿童入学准备研究的进展(盖笑松,2007 年;闫蔚,2005 年;刘焱,2006 年;常娟,2006 年;鄢超云,2009 年),也有研究者对入学准备进行了本土化研究,取得了一些研究成果(盖笑松,等,2007 年;杨阿丽等,2006 年),但这些研究内容多局限于教师和家长的观念、研究方法局限于访谈和调查、研究对象局限于城市。

值得欣慰的是,近一两年,已有研究者将城乡托幼机构教育或者不同社会经济地位家庭中儿童入学准备的发展做比较,证实两者存在显著差异。如,农村儿童在除发音控制运动以外的动作技能发展领域优于城市儿童,在学习方式、认知发展与一般知识基础、言语发展以及情绪与社会性发展领域显著落后于城

① Greg J. Duncan, Katherine A. Magnuson (2005). Can Family Socioeconomic Resources Account for Racial and Ethnic Test score Gaps? School Readiness: Closing Racial and Ethnic Gaps, The Future of Children, 15(1): 35 - 54.

② Kimberly G. Noble, Nim Tottenham, B.J.Casey(2005). Neuroscience Perspectives on Disparities in School Readiness and Cognitive Achievement, School Readiness: Closing Racial and Ethnic Gaps, The Future of Children, 15(1): 71 - 90.

市儿童。[①] 再如，不同文化背景的儿童在入学准备上存在差异，这表现在农民和打工者子女，工人和市民子女，企业经理、干部、知识分子等的子女在数学能力，语言能力（含同音字辨别、词汇丰富性，图画理解，复句理解，故事预测，表达的清晰性和逻辑性），社会性（含规则意识、解决冲突策略的适宜性）和学习品质（含学习的主动性、目标意识、专注程度、好奇和探索、想象与创造）等存在显著差异。[②] 具体来说：在数学能力测查上，不同文化背景的儿童在数、量、形的守恒，数等分，图形组合，类概念，推理，测量、统计图理解，解决应用题等上存在差异。[③] 与此同时，在语言准备上，不同家庭的儿童在听、说、读、写四方面均存在显著差异，社会经济地位较高家庭的儿童具有明显的优势。[④] 基于发现，这些研究者一致提出，在义务教育全面实施的基础上，政府必须尽快调整学前教育政策，对弱势群体进行早期补偿教育。

迄今为止，除了上述几项研究涉及城乡或者不同文化背景下儿童的入学准备外，国内对农村儿童、尤其是贫困地区农村儿童入学认知准备发展进行的实证研究更少。只有周兢等（2008年）、柳倩（2008年）对农村贫困地区学前儿童入学认知准备的研究发现，贫困儿童在基本概念的获得明显优于综合概念；通过率达到60%的认知范畴都属于基本概念，而综合概念的各认知范畴的通过率均未达到60%。目前贫困地区儿童学习重点聚

① “城乡儿童入学准备状况比较研究”课题组：《起点上的差距：城乡学前儿童入学准备水平的对比研究》，学前教育研究，2008年7月。

② 冯晓霞：《学前儿童教育的均衡发展与入学准备》，学前儿童教育（教育科学），2008年7—8月。

③ 肖树娟、冯晓霞、成丽媛、苍翠：《不同社会经济地位家庭儿童的入学数学准备状况比较》，学前教育研究，2009年3月。

④ 陈敏倩、冯晓霞、肖树娟、苍翠：《不同社会经济地位家庭儿童的入学语言准备状况比较》，学前教育研究，2009年4月。

焦于基本概念中的数字/计数和量，而其他认知范畴都处于被忽略状态。还有张莉(2008 年)对农村贫困地区留守学前儿童的研究发现，学前留守儿童的入学认知准备发展状况差，但基本概念的发展略好于综合概念的发展；将学前留守儿童与非留守儿童进行的比较发现，两组儿童的认知准备状况没有显著的差异，两者的表现都较差。这两篇文章关注了农村贫困地区的某类学前儿童，但没有关注或详细说明混读生认知准备的发展状况。

二、处境不利儿童入学准备发展对后期学业成就影响的综述

研究证实，入学准备状态对未来学业成功和发展存在一定的预测因素。如今，有关研究的主要结论集中在学前儿童认知和言语发展水平、情感与社会性发展水平、神经生理发育状况对于未来学业成功具有影响性(盖笑松等，2007 年)。有研究者发现，入学准备测验成绩可以预测儿童三年级时学业成绩的60%。[①] 在幼儿园里高攻击性、低认知能力的学前儿童在中小学阶段的学业成绩可能较差，可能成为少年父母、犯罪者、辍学者、患有精神疾病者，或者因受教育程度低在成年时失业成为社会福利的依赖者(C. Cybele Raver)。[②]

儿童较早进入保育机构对于学业准备发展的有强的促进作用，尤其是对于那些低收入或者少数族裔家庭儿童而言。[③] 对

---

① Donald A. Rock, A. Jackson Stenner(2005). Assessment Issues in the Testing of Children at School Entry, School Readiness: Closing Racial and Ethnic Gaps, The Future of Children, 15(1):p.16 - 34.

② 转自：刘焱：《西方学前教育理论与实践的新进展》，比较教育研究，2002 年 7 月。

③ Christian M. Connell, Ronald J. Prinz(2000). The Impact of Childcare and Parent-Child Interactions on School Readiness and Social Skills Development for Low-Income African American Children, Journal of School Psycholog, 40(2):p.177 - 193.

于贫困儿童来说，在孟加拉国（Anna C. Moore 等，2007 年）、印度（Nirmala Rao，in press）、土耳其（Kagitcibasi C.等，2001 年）和尼泊尔（Save the Children，2003 年）进行的长期研究发现，与没有进入学前机构的儿童相比，进入机构有利于儿童的入学准备和认知发展，他们辍学的可能性更少；与没有学前机构经历的女孩相比，曾在学前机构就读的女孩在学校接受教育时间更长。如果儿童的入学准备处于较高水平，那么就可能获得学业成功，反之，则容易导致学业失败。张莉（2008 年）在《贫困地区学前留守儿童入学认知准备现状研究》的文献综述中列举了 4 项“儿童早期的认知和语言的发展对儿童后期的学业表现具有较强的预测作用”的研究发现，分别是 Elizabeth Hair 等（2006 年）、Christina Saltaris（2002 年）、Blair, C.（2001 年）、La Paro 和 Pianta（2000 年）的研究。值得一提的是，La Paro 和 Pianta 分析了 70 个纵向研究，发现幼儿园期儿童学业/认知指标（包括一般知识，智力发展，语言发展和技能，阅读，数字，以及认知运动等技能和能力）对一二年级时该项指标发展的效应大小为 0.51，能够预测儿童在小学初期时学业/认知表现中 25%的方差，达到中等预测水平，而学前儿童期社会/行为的表现对未来发展的解释率不到 10%。

国内对入学准备影响后期学业成就的研究较少，只有柳倩（2008 年）对农村学前儿童入学认知准备发展的研究发现，入学认知准备发展情况与小学语文成绩、小学数学成绩以及学业成绩呈现显著性相关，入学认知准备总分对于学业成绩具有预测性。还有张莉（2008 年）的研究发现，留守儿童较差的入学认知准备结果较好地预测了其在小学第一学年内的学业成绩，并且随着儿童学习的深入，预测作用更强；留守学前儿童在入小学初的认知准备发展水平预测了其小学一年级两个学期数学和语文成绩的 34%—49%。但遗憾的是,这两篇文章都未就农村贫困地区混读生入学准备发展对后期学业成就的影响这一问题进行研究。

第二节　混读生认知准备及其对后期学业影响的研究设计

一、研究问题

本文研究地的当地教育工作者认为,混读现象对学前儿童发展有一定的促进作用,“他入学的时候比较小,有可能读了两年。和没有入过的、直接到了 7 岁入学的,要比较的话,肯定有些不同的。不可能一点作用都没有”(A2)。那混读生早期教育对促进儿童入学时认知的发展是否有作用呢?国外研究者发现的“不同托幼机构类型的早期学习环境使得儿童在认知、社会性和情感上获得不同的发展”[①]能否在中国农村贫困地区得到验证呢?本书将借鉴柳倩和张莉(2008 年)的研究思路和方法,从儿童的入学认知准备发展为切入口,重点就混读生入学认知准备发展[②]及其对后期学业成就影响进行了研究。在这部分研究中,我们就图 1-1 这一模型中的“学前儿童发展”进行研究,试图解决以下问题:混读生在入小学初的入学认知准备发展上表

---

① Kingd Donna, Mackinnon, Carlo E.(1988). Making Difficult Choices Easier: A Review of Research on Day Care and Children's Development, Family Relations, 37(10): p.392-398.

② 说明:有关学前儿童认知准备发展的分析数据,来自华东师范大学和香港大学的合作课题“Increasing girls' participation in rural areas in China and India: what works and why? (Funded by CERG)”,学前儿童认知准备发展的研究地、研究对象、研究工具均由课题决定。

现如何？与其他学前教育类型儿童相比，混读生的入学认知发展是否有优势？

本文研究地的一小学校长认为，和散居儿童相比，混读生“等上了三四年之后（到小学三四年级），差距不会有；在一年级二年级会有差距”（H5），那混读生在接受早期教育后在认知准备上的发展状况是否真的会影响后期学业成就呢？国外研究者发现的“不同学前经历类型或学前机构的倾向影响了儿童在小学的社会地位（Erwin Philip G 等，2003 年）、认知和社会性的发展（King Donna 等，1988 年）”能否在中国农村贫困地区得到验证呢？本文将对混读生入学认知准备发展对后期学业成就的影响进行研究，试图探讨前者对后者是否有预测作用。

二、研究对象

儿童养育者　2006 年 9 月，课题组对被测查的 203 名儿童的养育者进行了育儿历史访谈。本次访谈共发放问卷 204 份，有效回收 203 份，有效率达 99.51%。

儿童　最初测查的被试儿童 203 名，但由于部分儿童年龄不足，或在后期语文、数学成绩缺失，故删除 37 名样本儿童，被试为 166 人。这些儿童共来自 13 所小学学校，他们在 2006 年 9 月初刚刚进入一年级时接受测查，平均年龄为 85.89 个月，标准差为 5.46。

三、研究工具

（一）育儿历史调查问卷

育儿历史调查问卷在香港大学提供的 Child Care History Survey Parents Interview Protocol 基础上翻译修改完成。修订好的育儿历史调查问卷（调查问卷内容详见附录九）共含访谈基本信息、儿童信息、接受学前教育的信息、家庭信息（母亲信息、父亲信息、家长育儿信息、养育者信念）等几个部分。在本书中，这个工具的使用在于追溯儿童早期的家庭养育过程，以了解儿童学前期的家庭教育特征。

（二）Bracken 基本概念量表（修订版）

人们使用了不同的理论方法评价儿童的入学准备。本书仅关注了儿童为学业所做的准备，使用 Bracken 基本概念量表-修订版（Bracken Basic Concept Scales-Revised，以下简称为 BBCS－R，量表内容详见附录十）测查儿童为入学做的准备。

BBCS－R 是对 Bracken 基本概念量表（BBCS，Bracken，1984 年）的修订，它主要用于评定 2 岁 6 个月到 7 岁 11 个月儿童的基本概念发展；主要分为 11 个分测验或者概念分类：颜色，字母，数字/数数，大小，比较，形状，方向/位置，自我/社会意识，质地/材料，数量，以及时间/顺序。其中，前 6 项是入学准备组成部分 School Readiness Composite（SRC），可以评估儿童的“准备”概念知识，这些概念可能是儿童在准备正式的教育前由父母、学前和幼儿园教师所教授的。[①]

BBCS－R 具有良好的信效度。就内部一致性而言，分测验分半信度为 0.78 到 0.98，总测试的分半信度为 0.96—0.99，SRC 和总量表的平均信度为 0.94 和 0.985。在关联效度上，SRC 及总量表与多项测试（如，斯坦福-比纳量表、WPPSI－R 等）的关联效度均在 0.80 以上。在内部效度上，分测试之间的相关在 0.26到 0.79，分测验与整体测试间的相关为 0.68 到 0.92。[②]

BBCS－R 采用图片式的测试方式，所测内容具有普遍性和

---

① Bruce A，Bracken(1998). Bracken Basic Concept Scale-Revised Examiner's Manual，Harcourt Assessment US，第 1 页。

② Bruce A，Bracken(1998). Bracken Basic Concept Scale-Revised Examiner's Manual，Harcourt Assessment US，第 63 页。

广泛性，考虑了文化差异，不受被试民族和文化的影响。有研究表明，根据 Gredler 利用敏感性和特异性对入学准备工具的分析框架，该量表入学准备成分(SRC)能够命中 82%—94%的问题儿童(Stebbins M S, McIntosh D E.，1996 年)，并对儿童入学后的表现有良好的预测作用。[①] 因此，BBCS-R 被看作测查儿童入学准备发展的有效测查工具。

但在我国，BBCS-R 使用较少，只有柳倩(2008 年)和张莉(2008 年)在研究中尝试使用，还没有建立中国儿童入学准备发展的常模。我们之所以选择这一工具，在于它考虑了早期教育课程的普遍性质和量表涉及的基本技能。需要指出的是，本书对依据常模划分儿童的成就和发展不感兴趣，只想知道我国农村贫困地区儿童在入学准备基本技能的获得上发展水平如何。就本书而言，我们只是以此为媒介，来看学前儿童接受混读早期教育后在认知概念上的发展如何。

为能有效地测查学前儿童的早期发展状况，课题组根据当地情况对该测试进行了一定的本土化。首先，去除入学起点测试六个分测验中的英语字母分测验。第二，研究对测试图片进行了修改。如对关于钱币币值概念的测试题项中，将美元图片换成了人民币，用人民币元和角的纸币和硬币代替美元和美分，并根据家庭使用人民币的情况，准备新版和旧版两套人民币图片，便于儿童指认。

经我们修改后的量表包含 10 项概念，共 292 个题项，分为两个部分。其中前五个部分为入学"认知准备的基本概念"，包括颜色、数字/计数、量、比较和形状五大领域共 72 个具体的概

① 转引自：盖笑松：《儿童入学准备研究与实践》，吉林教育出版社，2007 年，第 6 页。

念。后五个部分为“入学认知准备的综合概念”,包括空间概念、社会认知、物理知识、时序概念五大领域共220个具体概念。同时,儿童对10个领域概念获得的总体情况被称为“入学认知准备的整体概念”获得。除以上所提到的修改外,本书沿袭了量表中所有的题项。

(三)学业成绩

本文研究者收集了儿童在小学第一学年、第二学年的期中期末共计四次的语文和数学成绩。测试的题目均由县教育局统一命题、统一考试、统一批改。在本书中,儿童学业成绩被作为检验儿童入学后学业成就的指标。

四、施测与统计

BBCS-R 由华东师范大学学前教育专业的研究者担任测查者,测查者统一学习了测查方法。测试严格按照培训要求进行。对所有儿童进行面对面的个别施测,测试时,研究者以中等语速朗读题项,给出目标概念,儿童则需在所呈现的四幅图片中指认出符合给定题项的图片作答。在此过程中,研究者记录儿童答题情况并给以是非判断。如研究者念“哪幅图片中只有一头熊”,听完题后,儿童需要在四幅图中指认;若正确,则在答题纸上记为一分;错误则为零分,并记录错误选项;若儿童不作答,则记为NR,同时记作零分。倘若儿童在某一分测验中,连续答错三题,则结束该项答题,直接进入下一项。待前五项答题完毕后,研究者计算前五项总分,确定综合概念的起测项目。在综合概念测验中,儿童若不能连续答对三题,则从测试点起往前测,直到儿童能够连续答对三题为止,再继续往后测,并重复以上过程对儿童施测,直至整个测试完毕。由于题量较大,每次施测时间在45分钟左右,测试中允许儿童休息5分钟。测试在教

师办公室进行，尽可能保证办公室内没有其他人员，尤其是任课教师，以免带给儿童心理压力。

育儿历史调查问卷　如果家长识字、理解该问卷中的概念，则由家长来填写完成。但当地整体文化水平较低，不少儿童照料者（尤其是祖父母、外祖父母）不识字，或者不能正确理解题目的涵义。为此，绝大多数的育儿历史调查问卷由研究课题组的同学读给儿童养育者，得到养育者的反馈后，再由课题组同学将其反馈填写到量表中。在这个过程中，部分术语养育者无法理解，则由课题组同学解释。为保证解释不出现偏差，在测查前培训研究人员。

学业成绩　在被试儿童升入小学一年级、二年级的期中期末考试之后，即2007年1月、2007年6月、2008年1月、2008年6月，研究者搜集了这些儿童在四次考试后的语文、数学和总分成绩。

为表示感谢，课题组人员发放给儿童一个笔筒作为礼物。在休息时段，为儿童提供零食以缓解压力和饥饿。为感谢学校和教师的配合，全体课题组人员捐款，购买了跳绳、篮球、羽毛球、羽毛牌等运动器材，捐赠给学校。

将有效问卷的原始数据输入电脑，由SPSS13.0进行数据处理。

第三节　混读生入学认知准备的发展

本部分将分别从入学认知准备基本概念、综合概念和整体概念三个方面来揭示混读生入学认知准备的发展状况。在陈述上，先展示了混读生在这一项目上的发展状况，之后将其与当地学前班、幼儿园和散居儿童的认知准备发展进行对比，最后再总结混读生认知准备发展上的特点。

一、混读生在入学认知准备基本概念上的发展状况

(一) 混读生对基本概念的掌握水平

从图 7-1 可以看出,混读生在入学准备基本概念上的得分不甚理想,这表现在混读生在基本概念上的平均得分为 36.02,通过率①只有 50%。除此之外,混读生在基本概念的各个维度上存在着较大的差异和偏颇,这主要表现在:混读生在“数字”和“大小”上的发展较好,在其他项目上的通过率较差。具体来说:混读生在“数字”上的平均得分高达 14.12,通过率为 74%;在“大小”上发展的平均得分为 8.37,通过率为 70%。而在“形状”上的平均得分为 7.33,通过率仅为 37%;在“比较”上得分更差,平均得分为3.33,通过率仅为 33%;而在“颜色”上的得分最差,平均得分仅为 2.88,通过率仅为 26%。

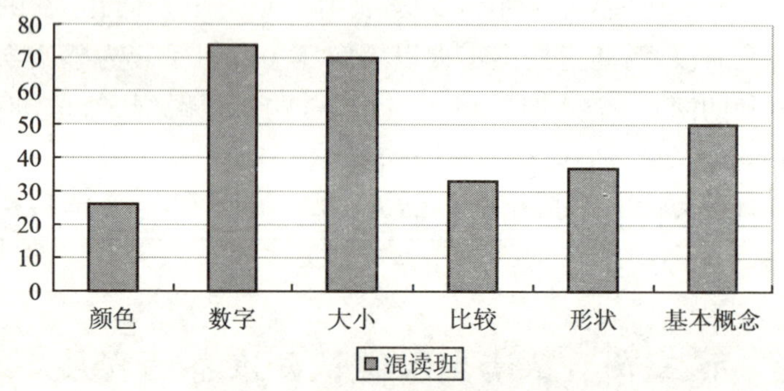

图 7-1 混读生在入学认知准备基本概念上的通过率

① 项目通过率=项目平均分/分量表题项总数。计算通过率并不是说这些项目就是儿童在入学时必须掌握的概念,而是期望借助通过率来反映接受不同学前教育教育后儿童在认知准备发展上的差异表现在哪里。

（二）混读生与其他学前教育安置类型中的儿童在基本概念掌握上的对比

为详细描述混读生在入学基本概念上的发展状况，以下分别从基本概念得分和通过率上两个角度将之与当地其他教育安置类型中儿童的发展进行对比。

1. 混读生与其他学前教育安置类型中的儿童在基本概念得分上的对比

表 7－1 显示，在入学基本概念的各个小项（含颜色、数字、大小、比较、形状）和总分上，混读生的发展落后于幼儿园和学前班儿童，和散居儿童差异很小。单因素方差分析的结果显示，来自不同学前教育安置类型的儿童存在着极为显著的差异（$p<0.001$），混读生发展显著落后。

那与其他学前教育安置类型相比，混读生在认知准备发展的每一分测验上都是发展落后吗？多重分析（LSD，见表 7－2）解答了这一问题。具体来看：

在“颜色”这一项目上，来自幼儿园儿童好于混读生，两者存在极为显著的差异（$p<0.001$），这表现在混读生在该项目上平均低于幼儿园 5 分；但与来自学前班的儿童、散居儿童间不存在显著性差异。

表 7－1　不同学前教育安置类型儿童在入学认知准备基本概念发展上的比较

测试项目	学前教育安置类型	人数	平均数	标准差	F 值
颜色	混读生	43	2.88	2.49	39.90***
	散居	30	2.93	2.53	
	学前班	46	3.98	2.90	
	幼儿园	47	8.23	2.64	

续 表

测试项目	学前教育安置类型	人数	平均数	标准差	F 值
数字	混读生	43	14.12	6.48	17.07***
	散居	30	11.77	7.36	
	学前班	46	17.87	2.37	
	幼儿园	47	18.60	1.51	
大小	混读生	43	8.37	2.30	10.46***
	散居	30	8.43	2.34	
	学前班	46	9.72	1.63	
	幼儿园	47	10.28	1.31	
比较	混读生	43	3.33	2.82	31.29***
	散居	30	2.60	2.19	
	学前班	46	4.72	2.60	
	幼儿园	47	7.53	2.28	
形状	混读生	43	7.33	4.29	46.77***
	散居	30	6.90	4.71	
	学前班	46	11.09	3.88	
	幼儿园	47	15.34	2.76	
入学基本概念总分	混读生	43	36.02	13.64	54.37***
	散居	30	32.63	15.51	
	学前班	46	47.37	7.86	
	幼儿园	47	59.98	4.97	

在“数字”、“大小”、“比较”、“形状”总分上，来自幼儿园儿童好于混读生，两者存在极为显著的差异（$p<0.001$），这表现在后者在平均分上低于前者 4—8 分；来自学前班的儿童好于来于混读生，两者存在极显著的差异（$p<0.001$），这表现在后者在平均分上低于前者 1—4 分。

值得注意的是，来自混读生在“颜色”、“大小”、“比较”、“形

状”和基本概念总分上都和散居儿童无显著差异（$p>0.05$）；只有在“数字”一项上，混读生好于散居儿童，两者有显著的差异（$p=0.040$）。

表 7－2　混读生在入学认知准备基本概念上的发展情况

测试项目	学前教育安置类型(I)	学前教育安置类型(J)	平均数差	p 值
颜色	混读生	散居	−0.05	0.938
		学前班	−1.09	0.054
		幼儿园	−5.35	0.000***
数字	混读生	散居	2.35	0.040*
		学前班	−3.75	0.000***
		幼儿园	−4.48	0.000***
大小	混读生	散居	−0.06	0.892
		学前班	−1.35	0.001**
		幼儿园	−1.90	0.000***
比较	混读生	散居	0.73	0.225
		学前班	−1.39	0.010**
		幼儿园	−4.21	0.000***
形状	混读生	散居	0.43	0.631
		学前班	−3.76	0.000***
		幼儿园	−8.01	0.000***
入学基本概念总分	混读生	散居	3.39	0.187
		学前班	−11.35	0.000***
		幼儿园	−23.96	0.000***

以上的分析显示，在基本概念及各个小项目的发展上，混读生并没有表现出发展上优势，还在绝大多数项目（除“数字”）上明显落后于来自幼儿园和学前班的儿童，与散居儿童无显著性

差异。

2. 混读生与其他学前教育安置类型中的儿童在基本概念通过率上的对比

以上展示了混读生与当地其他学前教育安置类型的儿童在入学认知准备基本概念上的得分状况，但是这一得分分数没有考虑到每个项目的题项数，为此看不出这些儿童在各个项目上的具体情况。以下将从通过率的角度再看混读生在基本概念上的发展。

由图 7－2 可以看出，不同学前教育安置类型儿童在入学认知准备基本概念子项目的通过率上存在着差异，就混读生来说：

在“颜色”的通过率上，混读生和散居儿童几乎没有差距，但落后于学前班和幼儿园儿童，这是因为学前班儿童的通过率是 46%，幼儿园儿童的通过率高达 75%，而混读生的通过率上只有 26%。

在“数字”的通过率上，混读生比散居儿童的发展好，但落后于学前班儿童和幼儿园儿童，这表现在混读生通过率有 74%，散居儿童通过率为 62%，但学前班儿童通过率为 94%，幼儿园儿童通过率高达 98%。

在“大小”的通过率上，混读生和散居儿童无差异，但分别落后于学前班和幼儿园儿童，这是因为学前班儿童通过率为 81%，幼儿园儿童通过率高达 86%。

在“比较”的通过率上，混读生好于散居儿童一点点，但落后于学前班儿童和幼儿园儿童，这是因为混读生通过率为 33%，散居儿童通过率为 26%，而学前班儿童通过率为 47%，幼儿园儿童通过率高达 75%。

在“形状”的通过率上，混读生和散居儿童几乎没有差异，但落后于学前班儿童和幼儿园儿童，这是因为混读生的通过率为

37%，而学前班儿童通过率为55%，幼儿园儿童通过率则高达77%。

在入学认知准备基本概念的通过率上，混读生稍微好于散居儿童，但落后于学前班和幼儿园儿童，这是因为混读生通过率只有50%，散居儿童通过率为45%，而学前班儿童通过率为66%，幼儿园儿童通过率高达83%。

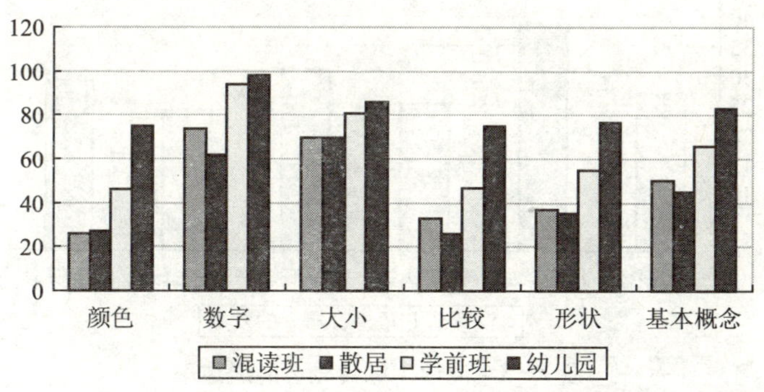

图7-2　不同学前教育安置类型儿童在入学基本概念通过率上的比较

不论从混读生自身来看，还是从与当地其他学前教育安置类型的对比中，我们都发现，混读生在入学认知准备基本概念上明显落后于来自幼儿园和学前班的儿童，与散居儿总体上没有差异，只在"数字"这一子项目上，混读生稍好于散居儿童。这反映出学前儿童在小学一年级中混读两三年后，其入学认知发展基本概念上没有显著的发展。

二、混读生在入学认知准备综合概念上的发展状况

（一）混读生对综合概念的掌握水平现状

从下图（见图7-3）可以看出，混读生在综合概念上的得分不甚理想，这表现在：混读生各个小纬度上的得分和通过率都不高；综合概念的平均得分为64.17，通过率仅为29%。与此同

时，混读生在综合概念的各个维度上存在的差异较小，这表现在：儿童在“社会认知”上的通过率最高，为39%；在“数量概念”上的通过率次之，为31%；在“空间概念”上通过率的更差，仅为27%；在“物理认知”和“时序概念”上的通过率最差，仅为25%和24%。

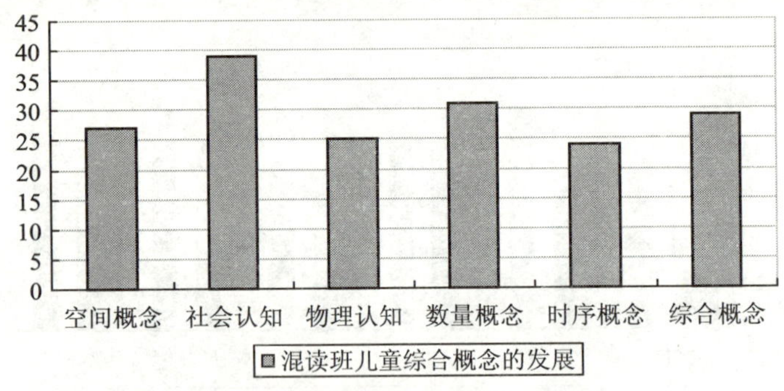

图7-3 混读生综合概念的通过率

（二）混读生与其他学前教育安置类型中的儿童在综合概念上的对比

同前文将混读生与其他学前教育安置类型在基本概念上进行对比所采取的思路一样，我们分别从概念得分和通过率上来看混读生的综合概念发展。

1. 混读生与其他学前教育安置类型中的儿童在综合概念得分上的对比

表7-3显示，在入学综合概念获得的各个小项和总分上，混读生落后于幼儿园和学前班儿童，和散居儿童无显著性差异。单因素方差分析结果显示，来自不同学前教育安置类型的儿童存在极显著的差异（$p<0.001$），混读生对综合概念的掌握水平相对落后。

那与其他学前教育安置类型相比，混读生在认知准备发展的每一分测验上都是发展落后吗？多重分析（LSD，见表 7-4）发现，来自幼儿园的儿童好于混读生，两者存在着极为显著的差异（$p<0.001$），这表现在后者在这些项目上的平均得分低于前者 15—25 分。

表 7-3 不同学前教育安置类型儿童在入学认知准备综合概念发展上的比较

测试项目	学前教育安置类型	人数	平均数	标准差	F 值
空间概念	混读生	43	17.60	10.65	48.55***
	幼儿园	47	42.00	13.09	
	学前班	46	27.22	11.12	
	散居	30	14.93	9.33	
社会认知	混读生	43	14.74	7.94	38.29***
	幼儿园	47	29.13	5.87	
	学前班	46	21.48	7.18	
	散居	30	13.97	8.77	
物理认知	混读生	43	7.81	6.45	31.35***
	幼儿园	47	20.34	6.37	
	学前班	46	12.15	7.73	
	散居	30	8.63	5.96	
数量概念	混读生	43	15.00	9.71	35.45***
	幼儿园	47	33.47	9.74	
	学前班	46	21.76	11.08	
	散居	30	13.80	7.83	
时序概念	混读生	43	9.02	5.02	38.87***
	幼儿园	47	21.36	7.95	
	学前班	46	12.78	5.56	
	散居	30	7.90	6.33	

续 表

测试项目	学前教育安置类型	人数	平均数	标准差	F 值
入学综合概念	混读生	43	64.17	30.40	65.03***
	幼儿园	47	146.30	34.33	
	学前班	46	95.39	31.59	
	散居	30	59.39	31.59	

表 7.4 显示，在“空间概念”、“社会认知”上，来自学前班的儿童好于混读生，两者存在极为显著的差异（$p<0.001$），这表现在后者在这几个项目上的平均得分落后于前者 6—10 分。在“物理认知”、“数量概念”、“时序概念”上，来自学前班的儿童也好于混读生，两者存在显著性差异（$p<0.01$），这表现在后者在这几个项目上的平均得分低于前者 3—5 分。

值得注意的是，混读生与散居儿童在认知发展综合概念及其各个小项目上差距很小，无显著性差异（$p>0.05$）。

表 7－4　混读生在入学认知准备综合概念上的发展情况

测试项目	学前教育安置类型(I)	学前教育安置类型(J)	平均数差	p 值
空间概念	混读生	幼儿园	−24.40	.000***
		学前班	−9.62	.000***
		散居	2.66	.327
社会认知	混读生	幼儿园	−14.39	.000***
		学前班	−6.74	.000***
		散居	.77	.661
物理认知	混读生	幼儿园	−12.53	.000***
		学前班	−4.34	.003**
		散居	−.82	.609

续 表

测试项目	学前教育安置类型(I)	学前教育安置类型(J)	平均数差	p 值
数量概念	混读生	幼儿园	−18.47	.000***
		学前班	−6.76	.002**
		散居	1.20	.610
时序概念	混读生	幼儿园	−12.34	.000***
		学前班	−3.76	.006**
		散居	1.12	.460
入学综合概念	混读生	幼儿园	−82.13	.000***
		学前班	−31.22	.000***
		散居	4.93	.522

以上分析显示，在入学认知准备综合概念及各个小项目的发展上，混读生并没有表现出发展上优势，明显落后于来自幼儿园和学前班的儿童，与散居儿童无显著性差异。

2. 混读生与其他学前教育安置类型中的儿童在综合概念通过率上的对比

由图 7－4 可以看出，混读生与其他学前教育安置类型的儿童在入学认知准备综合概念和各个子项目的通过率上存在显著差异，这表现在：

在“空间概念”的通过率上，混读生比散居儿童几乎不存在差异，但落后于学前班和幼儿园儿童，因为混读生通过率只有 27%，而学前班儿童通过率为 42%，幼儿园儿童通过率则高达 65%。

在“社会认知”的通过率上，混读生和散居儿童基本上没有差异，但是落后于学前班儿童和幼儿园儿童，因为混读生通过率只有 39%，散居儿童通过率为 37%，而学前班儿童通过率为 57%，幼儿园儿童通过率则高达 77%。

在"物理认知"的通过率上，混读生和散居儿童基本上没有差异，相反散居儿童还稍好一点点，因为前者通过率只有25%，而后者通过率为28%；但混读生落后于学前班和幼儿园儿童，后两者的通过率分别为39%和66%。

在"数量概念"的通过率上，混读生稍好于散居儿童，但落后于学前班儿童和幼儿园儿童，这是因为混读生通过率只有31%，散居儿童通过率为28%，学前班儿童通过率为44%，幼儿园儿童通过率则高达68%。

在"时序概念"的通过率上，混读生和散居儿童相差无几，但落后于学前班儿童和幼儿园儿童，这是因为混读生的通过率为24%，散居儿童通过率为21%，学前班儿童通过率为35%，幼儿园儿童通过率达58%。

在入学综合概念分项目的通过率上，混读生和散居儿童基本上没有差异，但落后于学前班和幼儿园儿童，这是因为混读生通过率为29%，散居儿童通过率为27%，学前班儿童通过率为43%，幼儿园儿童通过率则达67%。

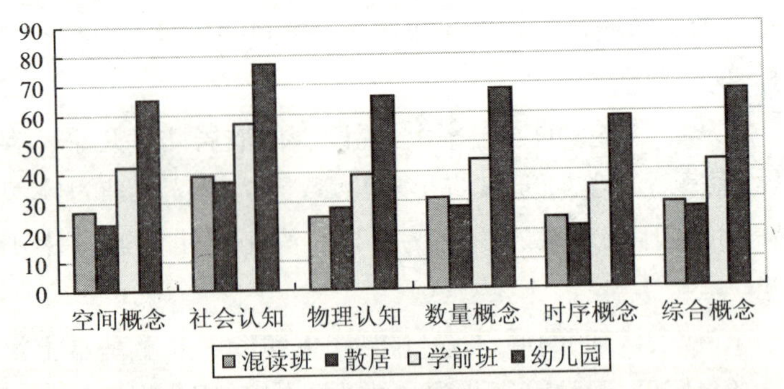

图7-4　不同学前教育安置类型儿童在入学综合概念通过率上的比较

总之，以上分析显示，在入学认知准备综合概念上，混读生

明显落后于来自幼儿园和学前班的儿童，与散居儿童没有显著性差异。即学前儿童在小学一年级中混读两三年后，在认知准备综合概念发展上没有显著进步。

三、混读生在入学认知准备整体概念上的发展状况

表 7－5 显示，在入学认知准备总分上，来自不同学前教育安置类型的儿童存在着极为显著的差异（$p<0.001$）。之后进行的事后多重检验（见表 7－6）显示，在入学认知准备整体概念的发展上，来自幼儿园儿童好于混读生，两者存在极为显著的差异（$p<0.001$），这表现在后者落后于前者 104 分；来自学前班的儿童好于来于混读生，两者存在极为显著的差异（$p<0.001$），这表现在后者落后于前者 41 分；与散居儿童相比，虽然混读生的成绩多出 9 分，但两者之间并无显著性差异（$p>0.05$）。

表 7－5　不同学前教育安置类型儿童在入学认知准备整体概念上发展情况

测试项目	学前教育安置类型	人数	平均数	标准差	F 值
总分	混读生	43	101.48	40.73	72.54***
	幼儿园	47	206.34	36.93	
	学前班	46	142.87	36.86	
	散居	30	91.87	45.03	

表 7－6　混读生在入学认知准备整体概念上的发展

测试项目	学前教育安置类型(I)	学前教育安置类型(J)	平均数差	p 值
总分	混读生	幼儿园	－104.06	0.000***
		学前班	－41.39	0.000***
		散居	9.61	0.310

由下图 7－5 可以看出，不同学前教育安置类型儿童在入学认知准备整体概念通过率上也存在差异，混读生和散居儿童差

异很小，落后于学前班儿童和幼儿园儿童，这是因为混读生在292个项目上平均答对了101个项目，散居儿童平均答对了91个题目；而学前班儿童平均答对了143个项目，通过率为43%；幼儿园儿童平均答对了206个，通过率则高达67%。

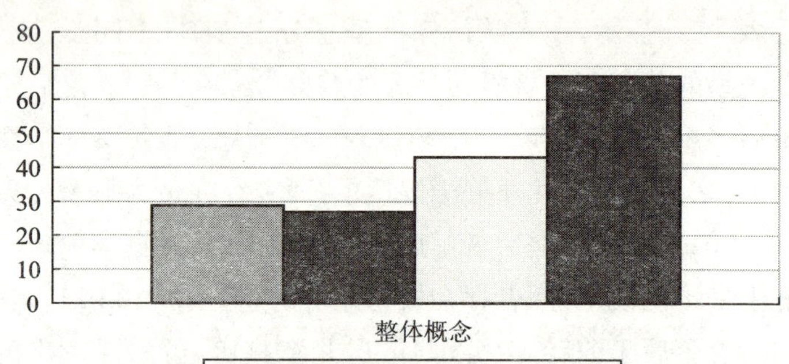

图7-5　不同学前教育安置类型儿童在入学认知准备整体概念通过率上的比较

以上分析显示，混读生在入学认知准备整体概念发展上落后于幼儿园和学前班儿童，与散居儿童无显著性差异，这样的发展结果值得担忧。

总的来看，混读生在入学认知准备基本概念、综合概念和整体概念及绝大多数小项目的发展上落后于来自学前班和幼儿园的儿童，其认知发展结果和散居儿童无显著差异。在通过率上，混读生的基本概念的通过率有50%，综合概念通过率只有29%；在所有项目上，只有计数、大小项目通过率较高，达到74%和70%，其他项目的通过率都在40%以下。

国外的研究显示入学认知准备发展结果预测了后期的发展。那混读生在进入小学一二年级后的语文、数学等学业成绩如何？混读生这样差的入学认知准备结果能否预测其在小学内的学业成绩？以下的分析将回答这一问题。

第四节　混读生入学认知发展对后期学业成就的预测

本部分分别从语文、数学成绩这两个方面来谈谈混读生的学业成绩及其对入学认知准备的回归。本节首先展示了混读生进入小学后在四个学期的语文和数学成绩状况，而后又进行了学业成绩对混读生入学认知准备的回归分析。

需要指出的是，四次期末测试都由县级教育主管部门统一命题，该地区一二年级的所有儿童都参加相同的学业测试。因此，本文研究者直接对儿童学业成绩的原始得分进行分析。

一、混读生的入学认知准备发展对入学后语文成绩的预测

（一）混读生在一二年级语文成绩上的现状

在这部分中，我们先分析了来自混读生的语文表现情况，再将混读生与来自学前班、幼儿园和散居儿童的成绩做对比。

1. 混读生在一二年级语文成绩上的发展

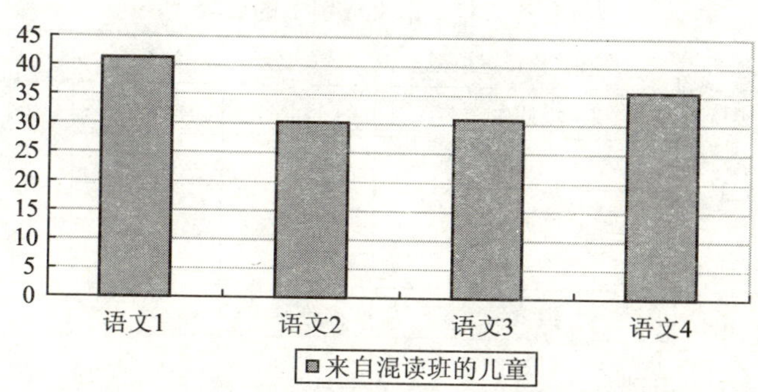

图 7-6　混读生在一二年级四个学期的语文成绩

图 7-6 显示，混读生在小学一二年级的语文成绩上的得分很不理想，这表现在：不论哪个学期，他们的语文成绩平均得分在 30—42 分之间，不仅达不到及格线 60 分，还低于当地一二年级的语文成绩平均分。具体来说，在一年级上学期，这些儿童的语文成绩平均只有 41.22 分，远远低于当地语文成绩的平均分 64.43 分；在一年级下学期，语文成绩平均只有 30.39 分，低于当地语文成绩的平均分 45.54 分；在二年级上学期，语文成绩评价只有 31.9 分，远远低于当地语文成绩的平均分 47.68 分；在二年级下学期，语文成绩只有 35.79 分，远远低于当地语文成绩的平均分 49.83 分。

2. 混读生与来自其他教育安置类型儿童在语文成绩上的对比

那与来自其他学前教育安置类型的儿童相比，混读生在一二年级的语文成绩如何呢？表 7-7 显示，在四次语文成绩上，来自不同学前教育安置类型的儿童存在着极为显著的差异（$p<0.001$）。总体上看，混读生在语文成绩上落后于来自幼儿园和学前班的儿童，和散居经历的儿童无显著性差异（$p>0.05$）。

表 7-7　来自不同学前教育安置类型的儿童在一二年级语文成绩上的比较

考试项目	学前教育安置类型	平均分	标准差	F 值
语文 1	混读生	41.22	35.74	15.60***
	散居	42.1	34.63	
	学前班	69.05	21.30	
	幼儿园	79.39	21.67	
语文 2	混读生	30.39	26.16	9.38***
	散居	42.4	29.61	
	学前班	45.53	23.20	
	幼儿园	59.31	19.36	

续　表

考试项目	学前教育安置类型	平均分	标准差	F 值
语文 3	混读生	31.89	25.80	10.46***
	散居	36.26	26.43	
	学前班	51.31	24.26	
	幼儿园	61.2	25.69	
语文 4	混读生	35.79	24.86	8.97***
	散居	38.09	22.81	
	学前班	56.15	23.65	
	幼儿园	60.66	26.61	

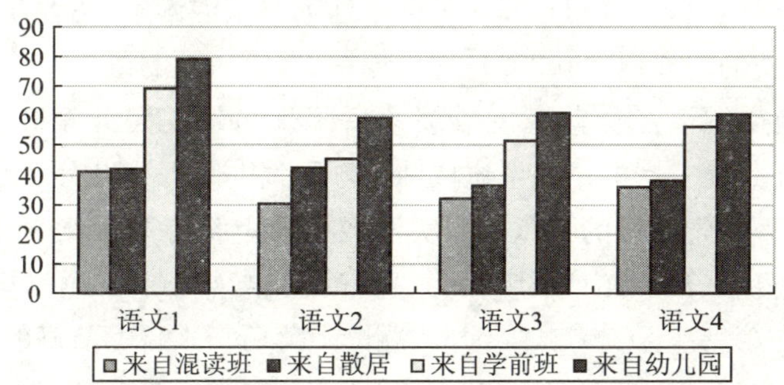

图 7－7　来自不同学前教育安置类型的儿童在一二年级四个学期的语文成绩

表 7－8　混读生在语文成绩上的发展

测试项目	学前教育安置类型(I)	学前教育安置类型(J)	平均数差	p 值
语文 1	混读生	幼儿园	－38.17	0.000***
		学前班	－27.83	0.000***
		散居	－0.88	0.919
语文 2	混读生	幼儿园	－28.92	0.000**
		学前班	－15.14	0.007***
		散居	－12.01	0.071

续 表

测试项目	学前教育安置类型(I)	学前教育安置类型(J)	平均数差	p 值
语文 3	混读生	幼儿园	−29.31	0.000***
		学前班	−19.41	0.001**
		散居	−4.36	0.537
语文 4	混读生	幼儿园	−24.87	0.000***
		学前班	−20.35	0.001**
		散居	−2.30	0.735

那与其他学前教育安置类型相比，混读生在四次语文成绩上落后吗？事后多重检验(见表 7－8 和图 7－7)发现：在每次的语文成绩上，来自幼儿园儿童都是远远好于混读生，两者存在极为显著的差异($p<0.001$)。这表现在：在第一次的语文考试成绩上，有着混读经历儿童的成绩落后于来自幼儿园儿童高达 38 分；在其他三次的语文考试成绩上，两者相差 25—28 分。

来自学前班的儿童在四次语文成绩上都好于混读生，两者存在显著($p<0.01$)或者极为显著的差异($p<0.001$)。这表现在：在第一次语文考试成绩上，混读生落后于来自学前班的儿童高达 27 分以上；在其他三次的语文考试成绩上，混读生也是落后于来自学前班的儿童。

值得注意的是，混读生在每次的语文考试成绩上都和散居儿童无显著性差异($p>0.05$)，且后者在语文平均分上还稍稍好于前者。

以上分析显示，混读生在入学一二年后语文成绩得分相对落后，那这个成绩与儿童在入学初的认知准备发展是否有关呢？以下将解答这一问题。

（二）混读生的入学认知准备发展对一二年级语文成绩的预测

我们将混读生入学认知准备的整体发展状况与其语文学业成绩作回归分析，并择选解释率更高的变量作为最终的预测变量。研究者以43名混读生在入学认知准备量表的总分为预测变量，并分别以儿童在一年级和二年级的期中、期末共4次的语文成绩为效标变量，做儿童入学认知准备状态与语文成绩的逐步回归分析，结果如下表所示：

表7-9　认知准备与语文成绩回归模型基本变量

回归因变量	模型	相关系数	决定系数	标准化决定系数	估计值的标准误	F值	p值
语文成绩Ⅰ	总分	0.40	0.16	0.12	33.50	4.12	0.05
语文成绩Ⅱ	总分	0.63	0.40	0.38	20.43	22.73	0.00
语文成绩Ⅲ	总分	0.64	0.40	0.38	20.09	20.98	0.00
语文成绩Ⅳ	总分	0.56	0.31	0.29	20.85	13.80	0.00

表7-10　认知准备与语文成绩回归模型中回归系数的显著性检验

回归因变量	模型	回归系数b	标准误	标准回归系数β	t值	p值
语文成绩Ⅰ	常数项	7.19	18.88		0.38	0.71
	总分	0.33	0.16	0.40	2.03	0.05
语文成绩Ⅱ	常数项	−12.23	9.73		−1.26	0.22
	总分	0.41	0.09	0.63	4.77	0.00
语文成绩Ⅲ	常数项	−11.37	10.26		−1.12	0.28
	总分	0.41	0.09	0.64	4.58	0.00
语文成绩Ⅳ	常数项	−0.09	10.55		−0.01	0.99
	总分	0.34	0.09	0.56	3.72	0.00

表7-9和7-10呈现了混读生入学认知准备状况与其在第一学年、第二学年内四次语文成绩的关系。结果显示，儿童入

学认知准备的整体发展状况对儿童四次语文成绩有较为显著的预测作用。表 7－10 中的方差分析结果表明，四次模型的建立都具有或者临近统计学意义($p<0.05$)。可见，入学认知准备状态的整体发展状况对于混读生的语文成绩具有重要的影响作用。由此，研究将分别分析四个回归模型及认知准备状况对于儿童语文成绩的解释能力。

第一个回归模型体现的是混读生入学认知准备状态与儿童在一年级第一学期末语文成绩间的关系。该模型中，入学认知准备整体概念得分作为预测变量被引入，其对混读生第一学期末语文成绩变化的解释率为 16%，并且回归系数临近统计学意义($p=0.05$)，说明混读生整体概念总分与其第一学期的语文成绩间存在较为显著的线性相关。由此可得回归方程：

$$Y=7.19+0.33X_{总分}$$

第二个回归模型表示混读生入学认知准备状态与一年级第二学期末语文成绩间的关系。在该模型中，入学认知准备整体概念总分能够解释混读生此次语文成绩变异的 40%。另外，回归系数达到了显著水平($p=0.00$)，表明混读生入学认知准备整体概念总分与其第二学期末的语文成绩存在显著的线性相关。由此可建立回归方程：

$$Y=0.63X_{总分}-12.23$$

第三个回归模型表示混读生入学认知准备状态与二年级第一学期末语文成绩间的关系。在该模型中，入学认知准备整体概念总分能够解释混读生此次语文成绩变异的 40%。另外，回归系数达到了显著水平($p=0.00$)，表明混读生入学认知准备整体概念总分与其第二学期末的语文成绩存在显著的线性相关。由此可建立回归方程：

$$Y=0.64X_{总分}-11.37$$

第四个回归模型表示混读生入学认知准备状态与二年级第二学期末语文成绩间的关系。在该模型中，入学认知准备整体概念总分能够解释混读生此次语文成绩变异的31%。另外，回归系数达到了显著性水平（$p<0.05$），表明混读生入学认知准备整体概念总分与其第二学期末的语文成绩存在显著的线性相关。由此可建立回归方程：

$$Y=0.56X_{总分}-0.09$$

由此可知，入学整体概念总分对混读生语文学业成绩的发展有较强的预测作用。因而，混读生学前期入学概念的整体认知能力对其语文成绩的预测作用至少保持了两年。

二、混读生的入学认知准备发展对入学后数学成绩的预测

（一）混读生在一二年级数学成绩上的现状

与对语文成绩现状的分析一致，我们先分析来自混读生的数学表现情况，再将其与来自学前班、幼儿园和散居儿童的数学成绩做对比。

1. 混读生在小学一二年级数学成绩上的发展

图7-8显示，混读生在小学一二年级的数学成绩上的得分很不理想，这表现在：不论哪个学期，混读生在数学成绩上的平均得分在34—43分之间，不仅达不到及格线60分，还低于当地一二年级的数学成绩平均分。具体来说，在一年级上学期，这些儿童的数学成绩平均只有43.54分，远远低于当地数学成绩的平均分64.43分；在一年级下学期，数学成绩平均只有34.86分，低于当地数学成绩的平均分47.35分；在二年级上学期，数学成绩评价只有30.91分，远远低于当地数学成绩的平均分52.13分；在二年级下学期，数学成绩只有34.47分，远远低于当地数

学成绩的平均分 51.61 分。

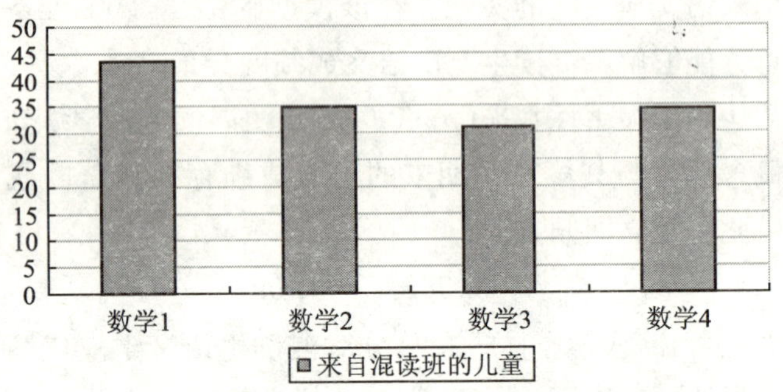

图 7－8　混读生在一二年级四个学期的数学成绩

2. 混读生与来自其他教育安置类型儿童在数学成绩上的对比

那与当地来自其他学前教育安置类型的儿童相比，混读生在一二年级的数学成绩如何呢？表 7－11 显示，在小学一二年级的四次数学成绩上，四者存在着极为显著的差异（$p<0.001$）。总体上看，混读生在数学成绩上落后于来自幼儿园和学前班的儿童，和来自散居的儿童无显著性差异（$p>0.05$）。

表 7－11　来自不同学前教育安置类型的儿童在一二年级数学成绩上的比较

考试项目	学前教育安置类型	平均分	标准差	F 值
数学 1	混读生	43.54	32.16	17.09***
	散居	42.81	29.61	
	学前班	69.11	18.31	
	幼儿园	78.36	19.36	
数学 2	混读生	34.86	22.38	8.76***
	散居	37.84	26.17	
	学前班	50.22	21.96	
	幼儿园	58.94	24.68	

续　表

考试项目	学前教育安置类型	平均分	标准差	F 值
数学 3	混读生	30.91	22.60	25.46***
	散居	33.4	21.05	
	学前班	60.73	23.86	
	幼儿园	68.7	21.69	
数学 4	混读生	34.47	24.07	15.63***
	散居	35.22	22.75	
	学前班	62.83	23.67	
	幼儿园	62.59	22.75	

表 7－12　混读生在数学成绩上的发展

测试项目	学前教育安置类型(I)	学前教育安置类型(J)	平均数差	p 值
数学 1	混读生	幼儿园	－34.82	0.000***
		学前班	－25.57	0.000***
		散居	0.73	0.923
数学 2	混读生	幼儿园	－24.08	0.000***
		学前班	－15.37	0.004**
		散居	－2.99	0.631
数学 3	混读生	幼儿园	－37.79	0.000***
		学前班	－29.82	0.000***
		散居	－2.49	0.690
数学 4	混读生	幼儿园	－28.12	0.000***
		学前班	－28.36	0.001**
		散居	－0.76	0.907

那与其他学前教育安置类型相比，混读生在四次考试成绩上落后吗？事后多重检验（见表 7－12 和图 7－9）显示，在每次的数学成绩上，来自幼儿园儿童都远远好于混读生，两者存在极

为显著的差异($p<0.001$)。如,在第三次的数学考试成绩上,混读生落后于来自幼儿园儿童高达35分;在其他三次的数学考试成绩上,前者落后于后者25—35分之间。

来自学前班的儿童在数学成就上好于混读生,两者存在显著($p<0.01$)或者极为显著的差异($p<0.001$)。如,在第三次数学考试成绩上,后者落后于前者高达30分以上;在其他三次的数学考试成绩上,也是如此。

值得注意的是,混读生虽在数学平均分上稍稍好于来自散居的儿童,但和散居儿童无显著性差异($p>0.05$)。

以上分析显示,混读生在入学一二年后数学成绩得分相对落后,那这一成绩与儿童在入学初的认知准备发展是否有关呢?以下将解答这一问题。

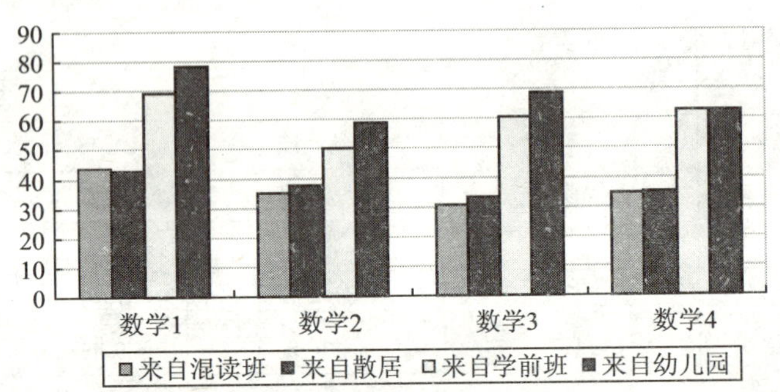

图7-9 来自不同学前教育安置类型的儿童在一二年级四个学期的数学成绩

(二)混读生的入学认知准备发展对一二年级数学成绩的预测

我们将混读生入学认知准备的整体发展状况与儿童的数学学业成绩作回归分析,并择选解释率更高的变量作为最终的预测变量。研究者以43名混读生在入学认知准备量表的总分为

预测变量，并分别以儿童在一年级和二年级的期中、期末共4次的数学成绩为效标变量，做逐步回归分析，结果如下表所示：

表7-13 认知准备与数学成绩回归模型基本变量

回归因变量	模型	相关系数	决定系数	标准化决定系数	估计值的标准误	*F* 值	*p* 值
数学成绩Ⅰ	总分	0.52	0.27	0.24	27.53	8.14	0.01
数学成绩Ⅱ	总分	0.40	0.16	0.14	20.45	6.23	0.02
数学成绩Ⅲ	总分	0.60	0.37	0.34	18.07	17.78	0.00
数学成绩Ⅳ	总分	0.63	0.40	0.38	18.86	20.35	0.00

表7-14 认知准备与数学成绩回归模型中回归系数的显著性检验

回归因变量	模型	回归系数 *b*	标准误	标准回归系数 *β*	*t* 值	*p* 值
数学成绩Ⅰ	常数项	4.33	15.43		0.28	0.78
	总分	0.37	0.13	0.52	2.85	0.01
数学成绩Ⅱ	常数项	11.29	10.42		1.08	0.29
	总分	0.23	0.09	0.40	2.50	0.02
数学成绩Ⅲ	常数项	−4.78	9.23		−0.52	0.61
	总分	0.34	0.08	0.60	4.22	0.00
数学成绩Ⅳ	常数项	−5.21	9.54		−0.55	0.59
	总分	0.38	0.08	0.63	4.51	0.00

表7-13和7-14呈现了混读生入学认知准备状况与其在第一学年、第二学年内四次数学成绩的关系。结果显示，儿童入学认知准备的整体发展状况对儿童四次数学成绩有较为显著的预测作用。表7-13中的方差分析结果表明，四次模型的建立都具有统计学意义（$p<0.05$）。可见，入学认知准备状态的整体发展状况对于混读生的数学成绩具有重要的影响作用。由此，研究将分别分析四个回归模型及认知准备状况对于儿童数学成绩的解释能力。

第一个回归模型体现的是入学认知准备状态与儿童在一年级第一学期末数学成绩间的关系。该模型中，入学认知准备整体概念总分作为预测变量被引入，其对混读生第一学期末数学成绩变化的解释率为27%，并且回归系数达到了统计学意义($p<0.05$)，说明混读生整体概念总分与其第一学期的数学成绩间存在显著的线性相关。由此可得回归方程：

$$Y=4.33+0.37X_{总分}$$

第二个回归模型表示混读生入学认知准备状态与一年级第二学期末数学成绩间的关系。在该模型中，入学认知准备整体概念总分能够解释混读生此次数学成绩变异的16%。另外，回归系数达到了显著水平($p=0.00$)，表明混读生入学认知准备整体概念得分与其第二学期末的数学成绩存在显著的线性相关。由此可建立回归方程：

$$Y=11.29+0.23X_{总分}$$

第三个回归模型表示混读生入学认知准备状态与二年级第一学期末数学成绩间的关系。在该模型中，入学认知准备整体概念总分能够解释混读生此次数学成绩变异的37%。另外，回归系数达到了显著水平($p=0.00$)，表明混读生入学认知准备整体概念总分与其第二学期末的数学成绩存在显著的线性相关。由此可建立回归方程：

$$Y=0.60X_{总分}-4.78$$

第四个回归模型表示混读生入学认知准备状态与二年级第二学期末数学成绩间的关系。在该模型中，入学认知准备整体概念总分能够解释混读生此次数学成绩变异的40%。另外，回归系数达到了显著性水平($p=0.00$)，表明混读生入学认知准备整体概念总分与其第二学期末的数学成绩存在显著的线性相关。由此可建立回归方程：

$$Y=0.63X_{总分}-5.21$$

由此可知，入学整体概念总分对混读生数学学业成绩的发展有较强的预测作用，并且随着学习的深入，儿童早期在基本概念上的整体得分对其数学学习表现的预测作用逐步增强。因而，混读生学前期时各基本概念的整体认知能力对其数学成绩的预测作用至少保持了两年。

由上述可见，混读生在入学后的语文、数学成就很差，这些儿童在一二年级的四次考试成绩平均分在 40 分左右。混读生在入学认知准备上的发展状况预测了其在小学一年级、二年级语文和数学成绩的 16%—40%，即在入学初，混读生在认知准备上的落后状态导致了其学业成绩也处于不利状态。

第八章　混读生早期教育质量的改进

第一节　有关混读生早期教育质量能否改进的讨论

本书对混读生早期教育发展趋势进行的分析显示，在现有状况下混读生早期教育还将继续存在，且可能数量增加；研究又发现，混读生早期教育的环境、课程、互动和儿童发展状况让人担忧……混读生被算入当地的早期教育入园(班)率中，混读生早期教育质量在一定程度上反映了农村贫困地区学前教育的质量。面对这样的班级和班级中学前儿童的发展结果，我们对农村学前教育的质量表示质疑和担忧，并认为，急需提高混读生和整个贫困地区的早期教育质量。那混读生早期教育改进是否有改进的可能性？混读生早期教育到底怎么改进呢？

一、从学龄和学前儿童的身心特点看混读生早期教育能否改进

有研究者认为，学前儿童和小学一年级分属两个不同的教育阶段，每个阶段儿童的身心特点是有差异的，所以其教育任务、教育方法等各不相同。这表现在：早期教育是通过多种活

动，特别是游戏活动对学前儿童进行教育，而学校则主要是通过上课完成教学任务，向学生进行系统的文化知识教育。学龄儿童的主要任务是学习，他们要按时完成作业，进行考试，并有升留级制度。可见，学前和学龄两个年龄段差异显著。因此，将学前与学龄儿童合班进行教学是不可取的（黄爱玲，1993年）。也正是考虑到学龄和学前儿童身心特点的不同，国家教委颁布的幼教政策中明令禁止学前儿童和学龄儿童合在一班进行教育。

尽管学前儿童和小学一年级分属两个不同的教育阶段，但儿童身心发展是一个特殊而复杂的连续过程。在这个过程中，既有发展的阶段性，又有发展的连续性，即这两个教育阶段相连，存在衔接和过渡。而且一年级属于小学低年级，利用游戏和活动对其开展教育往往能取得良好的教育效果。

二、从当地任课教师的素质看混读生早期教育能否改进

同其他学前教育安置类型一样，影响混读生发展的最核心、最关键的因素是班级中的任课教师，因为班级教师“有大量时间与儿童直接接触和发生互动”，是影响儿童发展的“重要他人”；“虽然学前儿童能够快速地学习大量的知识，而且学习热情很高，但是他们最终学了什么、学到了多少主要依赖于与他们互动的成人。这些人通过选择特定的活动、强调某些概念以及互动的频率，为儿童的学习提供学习框架和支持”[①]。我们深信，如果学前与学龄儿童在同一所班级的任课教师能充分意识到学前儿童教育的重要性，即使条件再艰苦、资源再匮乏、上级再不管理，甚至没有针对学前儿童的课程，教师都会积极利用身边的教

① 芭芭拉·鲍曼等著，吴亦东等译：《渴望学习》，南京：南京师范大学出版社，2005年，第110页。

育资源、在行为上切实关注学前儿童。但遗憾的是，当地任课教师难以达到以上要求，因为本书第五、第六章的研究证实：课程实施中学前儿童受到严重忽视；教师对学前儿童的情感支持、活动组织、教育支持严重不足，尤其是在教育支持上；教师没有挖掘和利用班级中的同伴资源和环境资源，而且将这种班级组合看作一种麻烦，不平等对待了班级中的儿童；学前儿童只能获得基本的安全保障，此类毫无发展刺激、局限在纪律约束上的课堂互动关系直接影响了一年级中学前儿童的发展。为此，教师的极度忽视和极少关注是导致学前儿童发展差的主要原因。

既然任课教师如此重要，那我们能否从任课教师这一角度来提升混读生早期教育的质量呢？这里需要注意的是，我们仅仅从“当地”混读生的任课教师的素养这一现实角度来探讨混读生早期教育质量能否改进。本书著者认为，这是极其困难的，这是由当地任课教师的状况决定的。具体来说：

一是当地教师教育意识和行为的严重脱节。尽管这里的教师（包括混读现象的任课教师）都肯定学前儿童教育的重要性、认为儿童应该接受学前教育，但教师的实际行为与意识是脱节的，潜意识中认定学龄儿童是受教育对象。为此，混读生教师在实际的教学中，“不足龄带着走，不作为重点来抓，重点抓住足龄的，确保他升学的质量”（H6），“让他们去，只要他们别惹事，别违反课堂纪律，他们能回答多少算多少”（T1）……教师对班级中学前儿童的行为管理多，以保证不会影响学龄儿童的学习。

二是当地任课教师素质和积极工作态度的严重不足，这表现在：

（1）具备教学所需要基本素质的老师并不多。这表现在：有的教师上课的基本思路不清晰，基本的课堂组织流程混乱；不少教师对课堂的管理无效，整个课堂乱哄哄、无秩序；还有的教

师在教学上存在知识性的错误，如将菱形说成正方形、将正方体说成正方形等……作为普通班级教师需要具备的基本素质尚未达到的情况下，再要求任教学前与学龄儿童同在班级的教师能够知道不同年龄段儿童的需要和兴趣、对不同儿童进行分层教学确实是一种太高的要求。

(2) 从教师的到校和离校来看，教师迟到、早退比较普遍。不少学校有签到本，老师们就是按照上面规定的时间到校的，绝大多数教师是一放学就回家的，没有老师愿意在学校呆着。即使晚上值班的老师，也会回家先收拾家里，晚上再回到学校值班。教师一节节上完课、完成教学任务已实属不易；不少教师还根据自己家庭的状态随时变动教学安排，农忙时晚到学校、早离学校的情况不占少数；还有个别班级甚至出现全校没有一个老师，所有学生在校园乱哄哄玩闹的情况。

(3) 从教师在校的时间分配来看，教师在课间批改作业，课前临时备课，教师拿起书本就上课的现象不占少数。这里的老师很多都是半边户，[①]还有很多代课老师，他们下课后都要回家种田、收拾家务、照顾孩子等。在当地，投入到教学中、关注儿童的学习兴趣、想方设法改进教学方法的老师少之又少，更多的教师按照原有的教学方法、教学模式一日日重复。

(4) 不少教师责任心不强、存在得过且过的心态，尤其是民办教师转为公办教师的一些年长教师。在偏远学校任教的年轻教师多想方设法调出这些学校，到相对来说稍好一些的学校任教，为此，这些学校留下的多是老、弱教师；他们的家在学校所属的村寨，学校距离乡镇偏远，不想、也没有能力到更好的学校任

① “半边户”是指那些配偶是农业户口、没有正式工作的教师。这些教师通常是男教师，妻子是农民；其中很多教师是从民办教师转为的公办教师。

教；这些学校的教育质量一直不高，不少教师存有“山高皇帝远”的心态，他们习惯了自己的落后，抱着自己“困难多、什么条件都不好”的想法不思进取，总是期待上级的扶持、外界的捐助和考核时的降低标准，没有积极地投入教学质量提高中。

前文曾提到，距离县城或者乡镇越远的地区，混读现象存在的越多；绝大多数的教学点都存在学前儿童在一年级混读现象。实际上，这些地区在经济、文化、思想和教育上相对落后，师资缺乏更严重，代课教师越多，教师素质和教育质量相对更差……这些不利现状对混读生来说无疑是一大灾难。或许是因为教师素养的严重不足，个别班级的任课教师将忽视学前儿童看作很自然的事情，在上课时从不关注学前儿童（即使有外来人员看课），也没有认为这种班级和普通一年级有什么区别；但值得注意的是，多数混读生的任课教师感到教授学前与学龄儿童同在的班级十分的累、辛苦，没有效果。比如，仅仅在对 T1 这一位教师的访谈中，她提到“累”的次数高达 30 次，提到“费力”的次数为 4 次；这些教师还认为，学前和学龄儿童混合在一起的教育方式对两者的发展都不利，他们期望将之分开，并期望开办独立的学前教育，为学前儿童以后的入学做准备，这在对幼儿园（班）教师的调查中得到证实。

王安健在复式教学实践中发现，一年级小学生刚刚进入小学，学习习惯尚未养成，属于小学中的难点年级，为此建议不要将一年级和其他年级合班开展复式教学。[①] 对于本书的研究对象来说，班中同时有学前和学龄这两个分属不同教育阶段的儿童，这种班级自然更是难点班级、难教班级。这是因为：一方面，

---

① 王安健：《复式教学的实验与研究》，北京：人民教育出版社，2004 年，第 50 页。

小学生的学习习惯尚未养成，教师要对其进行培养；教师还要忙着完成面向这些儿童的教学任务，并保证这些儿童的学业成就不落后。另一方面，部分学前儿童刚刚进入学校，尚不熟悉学校环境、也不适应学校氛围，教师需要教给学前儿童自理能力、懂得纪律和常规等(详见“第五章混读生早期教育的课程分析”中的“从课堂现场看混读生早期教育的课程实施”)。而上述的描述表明，当地任课教师还不具备任教学前与学龄儿童同在一个班级所需的素质和能力、也没有积极投入到教育教学中，加上上级和本校管理人员对教师没有任何支持、对学前儿童没有任何管理，试图通过当地任课教师来提高混读生早期教育质量更是困难。

三、从当地幼教管理现状看混读生早期教育能否改进

第四章的研究发现，县和乡镇教育管理部门将学前与学龄儿童同在的一年级和普通小学一年级统一管理的做法极大地影响了学校和教师对学前儿童的关注，那当地教育主管部门可以有所作为，改善对混读生早期教育的管理吗？调研发现，当地幼教管理存在处于层层委托、无人重视，管理随意或无人管理的涣散状态(吴玲，2003 年；汪冬梅，2006 年等)。当被问及与早期教育问题时，当地教育管理人员往往表示“我们主要抓义务教育这块，学前教育带着管”。同以往研究者(丁金霞，2005 年)研究发现一致：该地早期教育主管部门为县教育局基教股，其中一位专干主管全县的早期教育工作。县级教育部门将实质性的管理下放到乡镇教育管理机构——中心校。P 县教育局颁布的《关于建立幼儿教育视导员制度及幼儿教育管理和教研网络的通知》中明确规定，“各乡镇教育站在教育管理和教育网络中的教育职

责是:拟定本乡镇幼儿教育发展规划,对本乡镇0—6岁幼儿进行登记,组织在本乡镇实施幼儿教育发展规划……对本乡镇幼儿教育工作进行检查指导……幼儿园直接的上级管理部门为镇中心学校,并由镇中心学校相关业务员组织和开展教研活动。学前班的管理则直接由其所在区域的中心校以及村民小组负责,并由幼儿园和镇中心学校业务员组织开展教研”。

可见,乡镇中心校承担着管理当地早期教育的职责。而实际调研后发现,各个乡镇中心校又因为要主抓义务教育、认为上级和自己不对学前班没有投入而不便插手管理,进而让办有学前教育的小学学校管理本校早期教育。乡镇中心校除了要求各个小学开办学前班外,只履行对本乡镇0—6岁学前儿童进行登记的职责,至于拟定和实施早期教育发展规划、检查指导早期教育工作、组织开展教研无从谈起;对混读生早期教育无任何管理和支持。在如此随意的管理方式下,让当地县和乡镇教育主管部门对早期教育加以切实管理已是难事,再期望他们大胆地允许混读现象存在、将一年级中的学前儿童教育纳入教育管理中、并采取针对性措施进行管理的可能性是极小的。

第四章的研究还发现,小学学校对混读在一年级中的学前儿童的年龄、收费和人数没有做出规定,对任课教师的要求是“教好小学生、管好小朋友”,也没有为教师提供任何支持和帮助,这影响了教师工作的积极性和对儿童教育上的关注。那小学学校能够通过改变对混读生的管理,进而改善混读生早期教育现状呢?所以管理人员都认为,学前与学龄儿童同在的班级确实不好管理、影响教育质量,在学校经费和师资严重短缺的情况下只能无奈地选择教师和接收学前儿童入学,且一致认为一年级不适合学前儿童,迫切希望将学前儿童和学龄儿童分开来教育,并希望国家和当地上级教育管理部门能给予一定的经费投入、帮助学校开办独立的学前班，这在第四章的“小学学校对混读生早期教育的管理”和对幼儿园（班）教师的调查问卷中得到证实。

而且，当地除乡镇中心小学之外的完全小学都面临严重的师资和资金不足问题。仅仅就后者来说，各个小学经费不足是农村小学学校发展的障碍和挡路石。对于学生数在100人左右的小学，上级划拨的经费真的仅仅能维持学校运转，学校建设无从谈起。当地小学，尤其是规模相对小的小学学校，指望上级教育管理部门拨款的可能性很小。很多小学学校的校长除了平时节省开支，也在争取学校建设的机会和经费，如“到各个部门单位去拜访去邀请，给学校捐款支持”、借助与外界沟通的机会争取所需资金和物质。为了感谢这些部门和个人的资助，学校会在动工或者奠基仪式上组织学生表扬节目。照片8-1是YZ镇KL小学即将完成建设的教学楼；照片8-2为学校学生在排练节目，用于迎接资助教学楼建设的单位和个人。我们一方面为这里的管理人员感到感动，一方面为当地学校教育发展感到担忧。这样的教育现状和发展前景自然也对学前儿童教育发展带来了影响和冲击，因为很多学校在学校建设尚不健全、学校发展尚未进入正轨时，比如没有围墙、校园空洞的只有一幢教学楼和几间教室的情况，学前儿童教育是没有得到重视的；即使开展了学前教育，也不会为其进行投资，更不会改善学前儿童的教育状况。尽管如此，我们仍然认为，只要小学学校管理人员关注早期教育，依然可以通过小学学校管理人员的行为，如慎重选择教师、为教师提供支持等，来改善混读生早期教育现状和班级中学前儿童发展状况，来改善如今混读生早期教育现状。

照片 8－1　即将竣工的教学楼，摄于 20060910

照片 8－2　为感谢资助单位和个人，学生正在排练节目，摄于 20060911

从上文描述中，我们可以看到，从各级上级教育管理部门这一角度来改善混读生早期教育现状是非常困难的。尽管如此，我们也发现，实践中部分的经验总结为我们改善混读生早期教育质量提供了一定参考。如，个别关注本校学前儿童教育的学校管理人员（如，BY1 和 XC 小学）思考本校学前儿童教育和进行一定管理（如，总结管理和教学经验，对教学的开展、学前儿童的人数、教师教学等做出一些调整和要求），这些班中学前儿童

的受教育和发展状况有些许进步。

以上从三个角度的分析发现，在理想状态下，混读生早期教育的存在有其理论基础，但教师任课和上级管理出现了问题，导致其教育质量较差，特别是现实的班级教育中，学前儿童在一年级学习一两年后并没有得到显著的发展，其最最主要的原因在于班级学前儿童受到了严重的忽视，师幼互动频率少，互动内容局限于纪律和命令，课程内容也不适合学前儿童的需要和身心发展特点等等。那我们应该怎么对待混读现象？怎么为班中的学前儿童提供早期教育呢？接下来将对之进行探讨。

第二节　提高混读生和贫困地区早期教育质量的建议

本书发现，在国家明令禁止混读现象存在的二十多年后，这种教育组织形式依然存在。本书从环境、课程和儿童发展等角度进行的考察发现，混读生幼教质量和儿童发展结果确实存在着问题。在这样的现状下，是应该按照国家幼教政策的规定坚决取消混读现象，还是重新思考混读现象的定位？如果禁止这一班级的存在，怎么给贫困地区无法接受任何正规学前机构教育的学前儿童提供其他的补偿教育措施，提供基本安全保障和带有一定丰富认知刺激的活动，从而促进其发展呢？如果允许其存在，各级教育管理部门应制订怎样的政策来指导和管理这种班级，以促进小学生和学前儿童的同时发展？班级的任课教师怎么开展教学，具备哪些能力才能在关注小学生的同时，又能促进学前儿童得到发展呢？诸如此类的问题还需要进一步的思考。

从研究进行以来，作为一个研究者，我一直不敢贸然说“按照国家幼教政策的规定坚决取消混读现象”，因为在对贫困地区教育考察的过程中，我深深感受到了贫困地区教育发展面临的重重困难，我也难以想象小学一年级不再接收学前儿童，班级的学前儿童没有了安全保障之处，将面临的生存危险。2007 年访谈时，BY 小学对不足龄生的态度是“明年不要收啦，今年办完就行了”。得知 BY 小学打算不收不足龄生入一年级，我为该校周围村的学前儿童和家长担忧。如果真的这样做，这些学前儿童没有了“学校”这一安全之处，会不会再次发生“溺水”、“烧死”等伤亡事故？这里的家长又将面临看管孩子的问题，他们对学校这一做法会有什么想法？他们又将怎么安置这些孩子？说实话，我总是期望混读生的教育质量是可以改进的，学前儿童依然可以呆在小学一年级。当然，我期望他们收到和小学生一样的对待，真的在其中接受“教育”，而非接受“安全监管”。

本书发现，混读生早期教育是一种客观存在。在某种程度上，存在即合理，我们应该尽可能在现有条件下和现有基础上改善混读生早期教育的质量。上文分析发现，尽管混读生早期教育改进和质量得到提升面临很多困难，但仍有改进的可能性。结合本书的研究发现，下文从近期和长远两个纬度探讨如何提高混读生早期教育的质量。

一、提高混读生早期教育质量的近期策略

前文第三章曾展示和解释了混读生发展模型图（见图 1－1），这也是本书的研究思路所在。再重新回到对这一模型的探讨，我们对混读生早期教育改进问题的探讨也从这一模型谈起。本研究发现，乡（镇）教育部门的管理、小学学校的管理、混读生的任课教师自身的素养等诸多因素影响了班级中的早期教育现状和学前儿童的认知发展状况。基于此，本书著者认为，从县级

教育管理部门到基层小学管理人员，再到班级任课教师，都是改进已有混读生早期教育质量的实施者。

问卷调查显示，尽管60%的老师坦白承认，平时教学无法同时兼顾学前和学龄两类儿童。但75%的教师认为，在理想状态下，教师可以同时兼顾学前和学龄儿童，但他们需要一定的帮助。其中，45%的老师认为需要上级提供一定的帮助，62.5%的老师认为需要本校能提供一定的帮助，60%的老师认为需要教师水平高。与此同时，92.5%的老师认为，混读生的任课教师比普通一年级老师更辛苦；80%认为，任教混读生的教师比幼儿园班老师更辛苦。可见，当地教师普遍认为，此类班级教师辛苦，其任教需要更多的支持。为此，混读生早期教育质量的改善需要各级管理部门和任课教师共同努力。

（一）教育主管部门可以有所作为

1. 县和乡(镇)教育管理部门可以有所作为

本研究发现，混读现象的产生是由当地实际状况决定的，有其存在的客观性，断然禁止和取消无法满足家长对基本安全保障的需要，也不利于孩子的入学适应。混读现象是继续存在还是禁止举办，最重要的还是取决于县、乡镇和学校各级当地教育管理部门的决定。前文的研究也发现，各级教育管理部门对早期教育的管理在一定程度上影响了一年级中的学前儿童认知发展。问卷调查也显示，45%的老师认为任教接收学前儿童的一年级需要上级提供一定的帮助。为此，本书著者认为，当地教育主管部门在重视当地学前儿童教育的前提下，可以允许混读现象的存在，并加以管理。

对于当地农村学前儿童教育来说，当地县级和乡镇级教育管理部门主管幼教的人员少之又少，对农村学前儿童教育的管理力度很小、管理处于较低层次，管理者多关注招生与收费，偶

尔为当地农村的学前儿童教师提供培训、为极少数的幼儿园班进行投资。在这样的前提下，重视学前儿童教育，切实加强对农村地区学前儿童教育的管理无疑是首要的。

对于一年级来说，尽管当地县和乡镇教育主管部门不允许学前儿童混读在小学一年级中，但对混读生持采取了默认、不管理的态度。这种将接受幼儿的一年级和普通小学一年级一样管理、对班级学前儿童不管不问的做法将也影响了下一级管理部门的管理，进而影响了任课教师对班级学前儿童的关注和这些儿童的认知发展。从这一角度上来说，面对混读生的一种普遍存在，当地教育主管部门应该将一年级中的学前儿童教育纳入幼教管理中，并采取以下措施进行管理：

首先，教育主管部门不应将此种班级与普通一年级进行“一刀切”式的统一管理。前文提及，上级教育管理者将之和普通小学一年级一样管理的做法极大地影响了学校和教师对学前儿童的关注。“它将影响到一年级(小学生)的成绩，哪个老师都不愿意要(接收幼儿混读的一年级)。因为影响质量了，就要扣钱。扣钱是小事……你成绩差，就把你调到外面的学校，到村上去。谁都有家有业的，谁愿意跑那么远？”“管理上没有激起老师的积极性”(Q3)。为改变这种局面，这首先要求当地教育主管部门要区分出有混读生的一年级和普通一年级；再在管理中，尤其是在对小学生学习成绩和教师教学质量进行评估时，教育主管部门可在普通一年级标准的基础上，下放几个百分点，比如下放五个或十个百分点。在这样有针对性的评估标准下，接收学前儿童在一年级混读的学校能接受这样的规定，对规定和评估标准没有原因；接收学前儿童在一年级混读的小学校长压力减少，任课教师压力也自然减少，这些老师也可能有更多时间来关注班级学前儿童。

其次，将对学前儿童的考核放入对任课教师的考核之中。上一条建议的实施可以给教师关注学前儿童提供了更多的时间和可能性，这一建议则迫使教师切实关注学前儿童及其发展。上级管理部门对一年级中的学前儿童发展给予评价也是评估教师教学质量的一个方面，这样会迫使教师切实关注班级学前儿童。当然，这里的考核不是采用书面考试的形式，而是利用口头测试或者观察的方式看学前儿童的语言表达、胆量、数数等方面的表现如何。若班级中学前儿童发展相对更好，还可从物质或者精神上奖励任课教师。

再次，对任课教师提供必要的培训。无可置疑，学前和学龄儿童同在的班级确实难教，对教师的教学和组织提出了很高的要求；而当地小学学校的任课教师来源有限，职前培训有限，也不具备教学所需的能力。在这样的情况下，当地教育主管部门可以定期组织有过教学经验或者教学优秀的老师们对混读生的任课教师进行培训，或者通过看优秀教学录像的方式帮助教师提高自身能力。

最后，教育主管部门可以组织教师一起讨论，交流研究发现和所得。混读生现象在当地已存在多年，且较为普遍。也有教师曾任教此种一年级多次，整个学校的老师都曾教授该类班级。为此，不少教师有着自己的教学经验，只是由于自身能力有限，教育主管部门置之不理，任课教师们之间交流甚少。显然，当地教育主管部门组织老师们对教学进行研讨，有利于任课教师互通有无，碰撞出思想的火花。

2. 小学学校管理人员可以有所作为

如上所述，75％的当地教师认为，在理想状态下，教师可以同时兼顾学前和学龄儿童，但任课教师需要一定的帮助。其中，62.5％的老师认为，需要本校能提供一定的帮助。在调研中，我

们也发现，个别关注本校学前儿童教育的学校管理人员会思考本校的学前儿童教育和进行一定的管理，这些一年级中的学前儿童的受教育和发展状况有些许进步。如，BY 小学、XC 小学的管理人员善于总结管理经验和教学经验，对有混读生的一年级的教学的开展、学前儿童的人数、教师的教学等做出一些相应的调整和要求，这样班级中学前儿童的发展相对好一些。为此，小学学校管理人员可以有所改进，对本校混读生的教育进行管理：

首先，控制学前儿童年龄。控制学前儿童入学年龄可以减少班级人数、减少老师的教学负担。吴玲等研究者(2002 年)认为，混读现象应有严格的年龄限制，一般只宜对 5 周岁以上学前儿童实施。我们认为，混读更宜对 6 周岁以上学前儿童实施，这是因为：

一方面，6 岁以下的学前儿童与学龄儿童(多为 7—8 周岁)年龄差距太大，教师难以在同一时空面对两个具有不同特点的儿童群体组织相近的教育教学活动，何况 6 岁以下学前儿童需要成人更多的呵护和照顾。这一做法在我们所了解的一些班级中得到了证实。比如，在所了解的 10 所小学内，8 所小学要求有学前儿童年龄在 5 周岁或者以上，对于 3、4 岁的孩子不收。其主要原因在于年龄太小的孩子还不能自理，需要老师照顾生活，再次增加教师负担。即使如此，在一些小学，尤其是当地学前儿童人数多却没有办学前班的学校，学前和学龄儿童同在一班的人数也高达五六十人。在这样的班级，教学质量更是难以得到保证，学前儿童发展更是受到影响。

另一方面，控制学前儿童入学年龄也会减少学前儿童变成"油子"的几率和程度。在一年级，班级教师兼顾两个年龄的孩子时间、精力不够，对学前儿童的教育和对小学生的教育形式相

差不大,学前儿童动手操作、游戏时间相对少,40 分钟的课堂和重复的学习内容容易造成厌学和无聊。如果学前儿童年龄过小,3、4 岁就进入班级更容易如此。为此,学校将控制学前儿童年龄在 6 岁左右,学前儿童在进入一年后成为正式小学生,这样教师的教学便于进行,也可能会减少了学前儿童对学习没兴趣的几率和程度。在 BY1 小学,教师们意识到一年级中学前儿童过多严重影响小学生教育质量,还会对学前儿童造成厌学等不利后果,但考虑到让学前儿童为入学做基本的准备(如适应常规、遵守纪律等),为此在 2008 年 9 月规定学前儿童入学的年龄的为 6 岁及以上。这样做以后,老师们发现确实减少了孩子厌学、对学习没有兴趣的几率和程度。

其次,慎重选择教师。作为学校管理者,千万不要认为入学初的前两年无关紧要,要充分认识这种班级的特殊性和重要性。学前和学龄儿童同在的班级本身是难教的班级,又是为以后学习打基础的班级,为此任课教师的选择很关键。对于存有混读生的小学,管理人员理应选择责任心强、教学能力相对好、班级组织能力强、有经验的老师作为班级的任课教师。

再次,为任课教师提供支持,如为其提供物质上的奖励、全校教师一起讨论有混读生的班级的教学问题、让有过类似经历的老师分享教学心得等等。如,XC 小学 TXC 校长对混读有很多教学经验总结,教学时“提问分两个层次,课的重点提问足龄生,基础点提问低龄生,带动低龄生;评价也不同,要求不足龄生合格,要求足龄生规范;提问时如果低龄生可以回答,再向中间程度的孩子提问;教学时大小搭配,以大带小”(H4)。再如,KL 小学学前班 QXH 老师提出“(教学)得考虑全面。分层教学,高层一点的就是年龄大一点的,接受能力强一点的,学习一年级的知识,就可以很清楚地接受。剩下的那些基础差一点,他会受到一些熏陶。管他熏陶不熏陶，你再额外地给他布置一些幼儿园方面的知识，肯定要简单一点，这节课好玩一点”(Q5)。以上这些经验总结可以建议给混读生的任课教师，以帮助其改进教学。

（二）班级任课教师可以有所作为

上文分析显示，一年级教师严重忽视了班级中的学前儿童，部分原因在于教师教育教学能力存在很多问题。改善现有的教学现状，尤其是促进教师减少无效教学时间、增强有效教学时间，进而让教师关注到学前儿童是可行的。以往研究者提出了解决混读生教育弊端的思路和策略仍是适用的：培养教师，改统一上课为分组教学；严格年龄限制，选择适合学前儿童年龄特点的教学内容；合理安排直接教学与自动学习活动，废除呆板枯燥的教学方法(吴玲等，2002 年)。

1. 教师本人在课程上的改进

改变班级教学形式，采用统一上课和分组教学相结合的教学方式。一方面，音乐、体育、美术、游戏等科目可以统一上课。这些课程趣味性强、操作性强、动手机会多，小学生和学前儿童都喜欢，不同年龄的儿童都可从中收益。当然，在这样的教学课堂上，教师应该同时关注两个年龄段的儿童，为儿童制订分层发展目标，着力于每个年龄段儿童都从中受益。另一方面，对儿童认知要求较高的课程需采用分组教学形式，尤其是在学年下半年小学生的学习内容难度加大，学前儿童不可能跟得上教学内容，这时需要教师实施复式教学，即采用直接教学和布置、完成作业轮流交替的方式，在同一节课内由一位教师对不同年级学生进行教学。

改变班级教学内容，选择适合学前儿童年龄特点的教学内容。一方面，教师可以利用如今班级使用的一年级教材，尤其是从上半学年的教学内容中挖掘出适合学前儿童学习的部分内

容。在前文“第五章　混读生早期教育的课程分析”、“课程内容”部分中，我们分析认为，如今教材中的部分内容是适合学前儿童学习、可以为以后正式成为学龄儿童学习这些内容打下基础的。比如，《语文》教材中的看图说话、动手操作、儿歌、元音、单韵母、简单的字；《数学》教材中简单数字的书写，计算、方向、大小、上下等常识，排列组合的规律，认识图形和物体、分类等。还有美术、音乐等课程中的部分内容也是可以被学前儿童学习的。当然，教师万不能以小学课本为主，更不能照搬一年级教材。在向学前儿童教授这些内容时应采用有趣的教学方式，给学前儿童动手操作、观察和发现的机会。比如，利用身边的花、草、树木、石块等自然资源，带领学生一起数数；利用教室中的环境，带领学生一起看看周围有哪些形状，它们的特点是什么；利用早读和课余时间，和学前儿童谈谈周围的事物、说说发生在他们周围的事情……另一方面，教师需要重新选择适合学前儿童的教学内容。比如，从学前班教材中选择内容教授给学前儿童；再如，从身边看得见和摸得着的山川、田野、河流、蓝天、白云，农民牵着的牛、马、羊，喂养的鸡、野、鹅，耕种的庄稼，吃的、穿的、用的生活用品中寻找教育内容。这样的教育内容涉及学前儿童应该具备的关键经验，也是贴近生活、乐于学习和容易掌握的。

2. 借用其他人员的教育力量

(1) 利用小学生作为教育资源

早期教育中实施混龄编班的意图在于增加班级的异质性，以便利用孩子们在经验、知识和能力上的不同，“以大带小，以小促大，大小共同进步”。同样的，一年级有不同年龄的儿童，即学前和学龄儿童，班级中的儿童在经验、知识和能力上的差异会带给同伴更多的刺激，同伴会产生认知冲突；且年龄相近、认知发展水平相近的儿童处在彼此的最近发展区内，同伴辅导、合作学

习这些学习策略也可为这一班级所用。为此，此种班级有潜在的、丰富的同伴资源可以利用。若发现这一点，并恰当利用，不仅可以减轻教师的负担，还可以有效促进不同年龄儿童的发展。

而实际教学中，教师是否采取过类似的方式呢？在诸多的访谈中，有7位教师回答了这一问题，他们一致认为教学此种班级十分的恼火，很少采取过“大带小”、“小助手”等方式来辅助自己的教学，只有个别教师采取过让小学生帮助老师管理纪律、指导年幼的儿童做作业的做法。

教师可以从更多方面利用学龄儿童和学前儿童在同一班级带来的教育契机和便利。如，除了让小学生或者发展较好的学生帮助老师管理纪律、指导年幼的儿童做作业外，还可以让小学生监督学前儿童完成任务、在学年开学初教他们握笔写字等。再如，让小学生和学前儿童成结对儿，前者负责后者的安全、部分学习等等。在利用同伴资源的过程中，不仅减少了学前儿童对老师的依赖，还可以促进学前儿童的成长，同时锻炼小学生的责任心、坚持性等。

(2) 挖掘和利用其他成人的教育力量

除了班级中的同伴，教师还可以借助班级中其他教师和学校中其他科目教师的教育力量促进学前儿童的发展。如，在我们所调查的个别学校将一年级和二年级的音乐、美术、体育合在一起上课，这些课程相对容易混合。不论哪个年龄段的孩子都能动起来、学生都愿意参与，在一起上课还可以减轻教师负担。当然，这样上课时应明确教学目标，制订分层目标，促进所有儿童在原有基础上获得发展。

为了促进一年级中学前儿童的发展，教师可以借助学前儿童家长的教育力量。教师可以借助家园联系、家访的方式，告知

家长孩子在校的情况，同时了解孩子在家的情况，让家长监督孩子的学习，准备学习用品和辅助材料等；开家长会对家长进行育儿指导，教给家长一些基本的学前儿童启蒙教育方法，使他们明白什么是真正的爱孩子，什么是真心地心疼孩子；还可帮助家长改变落后的育人方式，使他们协助教师，共同促进孩子的健康成长。当然，教师对家长绝不要讲什么深奥的大道理，要从他们的切身利益出发，用他们周边的活例子做比较去感教家长。如，作为家长，出去挣钱就是为儿为女，为他们的将来置嫁妆、娶媳妇，与其外出打工远隔千山万水地想家、对老尽不到孝、对小尽不到教，还不如像××家一样，从小把孩子教育成人，不但光宗耀祖，更不用为儿女未来的房子、嫁妆担忧。这样，家长对儿童的教育责任增加，任课教师的负担也得到了减轻，还可以在一定程度上改善学前儿童的教育状况。

本书著者深信，若能采取以上措施，一年级中的学前儿童受到严重忽视的情况可以得到改善，学前儿童将得到关注和发展。但不得不承认的是，上述建议对任课教师素质提出了很高的要求，在当地具备这些要求的老师很少；毕竟班级中有两个年龄段的儿童，学前儿童得到教师直接关注和照顾的程度极有可能仍然赶不上学前班和幼儿园的儿童；而且，教育管理部门能否真的承认和管理这些班级也是值得怀疑的……为此，学前儿童在一年级就读这种班级组织形式本身带有的一些弱点是难以克服的。从长远来看，混读生早期教育质量的提高需要更新、更彻底的策略。另外，混读生早期教育是特定时期产生的一种特定现象，是一种暂时的存在，随着国家对早期教育重要性认识的增加，以后的经费投入和管理也会增加，这种教育组织形式必然会消失。为此，我们应该从更长远的视角看待贫困地区的早期教育。

二、提高混读生和贫困地区早期教育质量的长远策略

图1－1混读生发展模型图显示，影响混读生和贫困地区早期教育发展的最外围因素是国家这一宏观系统。由于宏观系统对混读生早期教育影响的间接性，上文对混读生早期教育现状的考察并没有关注这一宏观系统。而实际上，尽管这一宏观系统距离混读生早期教育最远，却是最重要的影响因素，因为它影响了所有更低一层的因素(如，县市、乡镇、村寨等)。为此，在一定程度上，国家这一层面才是解决混读生和贫困地区早期教育中存在问题根本所在。也就是说，混读生到底是存在还是消失、如果允许存在应该怎么改善、如果让其消失班中的学前儿童怎么办等问题的解决，说到底，还是要看国家的政策及其执行力。

前文曾阐述到，混读生早期教育公平没有得到保证，他们可能是未来社会新的贫困阶层。解构贫困阶层代际再生产模式，促进贫困家庭子代的向上社会流动的反贫困理念，应是解决当前我国贫困儿童教育公平问题的政策理念。社会学研究表明，个体突破阶层壁垒向上流动的过程中，教育是最为重要的促进机制。通过改进贫困阶层后代的受教育状况，进而使他们在未来的劳动力市场上找到一个合适的职业位置、获得较好的社会生活机会，是改变贫困阶层代际世袭模式的主要方式。①

基于以上的认识，本书著者认为，我们应该着力解决混读生的早期教育问题。保证混读生学前教育公平和早期教育质量的措施是：明确学前教育的公益性，加强对贫困地区学前教育的投入和针对社会处境不利儿童采取补偿措施；减少和取消混读生早期教育，普及正规的学前教育；切实关注和保证农村贫困地区

① 刘精明、杨江华：《关注贫困儿童的教育公平问题》，华中师范大学学报(人文社会科学)，2007年3月。

托幼机构的教育质量。

（一）明确学前教育的公益性，加强对贫困地区幼教的投入

目前，我国广大农村地区发展落后，尤其是山区、少数民族居住地区仍摆脱不了贫困的现状。要打破贫穷及不平等造成的恶性循环，一个必要的条件就是确保每个贫困儿童都能享有最佳生命起点。本书发现，混读生早期教育的机会、过程和结果都没有得到保障，在这些儿童步入小学之初已经和来自学前班、幼儿园的儿童有了差距，他们没有享有最佳的生命起点。能保证贫困儿童最佳生命起点的不是儿童的家长、也不是托幼机构及任课老师，而是国家。国家应该对农村贫困地区学前儿童教育加强投入。

之所以国家要投入幼儿教育，是因为学前教育的公益性和基础性。学前儿童教育之所以重要，不仅仅是因为对公平的追求，更是因为人力资本投入的问题。幼儿教育对儿童的可持续发展有非常重要的奠基作用，对幼儿教育的投入就是对我国人力资本的投入，就是对国家人才的投入、对国民素质的培养，决定了以后这一国家能否在未来的竞争中立于不败之地。为此，不论是从国家的稳定，还是从人力资源开发来讲，平衡地区差距都应当是国家的责任。幼儿教育作为基础教育的重要组成部分，其普及程度、教育质量和普及九年义务教育密切相关，发展幼儿教育对提高“普九”水平，发展各类教育，构筑终身教育体系，具有基础性和先导性的作用，发展幼儿教育是整个教育事业发展的需求。[①] 也正是基于此，西方国家对幼教的投入也日益

---

① 廖浩然、田汉族、彭世华、谭日辉：《我国学前儿童教育非均衡发展现状与对策分析》，学前教育研究，2008 年 2 月。

增加，这表现为国家财政支持幼儿教育已经成为世界幼教事业发展趋势。我国政府也要清晰对农村幼儿教育的投入责任，加强对整个幼儿教育的投入。

对于贫困地区来讲，当地幼教事业的根本发展更依赖于国家的投入，国家应该为贫困地区学前儿童教育承担更大的责任，这是因为托幼机构教育经历除了能降低了贫困带给儿童的消极影响，还有长期益处，包括犯罪率减少、收入增加和经济状况提高。如，为降低贫困带给儿童的消极影响，从20世纪60年代反贫困运动开始，美国政府就用公共资金为社会处境不利的儿童和有特殊需要的儿童及家庭提供补偿性质的托幼服务与早期教育。国外研究者发现，即使在控制了家庭因素后，托幼机构教育的积极影响在处境不利儿童（包括贫困儿童）身上表现也最为显著。不论是短期还是长期的托幼机构教育经历，都对贫困儿童某方面的发展有更积极的影响（Peisner-Feinberg，E. S.等，2000年）。为处境不利儿童提供托幼机构教育机会，将提高他们从正规教育中受益的能力，使他们以更平等的身份步入成人生活（Kagitcibasi C.等，2001年）。儿童从高质量的早期教育干预中的收益包括认知发展的短期促进、学业成就的长期提高、特殊教育的减少、留级率的降低（Waldfogel，J.，2002年）。有研究者追踪高瞻计划的成效，对儿童在27岁时的发展结果进行分析，得出一个颇为有名的结论：干预中每投入1美元，纯受益7.16美元（W. Steven Barnett，1998年）。研究证实了托幼机构教育给贫困儿童带来的益处，使人们相信“来自于低收入家庭的儿童入学时在语言、健康、社会性和情感上存在的问题大多可以通过对早期学习的干预加以改善”，“尽管早期教育不是万灵药，但是基于研究的早期方案确实能提高贫困儿童的认知发展、学业成

功和儿童的生活，也有利于整个国家”[①]。不少国家提倡和致力于借助托幼机构教育来改善贫困儿童生存状态，借助这一低成本高回报的投资渠道来提升国民素质。加强早期教育，提高基础教育的起点，从儿童早期打破贫困的循环圈，是缩小社会差距和经济差异，提高国家经济竞争实力最具前瞻性的战略决策。[②]

尽管托幼机构教育对处境不利儿童及国家发展有如此多的好处，但基金会多指标类集调查和其他一些研究表明，这类儿童更有可能被排除在学前儿童保育和教育的范围之外；[③]我国政府也并未充分意识到这一点，导致我国政府投入的幼教经费本来少，且投入方式存在问题，如今越是困难的人群越是得不到其需要的基本保障；如今政府对贫困地区学前儿童教育的关注极少和投入少之又少，除了引进和联合国合作的几个项目外，国内本身没有支持贫困地区幼教的政策和措施，类似的倾斜政策也没有，导致贫困地区的学前教育常处于自然发展之中。而贫困地区自身办早期教育存在很大困难，其幼教发展从根本上还是要依赖于国家的投入。为此，在地方政府经济实力有限的情况下，国家和省级财政应给予资助，调整农村学前教育投入政策，确立以政府投入为主的农村学前教育经费投入体制，要加强中央财政对贫困地区学前儿童教育的投入。

最后，国家和政府应该对农村贫困地区学前教育进行弱势补偿和专项投入。在保证农村学前教育获得足够的财政支持

---

① Barnett WS.(1996). Long-term effects of early childhood programs on cognitive and school outcomes, Future Children, 5(3)：第 25－50 页。

② 廖浩然、田汉族、彭世华、谭日辉：《我国幼儿教育非均衡发展现状与对策分析》，学前教育研究，2008 年 2 月。

③ 联合国教科文组织：《全民教育 提高质量势在必行》，北京：中国对外翻译出版公司，2005 年，第 98 页。

时，政府部门还应该调整学前教育政策，把有限的教育资源更多地投向农村地区、贫困地区、偏远地区。借助政府的弱势补偿，农村地区可以建立更多更好的幼儿园，使农村学前儿童能够获得更多更好的受教育机会。[①] 我们主张国家对贫困地区的幼教进行专项经费投入和项目支持，这可以类似于义务教育中的支持贫困地区义务教育的专款。国家财政通过转移支付的方式，优先在农村、边远地区及社会处境不利人群集中的地区普及学前教育或者实行学前一年义务教育，以减少儿童入学初时的发展差距。

对于处境不利学前儿童的干预政策不仅可以作为缩小在入学前就已经存在的学习和发展差距的重要手段之一，而且可以解决涉及后续的义务教育效益、阻断贫困在代际间恶性循环、种族平等及社会和谐发展等重要的社会政治经济问题的重要手段之一。基于此，许多国家将处境不利学前儿童政策纳入国家的中、长期发展规划。前几年，我国正在征求《国家中长期教育改革发展规划和纲要》意见，这是对未来 12 年教育改革和发展做出的全面规划和部署，我们应该将包括贫困地区学前儿童、留守儿童、城市流动儿童等在内的弱势群体的早期教育放入这一规划之中，并明确解决这些弱势群体早期教育问题的目的、宗旨、方法、责任人、经费保证和管理方式等问题，以保证与早期教育有关的问题都能得到解决，这样的规划和纲要才更具指导意义，才更有可能解决这些弱势群体的早期教育和提高他们的早期教育质量。

（二）减少和杜绝混读生的存在，普及正规的学前教育

尽管混读生早期教育有存在的客观性和改进的必要性，但

---

① 王雁：《城乡二元结构与农村学前教育，幼儿教育》（教育科学版），2007 年 4 月，第 25—27 页。

其改进的可能性很小。为此，我们需要反思混读生早期教育未来的发展走向。首先，应该坚决贯彻执行有关学前儿童教育政策和法律规定，尽可能减少混读生的存在。与此同时，应该采取更有利的措施普及专门的学前教育，满足家长对学校的需要，也帮助儿童做好入学准备和奠定接受学校教育、终身教育的基础。依据学校类型的不同和当地各个方面的现状，我们提出了不同的普及学前教育的方式。

1. 将完全小学里的混读生安置在独立的学前班，开展正规学前教育

调研发现，该地乡村完全小学所辐射的村寨多、村寨人数多，3—6 岁儿童数量也相对多，一般都能达到 30 名以上；这些儿童的居住相对集中一些，徒步到完全小学就读的距离也相对近。在这样的条件下，小学学校可以将这些儿童合在一起，办成一个独立的混龄学前班。上级教育主管部门应在要求小学学校办独立学前班时，为其开办提供最最基本的条件，着力解决举办学前班所需的师资和教室问题，同时加强经费、教材等方面的管理。

至于学前班的教师问题，尤其是教师待遇问题，可以利用“以生养师”的模式及补助方式。因为这种班级的学前儿童人数多在 30 人以上，按照当地每个学期每名儿童 100 元左右的收费标准，除掉儿童课本费外，剩余费用基本上足以支付老师工资。若儿童收费不足以支付教师工资，可以采取和小学一样的补助措施，即上级教育管理部门为每一教师补贴每月 300 元左右，工资不足部分由小学收取的学前儿童费用中补贴。

至于学前班的教室问题，上级教育主管部门应为学前班寻找或者建立一间房舍。在该地走访各个小学时，我们发现，小学学校旁边都建立了村委会办公室或者计划生育办公室，但门多

数是锁着、使用的机会很少很少。除此之外，有的村寨有废旧的仓库或者校点合并后留下的空余的小学教室和办公室，这些都可以作为学前班的教室。当地村委会和小学联系紧密，加上乡里乡亲的情感，为此，只要小学校长去和村干部联系或小学学校和乡镇中心校让乡镇政府出面调解，借用这些场所开办的学前班教育是完全可行的。

此外，上级教育管理部门应该规范对学前班的教学、教材、经费等的管理和本校内的管理。在经费上，明确规定收取的学前儿童费用用于改善学前班室内外环境，如购买玩具、布置环境、奖励教师，坚决杜绝用学前班补贴小学学校经费不足的做法。在教材上，教育主管部门应该监控小学学校订阅的学前儿童教材质量或者帮助其订阅质量较好的教材，这些教材应该旨在促进儿童的全面发展，包含学前儿童阶段应掌握的关键经验，帮助学前儿童做好入学准备等等，那种与一年级学习内容严重重复、过于偏重知识学习的教材是不可取的。在管理上，上级教育主管部门应重点关注学前儿童班所属的幼儿园或者小学对班级的管理，比如是否对教师教学提出适宜的规定和要求，幼儿园（班）的教学目标是否关注了学前儿童的全面发展，为班级选择教材的适宜性如何，是否为学前儿童提供发的游戏机会、灵活的方案和刺激认知的材料，安全的玩具、设备和器材的供给如何等等。国内曾有研究发现，“在机构结构变量群中，影响乡村儿童的主要变量不再是城市模型中的机构内教育管理而是上级指导”[①]。在这一研究结论之下，我们也深信，在现有学前儿童教育管理极度薄弱的状态下，若当地上级教育管理部门切实加强

---

① 项宗萍、廖贻：《六省市幼教机构教育评价研究》，北京：教育科学出版社，1995 年，第 87 页。

对农村学前儿童教育的管理(如,听取汇报、检查报告、组织评比、来园指导、发放业务材料等),将会极大地促进当地农村幼教质量的提高。

2. 减少学前儿童在教学点混读,为散居儿童开展非正规教育

与完全小学不同,教学点通常只含有几个年级,全部儿童数量加起来在10—40人之间,多数教学点教师只有1—2人,教师教学压力相对大、能得到的支持更少。[①] 相对而言,教学点附近村寨的儿童数量少,在教学点举办独立的学前班会浪费校舍和师资,收取的费用也难以维持班级的基本运行,加上教学点规模小、学生人数逐年减少等原因导致当地教育主管部门不会再为教学点投入人力、财力。为此,教学点不易继续实施学前和学龄儿童同在的教学,将其改为复式班、进行复式教学的方法也不合适。考虑到教学点的现状,我们建议,减少学前儿童在偏远地区教学点中的混读,并因地制宜、因人制宜地借助非正规教育对其开展学前一年教育。

非正规教育的定义基本上得到了认同,非正规学前教育是由政府、非政府或个人发起,针对无法接受正规学前教育的0—6岁儿童,特别是处境不利儿童(如残疾儿童、家庭经济困难及少数民族儿童等),依托社区资源因地制宜开展的学前教育形式。[②] 非正规教育的价值和意义得到了认同,有研究者认为,非正规学前儿童教育使《纲要》基本指导思想——终身教育思想的理论内涵更加丰富;非正规学前儿童教育使构建和谐社会,实

① 王莹、黄亚武:《农村中小学布局调整中的教学点问题研究——基于河南、湖北的调查分析》,江西教育科研,2007年2月。

② 程敏:《非正规学前教育研究概述》,学前教育研究,2006年,第11页。

现教育公平的有效途径得以扩展;非正规学前儿童教育使欠发达地区学前儿童教育的现实矛盾获得缓解。[①] 在我国地广人稀、经济相对落后的西北部,建立大量定点的正规学前教育机构并不现实,灵活而花费低的非正规学前教育机构是一种较好的选择。这些非正规学前教育机构能够为处境不利儿童提供尽可能多的受教育机会,即实现学前教育的公平。[②]

之所以选择非正规教育这一形式,是因为它得到了政策上的承认,也有实践上的探索。在政策层面上,国家提倡开展灵活的学前教育形式,对"老、少、边、穷、山、牧、岛"地区的散居儿童实施非正规教育。比如,国家教委 1991 年颁布的《关于改进和加强学前班管理的意见》中规定,"在人口稀少、居住分散、学前儿童不足一个班的地区,可组织学前儿童活动小组(站)或游戏小组。"1992 年,我国发布的《九十年代中国儿童发展规划纲要》,明确的具体策略和措施是积极发展学前教育,坚持"动员社会力量,多渠道、多形式地发展学前教育"的方针,在经济不发达的农村和人口居住分散、交通不便的山区,牧区要利用多种形式进行学前教育。如,国务院 2001 年 5 月 22 日发布的《中国儿童发展纲要(2001—2010 年)》在提出学前教育的主要目标后,具体的策略和措施之一是"积极探索非正规教育形式,满足边远、贫困地区及少数民族地区学前儿童接受学前教育的需要"。

在实践层面上,目前国内、国外研究者都对非正规教育进行了不少探索。无论是发达国家还是发展中国家都很重视非正规

---

① 杨彦:《欠发达地区 0～6 岁处境不利儿童非正规教育价值探究》,广西教育,2007 年 5 月。

② 吴琼:《美国开端计划的教育公平取向及其启示》,学前儿童教育(教育科学),2008 年 6 月。

学前儿童教育。[①] 英国的“确保开端”项目、游戏小组、西方国家存在的大量的家庭托儿中心等也属于非正规教育，泰国、印度等国家也注重以非正规的方式对弱势群体的儿童实施教育。尤其值得一提的是，我国农村早期教育和基础教育中出现的“大篷车幼儿园”、“草原流动幼儿园”、“季节班”、“游戏小组”、“家庭学习小组”、“儿童-祖辈家长活动点”等，都呈现出非正规学前教育发展的巨大价值和生命力。目前，非正规教育已经成为这些边远贫困的农村地区学前儿童教育发展的重要形式和途径。[②] 这些非正规学前教育机构能够为处境不利儿童提供尽可能多的受教育机会；非正规学前儿童教育使欠发达地区学前儿童教育的现实矛盾获得缓解，使构建和谐社会，实现教育公平的有效途径得以扩展。[③]

为了更好地普及学前教育，我们提倡教学点不接收学前儿童入一年级混读的同时，为农村贫困偏远地区的这些散居儿童开展非正规教育。其实，非正规教育也是该县近几年一直尝试和探索的工作，具体来说：该县在2001年开始实施中国/联合国儿基会2000—2005年的ECCD项目，还实施了该项目结束后的延伸项目IECD。2002年，为使ECCD项目深入人心，县教育局积极开展对项目的宣传工作，各中心校、幼儿园纷纷利用广播、电视、宣传栏、图片资料等形式在场天，各种会议上对干部、广大群众进行宣传。2002年该县开展非正规教学的探索，以各幼儿园（班）为中心，辐射所在社区，开展非正规学前儿童教育（PT县史志编纂委员会，2005年，第634—636页）。2004年，该县共

① 张燕：《非正规幼儿教育探析，幼儿教育（教育科学）》，2006年，第7—8页。

② 张燕：《非正规幼儿教育探析，幼儿教育（教育科学）》，2006年，第7—8页。

③ 杨彦：《欠发达地区0～6岁处境不利儿童非正规教育价值探究》，广西教育，2007年5月。

有非正规教学点 13 个，学前儿童 687 人；2005 年，该县共有非正规教学点 20 个，学前儿童人数 712 人；2006 年，建有非正规教学点 23 个，有 750 名散居学前儿童得到不同程度的教育；2007 年，建立非正规教学点 24 个，668 名散居儿童从中受益。另外，2004—2007 年建立的资源中心数量分别为 8、13、15、15 个。据了解，这些非正规教育形式开展开放式教学教研活动、育儿指导（如，卫生保健、儿童发展与心理、家庭教育常识）、送教下乡（带领学前儿童做游戏、做手工）、亲子游戏等活动，让散居儿童和家长受益匪浅。另外，当地非正规教学点和资源中心的数量、受益儿童数量逐年增加，非正规教育显示出其生命力。但与此同时，这些贫困地区在开展非正规教育时存在的一些问题是应该避免的，这些问题表现在实施人员、时间、内容、频率、经费保障和上级管理等方面。

如，在实施人员上，多数贫困地区实施的非正规教育都是由乡镇中心幼儿园老师执行的（见照片 8－13 和 8－14 是 YZ 镇中心幼儿园的老师利用晚上时间做入户指导）。尽管这些教师素质相对较高，工作积极性较好，但毕竟数量极其有限，能从中受益的儿童数也较少。如，在开展非正规教育时，教师们抽取周

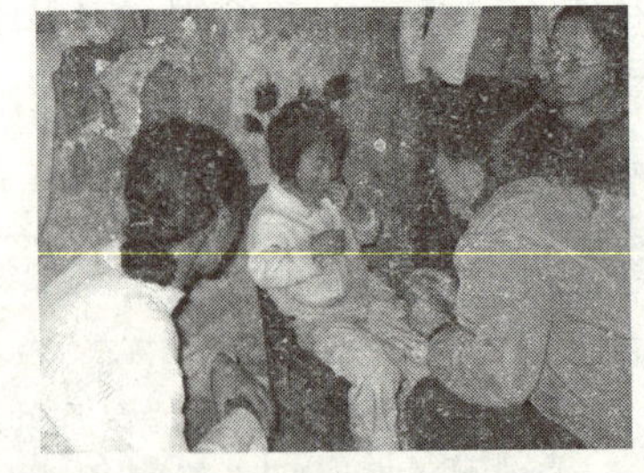

照片 8－13 和 8－14　乡镇中心幼儿园老师利用晚上时间进行入户指导，摄于 20060917

末、寒暑假的时间到非正规教学点开展活动，开展活动的具体时间和次数由这些教师所在的托幼机构自行决定。为此，非正规教育活动的时间和次数较为灵活，但也存在幼儿园随意减少活动时间和次数、对该类活动不负责任的问题。

再如，在实施内容上，县级教育主管部门为非正规教育的开展规定了一些大致的教学框架，但具体内容由幼儿园老师选择，教师多选择了动手制作、画画、亲子游戏等内容。又如，在教育经费上，县级教育主管部分从开展的项目中拨款给乡镇中心幼儿园开展项目(项目的内容不仅仅包括非正规教育)，幼儿园从这些拨款中抽取点滴补充教师的交通费和餐费，若有剩余曾放在过年过节时对教师给予偶尔的物质奖励。

在管理上，各级教育主管部门对非正规教育的管理依然不足。具体来说：尽管县教育局的年度幼教总结中总是提倡对偏远散居开展非正规教育，但上级没有明确规定开展活动的时间和频率，也没有规定教学内容、覆盖面，也没有对实施效果的检查。为此，活动开展如何都取决于乡镇中心幼儿园管理人员的管理。在我们所调查的地区，非正规项目开始之初，幼儿园管理人员和教师投入精力多，热情高涨。比如，在2006—2007年，YZ镇幼儿园的教师每个月的一个周末都会送教到BY小学的非正规教学点。随着时间的延长，教师表现出疲倦、拖沓，更加随意。到2008年9月非正规教育项目结项后，幼儿园和下属幼儿园、非正规教学点的联系基本没有，自然也没有送教到散居儿童、对散居儿童的非正规教育了，只有BY小学的一间教室里还粘贴着当时活动留下的几张图画。

在评价上，多用正规托幼机构的标准来评价各种非正规学前教育机构，这显然是不公平、不现实的。因为两者在性质、功能、经营和管理方式等方面有很大差异，衡量标准也应该有所不

同。用这些“标准”来评价和衡量非正规学前教育机构，要“一刀切”、整齐划一地达到正规托幼机构的标准，不顾其特点和实际情况的做法其实是对教育资源的封堵，不利于满足社会日益多样化的教育需求和幼教事业的多元化发展。①

北京师范大学张燕教授就北京四环市场周围的散居儿童开展了非正规教育，得出了很多经验。这一研究团队就四环游戏小组这一非正规教育开展的可行性和必要性，课程、政策支持等进行探索，还建设了专门的网站（http://www.crn.net.cn/labo/2005/sihuan.html）展示活动进程和思考。张燕教授（2006 年）认为，制约非正规学前儿童教育发展的因素主要有自上而下的事业发展思路与市场经济不相适应、对学前儿童教育的管理职能窄化、职能部门对相关政策和自身职责不明晰、缺乏相关部门之间的联系沟通和协调配合、缺乏服务意识等。这在我们对贫困地区非正规教育项目的考察中也得到了验证。

如上所述，开展非正规教育的实施人员、时间、内容、评估、制度保障和经费来源等等问题都需要解决，如今的非正规教育的地位、推广等面临很多困难，对其定位、管理还没有一个明确的说法……这影响了这一教育形式的开展效果。但我们深信，这一灵活而花费低的非正规学前教育机构特别适合于我国地广人稀、经济相对落后的被研究地，并且将缓解欠发达地区学前儿童教育的迫切需要与正规教育无法到达这一矛盾；还能支持贫困山区散居儿童发展的需要，满足家长和学前儿童对学前教育的需要。在上级管理得当、教育内容适宜、教学方法有效、教学

① 朱丽芳、程敏，农民工子女接受非正规学前教育的政策环境探究——基于四环游戏小组的实践[EB/OL]，http://www.crn.net.cn/labo/2005/sihuan_21.html，2009-1-15。

时间得到保证的前提下，必定可促进了散居儿童的发展，帮助他们做好和正规学前教育儿童一样的入学准备。

本书提示我们应该、也可以对处境不利儿童采取补偿教育，但这种补偿教育不是貌似有教育机会、实质上是陪读或者跟读或者混读式的教育，而是真正的、高质量的学前教育和早期教育。若想提供这样早期教育，自然需要我们关注农村贫困地区托幼机构的教育质量，并采取措施保证这些地区的托幼机构教育质量。这就是接下来要讨论的话题。

（三）关注和保证农村贫困地区托幼机构的教育质量

1. 关注贫困地区托幼机构教育质量至关重要

本书发现，混读作为贫困农村地区学前儿童的一种安置形式，儿童早期教育现状不容乐观，它在促进学前儿童认知发展上的作用也不显著。人们所深信的早期教育重要性，尤其是托幼机构教育对于改善贫困等社会处境不利儿童的益处，在本书中没有得以发现。国外研究者发现，儿童较早进入保育机构对于学业准备发展有强的促进作用，尤其是对于那些低收入或者少数族裔家庭儿童而言（Christian M. Connell 等，2000 年），但是本研究却没有证实这一研究发现。另外，农村集体教育机构的儿童在个性、认知、语言等方面都显著地优于散居儿童，①幼教机构对促进乡村儿童的发展，尤其是认知发展起着重要的作用，②也没在有过混读经历的学前儿童的入学认知准备发展上得到体现。那为什么混读生有了接受教育的机会，却没有获得认知上的发展呢？为什么和混读生处在同一地区的其他学前教

① 潘仲铭主编：《农村幼儿教育体系研究》，北京：教育科学出版社，1999 年，第 140—164 页。

② 项宗萍、廖贻：《六省市幼教机构教育评价研究》，北京：教育科学出版社，1995 年，第 165—198 页。

育安置类型(学前班和幼儿园)中的儿童在认知准备发展上更好一些？这是由这些托幼机构教育质量的差异造成的。国外研究者发现,托幼机构教育质量调节了接受托幼机构教育带来的益处。[①] 我们对混读生早期教育现状和儿童认知准备发展的研究发现佐证了农村贫困地区托幼机构教育质量的重要性,即对于学前儿童来说,托幼机构教育质量总要达到一定的“度”、达到一定的质量要求,才能对儿童发展起到推动作用。否则,类似于混读的只提供学前教育机会,仅仅是保证安全的看管、监督,是不能促进学前儿童发展的。就像 Barnett WS.(1998 年)所强调的,如果教育方案不能为儿童提供持续集中的学习环境,或者只是看管性质的方案,那方案不会产生人们期望的结果。很多儿童,特别是来自低收入家庭的儿童,进入保育质量低劣的托幼机构,不仅不能促进他们的学习和发展,反而会危害他们的学习和发展。[②]

照片 8－15　CZ 小学学前班的门口,摄于 20060919

① Anna C. Moore, Sadika Akhter, Frances E. Aboud(2007). Evaluating an improved quality preschool program in rural Bangladesh, *International Journal of Educational Development*, In Press, Corrected Proof, Available online 12 July 2007

② 芭芭拉·鲍曼等著,吴亦东等译:《渴望学习》,南京:南京师范大学出版社,2005 年,第 7 页。

照片 8－16

照片 8－17　CZ 小学学前班的室内环境，摄于 20060919

研究者在调研中一再强烈地感受到，在贫困地区，不仅仅是混读生早期教育，整个地区学前儿童教育生存环境差，贫困地区幼教质量需要得到提高。如，在物理环境上，这里托幼机构的室外场地小、设施极少；孩子们往往坐在小学不要的、狭小黑暗的、没有通道的教室里，三四个孩子坐在高低不平的一张桌凳上学习(照片 8－15—8－17 为一所村小学前班的室内环境图，我们在很多小学都看到了类似的场景；照片 8－18 是我们看到的最好的学前班的环境布置，还配备了小凳子和小桌子，但这样的幼

儿园极少，在我们考察的4个镇只有一个这样的学前班）；不论是哪种学前教育安置类型，玩具都较少，也普遍缺少辅助教学所需的教具。在健康安全上，幼儿园（班）“实行保育和教育相结合”这一规定并没有在农村贫困地区得到体现。如，在课程上，本应“以游戏为基本活动”的学前儿童教育课程在这里“小学化”倾向极其严重，孩子们只是每日按照学龄儿童一日生活安排表上课、下课、写作业，没有操作材料和动手机会，背着小手仰视讲

照片8-18　我们见到的最好的学前班，摄于20060912

台上的教师，倾听教师枯燥、乏味的说教；更糟糕的是，学前班、一年级中的混读生学习的内容和小学一年级有着诸多的重复，过于注重认知、数数、拼音等知识。再如，在幼教师资培训上，这里的幼儿园（班）老师接受职前和职后培训的机会都很少、仅有的培训内容和形式十分单一……这里绝大多数的农村幼儿园（班）根本达不到1990年贵州省教育厅颁布的《贵州省幼儿园办园基本条件（试行）》（黔教幼通字第216号）中对开办幼儿园（班）提出的基本条件，如农村幼儿园要“有学前儿童图书，人均五本以上”，学前班要“有学前儿童图书，人均一本以上”，“有供学前儿童游戏的各种自制玩具”，“有完成各项教学任务的基本

教具，如各种挂图、贴绒教育、计算卡片、儿童打击乐、彩色笔、泥工和纸工用具、自制植物、昆虫标本”等等。

1983 年 9 月，国家教育部颁布了《关于发展农村幼儿教育的几点意见》，指出农村学前儿童教育中存在的问题：“农村幼儿教育工作在不少地方尚未受到应有的重视，领导工作薄弱，事业发展缓慢；事业经费缺乏，办园条件很差；幼儿教师待遇低，很多地方还不能兑现，影响队伍的稳定；绝大多数教师未受过系统的专业训练，教育工作中比较普遍地存在着小学化、成人化的倾向，幼儿园的数量和质量均不能满足群众的要求。”25 年后，我们看到，农村地区幼儿教育发展依然普遍存在这些问题，农村学前儿童教育状况未得到改善。但是，谁又知道这里的学前儿童教育状况如此糟糕？谁又知道孩子的生活状况如此让人堪忧？当我们看到教育统计报告中，农村幼儿园（班）数量增多、农村学前儿童入园（班）率不断上涨的时候，我们哪里知道孩子的真实生活状态竟是这样！当政府部门看到自己管理的功绩时，是否曾想过这些被计算在幼儿园（班）率的学前儿童真的是在接受“学前教育”？即使承担幼教管理职责的乡镇教育管理部门，面对这一切也只不过是熟视无睹。这里多数的幼儿园（班）还不能达到办园（班）的基本条件，我们怎么能期望这里的孩子做好了入学准备，能和城市孩子一样“站在同一起跑线”上？

对于以上询问，我们认为部分原因在于我们对农村托幼机构教育质量的长期忽视。尽管农村托幼机构教育质量更加重要，但在我国一直没有得到足够的关注。这表现在：长久以来，人们更多地关注农村托幼机构学前教育的普及率，各级教育主管部门在不断制订新的教育发展规划中要求学前教育普及率不断提高；每年各地的各种教育发展报告、统计公报也较多报告普及率情况，极少关注这些机构的教育质量和儿童发展状况，也就是轻在“提高”，尤其是西部贫困和边远地区；各地各级教育主管部门颁布的《幼儿园（班）办园基本条件》对开办幼儿园（班）做出了基本的规定和要求，但没有对其需要的资金和管理等给予投入，农村托幼机构处在自由发展之中，至于是否在达到要求后开办园（班）上级教育管理部门是不在乎的；各级教育主管部门颁发的质量标准在评价内容、指标、目的、组织实施、信度效度等方面存在问题；即使制订了托幼机构教育质量评估标准，也没有得到真正的落实，更没有得到监控……当我们为农村学前儿童入园（班）率增加、“数量”的提高而沾沾自喜的同时，应该关注一下学前儿童在这些机构中的生存状态和这些教育机构的教育质量了。

联合国教科文组织对全民教育的研究发现，“如果不实行真正的教育，只是将称作‘学校’的空间填满孩子，这样连定量目标都不会实现。因此，学生在校就读时间就已成为教育过程和教育结果的一种表达，这种表达实际上十分有用，但在概念上很不确定。从这个意义上讲，教育的定量方面近年来已成为决策者关注的主管焦点实在令人遗憾”[①]，并认为，全民教育提高质量势在必行。这一结论同样适用于我国的早期教育。在各级各类教育快速发展、城乡经济财力不断增长的形势下，作为基础教育之基础的学前教育的城乡差距反而在不断加大，有悖于我国当前强调教育均衡和社会公平的价值取向，[②]这样背景下的农村贫困地区托幼机构教育质量更需得到关注和提高。

2. 提高贫困地区托幼机构教育质量势在必行

在从心理上认同托幼机构教育质量重要性的同时，我们更

---

① 联合国教科文组织：《全民教育 提高质量势在必行》，北京：中国对外翻译出版公司，2005年，第97页。

② 庞丽娟：《把握机遇 明确思路 迎来学前教育事业发展的美好明天》，学前教育，2009年，第4页。

应该采取积极的措施来保证农村托幼机构教育的质量。本书发现，我国农村贫困地区多数学前教育机构对儿童早期的发展有重要的补偿作用，这表现在与混读生、散居儿童相比，学前班和幼儿园的儿童都获得了发展。这一结论证实了以往的研究结论（潘仲铭，1999 年，第 140—164 页；项宗萍等，1995 年：165；Christian M. Connell 和 Ronald J. Prinz，2000 年）；父母文化水平较低的地区，幼教机构教育是对将家庭教育不足或不利的一种重要补偿，这种补偿对促进家庭环境不利儿童的认知发展有着更加明显的效果；[①]参与早期教育机构的经验能促进社会经济地位不利儿童的认知、言语、识字、数学技能，为他们提供更好的入学准备。[②]

与此同时，我们也部分程度上证实了国外研究者的另一研究发现，即相对高质量的托幼机构才能促进学前儿童的发展。尽管没有进行客观的托幼机构教育质量评估，但观察和直觉告诉我们，相对而言，学前班和幼儿园的早期教育质量比混读生好一些，这在班级的物理环境、课程、师幼互动等方面得到了体现。国外研究者发现，综合的、集中的、长期的、高质量的学前机构能为贫困儿童提供额外的社会性和语言刺激，这些刺激对早期阶段来说是关键的；贫困儿童托幼机构的教育质量与儿童的认知、语言、感知动作和社会情感能力呈显著相关，来自质量高的综合儿童发展服务（ICDS）中心的儿童在动作技能、记忆、言语和数字上好于另一中心的儿童（Nirmala Rao，in press）；与活动或方

① 项宗萍、廖贻：《六省市幼教机构教育评价研究》，北京：教育科学出版社，1995 年，第 165—198 页。

② Gorey K M.(2001). Early childhood education: a meta-analytic affirmation of the short-and long-term benefits of educational opportunity. School Psychology Quarterly, 16(1): p.9 - 30.

案有关的质量得分预示着儿童在认知和学业准备测查上的得分(Anna C. Moore 等,2007 年)。

基于托幼机构教育对贫困儿童发展的重要性和托幼机构教育质量的重要性,我们认为,在如今的教育现状下,制订托幼机构教育质量标准、严格执行这些标准、保证教育质量是重要的,也是必需的。对于我国来说,"重视早期教育机构的质量保障,制订质量框架,并根据标准评价和规范机构质量在未来很长时期内仍是我国的政策重点"[①]。只有这样,才能保证农村托幼机构教育的最低质量之上才可能促进儿童发展,否则又可能会出现为学前儿童提供机会、但没有促进儿童发展的现象。本书发现,一年级没有针对学前儿童的课程,且课题互动和师幼互动质量差(特别是在教育支持上),这可能是影响混读生认知准备发展的两个关键因素。我们认为,对贫困地区早期教育质量的关注和评估也应该首先从关注这两个因素开始,以此为核心展开对其他教育因素(如,物理环境、健康安全、师幼比等)的关注。

(1) 课程,尤其是教材建设

对于一年级中的学前儿童来说,一年级的教材显然是不适合学前儿童的,尽管在第一学期的部分内容是可以教授给学前儿童的,但随着知识程度的加深,学前儿童无法理解和接受的内容也日益增多,即使教师再努力讲授,可能也是学前儿童无法接受的。但显然,一年级的教材是不适合学前儿童的。如果允许混读现象的存在,学前儿童教材的更换或许是必需的。那是否可以换用当地学前班的教材呢?

对研究地学前教育的调研还发现,2006 年、2007 年的学前

---

① 郭良菁:《超越"质量话语"应是我们的政府抉择吗——我们的质量评价可以从〈超越早期教育保育质量〉中吸取什么》,学前教育研究,2009 年,第 2 页。

班教材不统一，是小学学校管理人员自己订的。有的使用贵州省人民教育出版社少儿室编写的《农村学前一年教材》综合课程，有的使用《数学》、《拼音》、《识字》、《写字》等分科课程。2008年9月，县教育局为这里的幼儿园班统一订了中央教科所早教研究中心研发的《幼儿园和谐发展课程》教材，为学前班征订的是伍泽波主编、广州出版社出版的《新天地学前班素质教育丛书》，本书选择这套教材来分析。这套教材包含了13本书。考虑到节约成本的问题，如今县教育局根据自己的认识和当地现状，除了为教师订了《教学参考书》外，学前班都选择了侧重于认字、数数的《语言》、《数学》、《拼音》《语言练习册》、《数学练习册》、《拼音练习册》这6本教材。但不同学前班订的书本数不同，还有个别学前班定了《美术》、《社会》、《科学》，但没有学前班订《音乐游戏》、《健康》、《家园联系手册》。学前班教材虽由县教育主管部门统一征订，但县教育局对征订的教材一再更改，有的学前班教材每年一变，让很多老师刚刚熟悉教法的情况下，又要重新适应新的教材，这种频繁更换教材的做法在一定程度上影响了教学效果。这些教材在内容、形式上都存在着严重的问题，教师的教授方式存在单调、无辅助资源等问题，具体来说：

教材内容十分单一、与一年级教材重复严重。如，第一学期的《拼音》的内容是有关6个单韵母和所有声母的学习，具体内容包括：认识 a、o、e、i、u、v，复习；认识 b、p、m、f、d、t、n、l，复习；认识 g、k、h、j、q、x、z、c、s、zh、ch、sh、r、y、w，总复习。第二学期的《拼音》的内容是把复韵母学完和学习拼读。再如，第一学期的《数学》共32页内容，具体内容包括：在学习分类、区别上下远近前后左右、比较大小长短高矮和轻重厚薄粗细、学习排序后，更多的内容是学习2—10，1—10的序数、倒数，2—10的组成和加减。第二学期的《数学》学习计算。又如，《语言》教材共32

页，每页一次教学内容，具体的内容有上学啦，美丽的秋天，看图识字、组词、学句 4 次，学组词 2 次，认识方向，对比歌，小猫种鱼，学说反义词，学动词，猜谜语，农村娃娃本领大，草地上的故事，蜈蚣的溜冰鞋，看图学唐诗，秋天的水果，小花裤，学编儿歌，太阳和北风，聪明的小白兔，刻舟求剑，一封图画信，冬天不怕冷，新年是什么。再如，《科学》教材内容多是在介绍各种东西的用途、特点，介绍的方式总是用简单的画列举出各种用途、特点，读者看后的感觉是编者要把和要介绍的主题相关的内容都列出来。这些一个个的内容之间基本上没有什么联系，学完一个接下来学的东西和上次学的东西没有关系。此外，部分内容还存有知识错误。如，《科学》教材的认识鱼类中将鲸鱼和海豚归为鱼类。这套教材很受当地老师和家长的欢迎。多数学前班的教师们和管理者(通常是小学校长)认为这些内容就应该是学前班孩子学习的，它们能为小学一年级的学习打好基础；家长也认为，孩子来到学前班，交了钱，就应该学这些拼音、数学知识；加上是县教育局统一征订，为此每个学前班都会订阅这本书。但毫无疑问，这种和小学一年级学习内容的严重重复，偏颇关注知识，质量极差的教材将会严重影响了学前儿童的全面发展。

除此之外，这些教材的呈现方式十分单调：基本上是一页呈现一次的学习内容，只有几张彩色的画和配有的汉字，最下面一两行是给教师的教学提示，也没有配套的挂图、磁带等辅助材料。如，《科学》教材内容多是在介绍各种东西的用途、特点，介绍的方式总是用简单的画列举出各种用途、特点，教师教学时可发挥的空间非常小。照片 8 - 19 是《科学》教材一次学习内容的呈现方式，其内容是“树木与人类”，文字有“树木吸收二氧化碳，释放氧气；给人类带来营养丰富的水果；木材能造纸、做家具；木材能建房；橡胶树可以做橡胶轮胎和雨鞋”，文字上面是图片。

照片 8－19　《科学》教材中的“树木与人类”,摄于 20080922

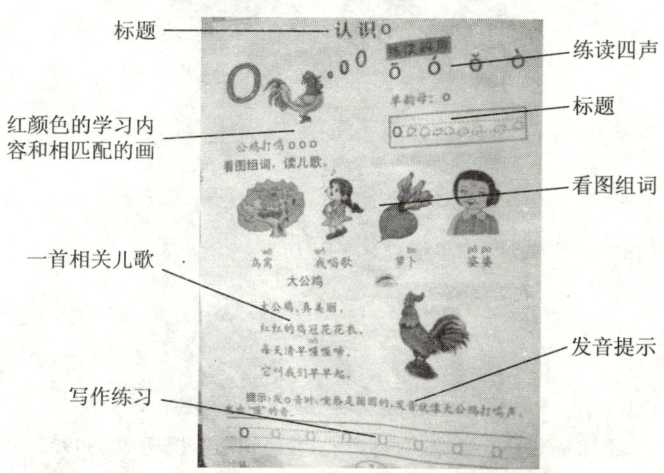

照片 8－20　《拼音》教材中的“认识o”,摄于 20080922

再如,照片 8－20 是《拼音》教材中学习内容的呈现方式。每页拼音的学习内容都是一面的内容,除掉最上面的标题,这一页的内容划分为三个部分:第一部分是突出主要学习内容和这个学习内容的四声。之下左侧是红颜色的学习内容,配有一小幅画,一般是和要学习的内容有关的一个动物或者一个场景。在声母和配图下面是有韵律的一句内容。在它们的右边,是练读四声,下面是标有四声的这个声母。还有在最前面写有一个声母、后门有空的四线格。第二部分是看图组词,读儿歌。前半部分是和学习内容有关的词语,下面是一首小儿歌。第三部分是学习提示:应该怎么发这个音。第四部分是韵母的写好,占了较长内容的四线格,第一个是写好的、实体的韵母,后面是 7 个虚写的声母,小朋友可以照着它们写,或者直接在虚写的上面描红。又如,照片 8-21 和 8-22 是《语言》教材中的"看图识字、组词和

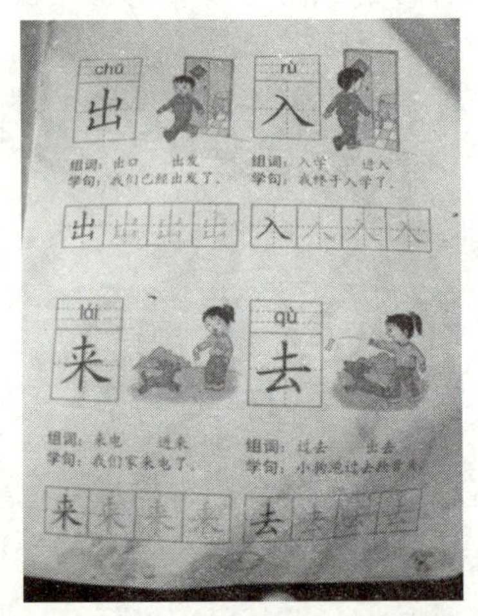

照片 8-21 《语言》教材中的"看图识字",摄于 20080922

学句"和"学组词"内容的呈现方式,"看图识字"每次学习 4 个字,上面两个,下面两个。每个字用田字格标出读音和写法,同时配有一幅画辅助说明;之下是用这个字组成的词和写上的一

句话，再下面是四个田字格，第一个写出这个字的实体的正确写法，之后是三个虚写的田字格，让孩子用来照着描红。“学组词”每次学习 4 个字，在最左边用田字格呈现这一字的拼音和写法，右边则是两幅画和画相对应的组成的词。

照片 8-22　《语言》教材中的“学组词”，摄于 20080922

最后，这些教材没有配套材料，除了《教学参考书》和科目相配套的《语言练习册》、《数学练习册》、《拼音练习册》外，再无其他辅助材料，甚至连一些简单的备选活动都没有，更没有我们熟悉的与课程内容直接相关的教学挂图、VCD 和磁带、手工小制作需要的材料，也就是说学前班的教材没有任何的资源支持。这意味着教师只能依靠自己的主动性来寻求支持，而实际上，贫困地区的这些教师们意识不到对学前儿童开展教学需要辅助材料，也无意发觉身边可使用的材料作为教学辅助，也没有时间去做这样的准备工作（因为一个老师教授一个学前班，在上班时间他们需要一天到晚地和孩子在一起）。为此，他们通常像小学教师一样，站在讲台上，只是靠一张嘴、靠讲解来完成这些内容的教授。

调研中，我们还发现，当地幼儿园孩子的总体发展状况良好，除了因为他们家庭经济条件较好、生活在乡镇和任课教师素质较高外，更重要的原因在于他们所学习的教材内容。尽管县教育局为幼儿园征订的教材在变化，但总体上看来，这些教材编写者较为权威，教材是多家单位，特别是幼儿园多次实践，合作的成果，其内容覆盖面广，关注了学前儿童发展的关键经验，其配套资料也都有学前儿童练习册，多配有挂图、磁带或者 DVD 等，为此教学资源相对充足。比如，2006 年 9 月，当地县教育局统一征订教材，所有幼儿园都使用了南京师范大学出版社出版的《幼儿园活动整合课程指导》，这套教材按照年龄段分开实施教学。其教学内容相对较为丰富，较为注重儿童的全面发展。2008 年 9 月，县教育局为这里的幼儿园班统一订了中央教科所早教研究中心研发的《幼儿园和谐发展课程》教材。该套教材 2007 年 6 月出版，涵盖健康、语言、社会、科学、数学和艺术等领域，其中健康分为身心健康和身体锻炼，艺术含有音乐和美术。

在拿到这些教材后，幼儿园教师按照本园实际将教材分为语言、社会、科学、艺术等五大领域或者具体科目进行分科教学。具体内容绝大多数按照教材上的内容来讲授，尽管这些教材内容偏重于城市学前儿童生活，与贫困地区早期教育有一定的差距(据当地幼儿园教师反馈，有些城市内容不适合农村，因为“老师和娃娃见过的东西少，没有见过，像天方夜谭，上课也不感兴趣”)，但正如上文所说，其编写者经验丰富，其内容覆盖面广，关注了学前儿童发展的关键经验，为此，极有利地促进了儿童的发展。

这里对幼儿园所使用教材的肯定，并不是意味着本书著者

主张当地学前班和混读生统一采用这一教材，而是想以此说明课程是影响贫困地区学前儿童发展的极为重要的因素，未来应该着重思考为贫困地区学前教育建构一套质量高的教材。因为农村贫困地区的教师不可能按照我们的理想设想，每日一心扑在教育事业上，也不可能让他们去联系学前儿童的经验、当地周围可利用资源和儿童的兴趣去做“生成”课程。如果我们能为教师提供适宜的学前儿童教材，教师能够按照教材去教、去完成教学任务已经是非常好的情况了；哪怕这种教授以教师为中心、讲授为主的教学方式，必然也可以促进儿童的发展。为此，到底什么样的教材是应该提供给农村学前儿童的、教材应该包含有哪些关键经验以帮助学前儿童做好入学准备是应该思考的。

国外研究者一致认可高质量早教的特征之一是其学习内容应富有认知发展刺激。研究者(Barnett WS.)提出，生活在美国的每一个贫困儿童都应该在入学前获得至少一年的、含有丰富师幼认知互动的高质量教育——半日制或者全日制儿童养育方案。[①] NICHD 的研究也发现，来自低收入家庭的儿童从学习支持中受益，支持的形式是敏感的养育、认知发展刺激。[②] 绝大多数的评估已经发现，当使用儿童自发的游戏机会、灵活的方案和刺激认知的材料时，认知和社会性发展从高质量的保育中受益。[③] 从这些研究中，我们可以肯定，未来我国农村地区早期教

---

① Barnett WS.(1996). Long-term effects of early childhood programs on cognitive and school outcomes, *Future Children*, 5(3): p.25 - 50.

② McCartney, K., Eric Dearing, Beck A. Taylor, Kristen L. Bub(2007). Quality child care supports the achievement of low-income children: Direct and indirect pathways through caregiving and the home environment, *Journal of Applied Developmental Psychology*, 28: p.411 - 426.

③ Frances E. Aboud(2006). Evaluation of an early childhood preschool program in rural Bangladesh, *Early Childhood Research Quarterly*, 21(1): p.46 - 60.

育质量得以提升的重要因素是为当地儿童提供含有促进其关键经验掌握的课程。

在教材建设上，我们认为，除了“编制农村儿童认知入学准备教材，制订目标细化的、有操作性的，涉及多个认知概念范畴的学前教育机构认知入学准备实践指导方案，为更多的农村学前教育机构帮助儿童进行入学认知准备提供切实可行的教学资源库支持”①外，幼儿园(班)教材应该切实《幼儿园教育指导纲要(试行)》对“教育内容与要求”的规定，使教材包括多种学科知识的广泛内容，建构在学前儿童已有知识经验的基础之上，旨在促进儿童在体能、智力、情感和社会性、艺术等方面全面发展，包含学前儿童阶段应掌握的关键经验，帮助学前儿童做好入学准备。

对于学前儿童应掌握的旨在促进做好入学准备的关键经验，我们可以借鉴教育部最近颁发的《3—6 岁儿童学习与发展标准》中的部分内容，特别是不同年龄段幼儿在身体、语言、社会、科学、艺术五个领域应该达到的发展水平，将学前儿童应掌握的关键经验提取出来；之后由专家引领，组织经验丰富的一线幼儿园教师(最好能包括部分农村教师)为掌握这些关键经验设计教学活动，并进行多次试教和修改，将教学内容编写成幼儿指导用书。当然，配套的教师用书应包括教师用书、儿童学习材料、必要的挂图、常用的教育资源等。教师用书应符合《3—6 岁儿童学习与发展标准》中“支持性策略与活动部分”的要求，针对当前学前教育过程中普遍存在的困惑和误区，列举一些能够有效促进农村贫困地区儿童学习与发展的教育途径与方法，特别是提供部分具体的教学过程供教师作为执行指南、提供一些常

① 柳倩:《农村学前儿童认知准备发展研究》，华东师范大学博士论文，2008 年。

见教育资源的举例、提供一些如何挖掘和利用农村生活中的日常教育资源的案例供教师作为参考，以此为幼儿园教师提供了具体、可操作的指导。

(2) 师幼互动

以往研究者对农村贫困地区学前儿童教师存在问题的考察主要从教师学历、专业对口、职前和职后培训、稳定性等角度来考察，提出的具体对策也着重于提高学前儿童教师在这些方面的表现，并认为学历的提升、培训的增加必然提高教师的技能技巧和儿童的发展，而本书的研究部分证实以往发现的同时，更是发现师幼互动这一长期被忽视的领域则可能是影响班级儿童发展的最重要原因。

本书调研发现，混读生教师的学历比学前班教师更高，不少混读生的教师是大专毕业的在编教师，而绝大多数学前班教师都是中学或更低学历的代课教师，他们有的从没有接受过任何与教育有关的培训，但学前班儿童在认知准备发展上好于混读生。由此看来，影响学前儿童发展的关键不是教师学历的高低，而是教师是否真的将儿童看作受教育对象，对之进行真切的关注和倾注心力对其进行教育，这就是师幼互动的质量。Andrew J. Mashburn(2008)等人在使用CLASS和其他儿童发展测查工具进行的调研发现，“情感支持的质量与学业和语言技能的发展无关，但教育支持的质量与学业和语言发展的测查呈正相关”，本书调研发现了混读生的课堂互动，尤其是教育支持的质量很差，尽管本书没有计算师幼互动质量与儿童认知准备发展的相关，但还是认为两者确实紧密相关。

除了本书的研究发现，师幼互动质量的重要性在国外研究中也得到证实，比如“与教师结成呼应性的人际关系有利于学前儿童养成学习品质，促进学前儿童能力的发展。学前儿童的社

会能力和学业成就受到早期师生关系质量的影响,同时受到教师如何关注学前儿童学习的影响”①;对于处境不利儿童来说,“学前儿童如果有照料者为他们提供大量的语言和认知刺激,如果照料者对他们的需求敏感并积极地对他们做出反应,如果能够基于他们充分的关注和支持,那么他们在各个发展领域都将优于那些没能获得这些重要输入的孩子”②。

在师幼互动质量的提高和改善上,国外研究者还提出了优质师幼互动的标准,比如 CLASS 中对高水平课堂互动的描述、诸多托幼机构教育质量评估工具中提出的师幼互动标准。尽管这些标准来自西方国家,我们没有理由、也无法期望贫困地区教师能达到人们期望的高质量师幼互动的标准,但师幼互动、课程等过程性教育质量标准是各国和各个地区都关注的(周欣,2003年),这些优质师幼互动具备的特征是未来我国农村地区教师应该重点提高的技能技巧和这些地区托幼机构方案应该为之努力的方向,它自然也是以后所有幼儿园(班)师资培训应该重点关注的内容。

调研发现,在教学方式上,当地学前班教师多是中学(以初中为主)毕业的女孩,本身没有接受过正规的培训,也没有看过较好的学前儿童教育教学的示范课,他们对学前教育的理解、任教方法都是自己受教原始的经验,或者从前任或者其他学前班老师或者小学老师那里学习如何教。学前班只有一名老师,面对几十名学前儿童,每天能完成教学任务和保证安全就很辛苦了。学前班课程实施和以往研究者对农村学前儿童教育的研究

① 芭芭拉·鲍曼等著,吴亦东等译:《渴望学习》,南京:南京师范大学出版社,2005 年,第 6 页。

② 杰克·肖可夫、黛博拉·菲利普斯著,方俊明、李伟亚译:《从神经细胞到社会成员:儿童早期发展的科学》,南京:南京师范大学出版社,2007 年,第 270 页。

发现一致:活动形式单调,基本上是以集体班级教学为中心安排与组织在班学前儿童的一日活动的,普遍采取教师讲、学前儿童听,教师念、学前儿童读,教师做、学前儿童看的"注入式"或死记硬背的方式。教师在组织教育活动时一般都是按事先设定好的去进行。教师在组织教学活动时以教师的演示、讲授为主(王启萃、马以念,1995 年;李生兰,1995 年;章柳英,2000 年;闫悦,2005 年;孟姝,贺德均,2005 年;曾福生、朱扬寿、陈蜀江,2007 年)。此类的教学方式和师幼互动并不是我们期望的。

理想师幼互动可以参考各国和各地有关托幼机构教育质量评估中过程性质量评估的要求。如,CLASS 评分系统详细列举出了教师在每一维度上低、中、高得分的具体表现,对教师具有极好的参考价值,教师完全可以拿这一评分系统与自己的行为相对照,找出不足的地方,并从这一系统中查看到努力的方向(即高分的表现)。为此,本书著者推荐一线教师参考 CLASS 中对课堂互动质量考察的维度——情感支持、活动组织和教育支持,尤其是评分系统中高得分(6,7)的具体表现(详见附录七 CLASS 课堂评估记分系统指标介绍),来改进自己的师幼互动质量。

在情感支持上,幼儿园班教师可以从以下四点努力:着重去努力创设班级的积极氛围,建立教师与孩子、孩子与孩子的良好关系,培养他们的积极情感,开展积极交流,创设尊重的班级氛围;努力减少班级中消极情感的产生,避免采用惩罚、嘲笑/不尊重、严重的否定等可能产生消极氛围的做法;同时,尽可能增强敏感性,促使孩子去关注问题、积极回应孩子的表现,鼓励学前儿童自如地表现;努力关注孩子的观点,允许孩子表达,支持自主管理。

在活动组织上,幼儿园班教师可以从以下三点去努力:为孩子提出明确的行为期望，能提前预测到可能出现的问题，有效减少或者纠正不当行为；为孩子提供丰富的活动，高效地处理纷扰，避免管理性任务占去过多的时间，帮助孩子建立良好的常规，避免时间的隐性浪费；为孩子提供感兴趣的、丰富多样的材料，告知他们明确的学习目标。

在教育支持上，幼儿园班教师可以从以下三点去努力：向孩子多提一些为什么/或怎样的问题，给孩子提供问题解决、预测/实验、分类/比较的机会，并努力将今天学习的内容与孩子以往的知识相联系，关注这些知识在现实世界中的应用，将之与孩子的生活相联系；在对孩子给予反馈时，尽可能通过暗示等方式提供支架，引发孩子去思考和解释思考过程，还可对孩子的反映和行为提出质疑，努力帮助儿童扩展、澄清信息，并给予鼓励和肯定；教师应多开启对话，必要时可重复和拓展孩子的言语，多使用一些有助于孩子模仿的高级语言。

上文对课程和师幼互动的强调并不意味着对其他因素（如，健康安全、物理环境、家园互动等）的忽视，因为所有与早期教育有关的因素共同作用影响了混读生早期教育的质量和学前儿童的发展，只是这些因素的作用有大小之分，本研究认为课程和师幼互动相对更加重要。就像华爱华老师（2007 年）的举例，经济水平低下、教育资源严重缺乏的地区，教师不得不在较高班额的情况下教学，集体教学的效率是不能否认的，因此相比发达地区城市幼儿园的教师，对当前那里的教师的专业发展来说，集体教学能力的提高则可能比观察解读孩子行为更为重要。① 但是，我们并不能因此以为集体教学优于个别化的因材施教。

---

① 华爱华：《对我国学前教育改革若干问题的文化观照》，社会科学，2007 年，第 10 页。

最后，本研究还给予我们这样的启示：在制订农村托幼机构质量评估标准时，必须考虑到我国的文化背景和教育实际。因为本书对我国农村贫困地区研究发现，贫困地区托幼机构教育质量距离我们理想的质量标准有相差很大，借用国外或者城市的评估标准来衡量农村贫困地区不合适。即使贫困地区学前班和幼儿园等托幼机构教育质量看上去比较差，但还是促进了班级中学前儿童的认知准备发展，这验证了孟加拉国和印度（Anna C. Moore 等，2007 年；Nirmala Rao，in press）的研究发现：在那些父母受教育水平非常低、儿童社会处境非常不利的环境中，即使托幼机构教育质量处于西方标准的最低或中等质量水平，托幼机构只给予了最少的输入，包括食物补充和一些成人中心的学前刺激、教师为主导的活动，也对年学前儿童发展有积极的影响。但同时，这也告诉我们，在评定我国农村，尤其是类似贫困地区的这种资源短缺的托幼机构教育质量时，不应该搬用城市、也不应该搬用国外研究者制订的托幼机构质量评估标准。否则，会出现以往研究者批评的现象，“如果使用西方国家制定的学前质量标准，那学前质量将是极为低的”[①]、“使用达不到的高质量标准会导致有害的消极评估”[②]。显然，这些来自美国和欧洲的质量标准，自称全球通用并在世界范围内得到了广泛的传播；但这些质量标准发源于特定的社会环境，反映了特殊

① Anna C. Moore, Sadika Akhter, Frances E. Aboud(2007). Evaluating an improved quality preschool program in rural Bangladesh, *International Journal of Educational Development*, In Press, Corrected Proof, Available online 12 July 2007.

② Myers, R.G.(2004). In search of quality in programs of early childhood care and education. Background paper for Education for All, Global Monitoring Report 2005. UNESCO, Paris, Retrieved November 17, 2007 from www.unesco.org/education/gmr_download/references_ 2005.pdf.

的文化信仰，并不应将其强加给其他的社会环境和文化，[①]这自然也包括中国这样的发展中国家。为此，“对我们而言，在建构标准的过程中，不能照搬关于“好的实践”的国外观点和所谓国际标准，而应研究国外标准体系体现的价值取向，恰当地处理它与我们文化的差异点，同时重视研究和反思我国现有的对童年早期的观念，形成建构“自己”的标准体系的意识”[②]。有关农村托幼机构教育质量及其评估的话题值得我们继续进行深入的探讨，本书仅在此说明其重要性和特殊性。

① 转自朱家雄：《国际视野下的学前教育》，上海：华东师范大学出版社，2007年，第131页。

② 郭良菁：《超越“质量话语“应是我们的政府抉择吗——我们的质量评价可以从〈超越早期教育保育质量〉中吸取什么》，学前教育研究，2009(2)。

附　录

附录一　P县乡镇分布图

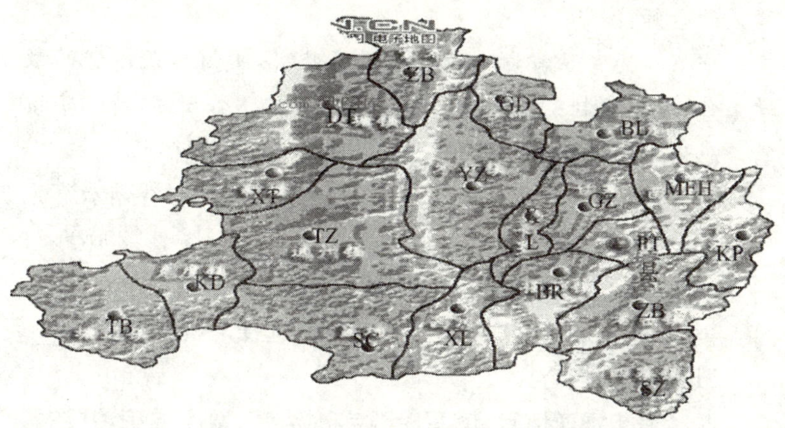

来自 http://www.maptown.cn/China/Map/MTc5NDQHoTeL/index.html，2008-11-11

附录二　幼儿园(班)教师调查问卷

尊敬的老师：

您好！为了了解贵地幼儿受教育状况，更好地改进您的教学工作，我们编制了本调查问卷。本问卷仅用作研究，请如实填写。感谢您的支持与合作！

华东师范大学学前教育系

2007－11

要求：选择题请在"○"上画"√"，若选择"其他"请在"________"填写具体内容。

"__"表示需要填写，填写时要字迹清楚、数字准确，并注意计量单位。

幼儿班名称：______________________________

幼儿班地址：______________________________

主管单位：______________________________

创办时间：______________________________

教师信息

1. 您的性别：

① 男　② 女

2. 您的年龄(单位：岁)：

① 20 以下 ② 20—30 ③ 31—40 ④ 41—50 ⑤ 51 及以上

3. 您的民族：

① 汉 ② 布依 ③ 苗 ④ 其他

4. 您的教龄(年)：

① 5 以下 ② 5—10 ③ 11—15 ④ 16—20 ⑤ 21—25 ⑥ 26—30 ⑦ 31 以上

5. 您的学历：

① 初中或以下 ② 高中(中专) ③ 大专 ④ 本科及以上

6. 您是：

① 公办老师 ② 代课老师

7. 这是您第____次教幼儿班

8. 除了您之外,还有( )位老师教授该班?

① 0 ② 1 ③ 2 ④ 3 ⑤ 4

9. 您和其他老师的怎么分配幼儿班教学? ____

学前儿童及家庭

1. 幼儿在班的时间：

① 全天 ② 仅上午 ③ 仅下午

2. 该班共________儿童,7 岁以上____人,6—7 岁______人,5—6 岁____人,4—5 岁____人,4 岁以下____人;

3. 该班幼儿家庭的年人均收入为____元;

4. 该班幼儿父亲平均受教育水平：

① 小学 3 年级以下 ② 小学毕业 ③ 初中 ④ 高中 ⑤ 大专以上

5. 该班幼儿母亲平均受教育水平：

① 小学3年级以下　② 小学毕业　③ 初中　④ 高中　⑤ 大专以上

物理环境

1. 本班教室的建筑面积为________m^2,户外活动场地为________m^2,有房屋______间;

2. 每个幼儿都有属于自己的桌椅吗?

① 是　② 否

3. 本班的玩具有:____

4. 本班幼儿接触玩具的频率:

① 无　② 每天多次　③ 每天一次　④ 每周两三次　⑤ 每周一次　⑥ 每月一两次

5. 本班增添玩具的频率为:

① 无　② 每月一次　③ 每学期一次　④ 每年一次　⑤ 其他________

6 .在室外,场地上的器材有____

健康安全

1. 教师是否接受职前身体健康检查?

① 是　② 否

2. 学校每年组织教职员工进行身体健康检查的次数:

① 无　② 1次　③ 2次　④ 其它________

3. 对幼儿进行健康检查的频率:

① 无　② 偶尔　③ 定期　④ 其他________

4. 儿童的健康记录包括(可多选):

① 无　② 接种证　③ 过敏及疾病　④ 校内发生的意外及受伤　⑤ 紧急联络资料

5. 对幼儿的疾病史和过敏史：

① 不知道 ② 知道，没记录 ③ 知道，有记录 ④ 其他________

6. 是否专门为幼儿配备了厕所和洗手设施？

① 是 ② 否

7. 本班打扫教室卫生的次数：

① 无 ② 每天一次 ③ 每周两三次 ④ 每周一次 ⑤ 其他________

8. 本班教室及玩教具的消毒情况：

① 无 ② 每天一次 ③ 每周一次 ④ 每月一次 ⑤ 其它________

9. 是否会将发生在儿童身上的健康问题或意外通知或告诉家长？

① 是 ② 否

10. 本班在预防发生意外时的急救药品和设备：

① 没有 ② 有，如____________________

11. 本班冬天的取暖设备：

① 无 ② 炉子 ③ 暖气 ④ 其他____________

12. 是否会经常检查房屋的结构，及时维修班内设备(如桌椅、黑板)？

① 是 ② 否

13. 本班幼儿的饮用水：

① 无 ② 自来水 ③ 井水 ④ 泉水

14. 是否为幼儿安排午休？

① 是 ② 否

家园联系

1. 半年内对每位儿童进行家访的平均次数：

① 无　② 1次　③ 2次　④ 2次以上

2. 半年内召开家长会的次数：

① 无　② 1次　③ 2次　④ 2次以上

3. 半年内家长来看课的次数：

① 无　② 1次　③ 2次　④ 2次以上

4. 半年内请家长来班讲课的次数：

① 无　② 1次　③ 2次　④ 2次以上

5. 半年内给家长发放宣传材料的次数：

① 无　② 1次　③ 2次　④ 2次以上

6. 半年内通过哪些方式让家长了解儿童情况(可多选)：

① 无　② 专门家访　③ 家长会　④ 平时见面　⑤ 家校联系册　⑥ 宣传栏　⑦ 其他________

课程及实施

1. 本班使用________________出版社出版的教材，共____册，分别为__________________；

2. 本班使用的教材，有(　)内容适合本地本校实际？

① 全部　② 3/4　③ 1/2　④ 1/4　⑤ <1/4

3. 除了教材中的内容，您是否会增添某些教学内容？

① 是　② 否

4. 如果增添，增添的内容有____________________________

5. 主要由谁来制定本班本学期的教学目标和教学计划？

① 任课教师　② 任课教师和其他教师　③ 校(园)　④ 其他______________

6. 谁监管本学期课程的实施？

① 无　② 县幼教主管部门　③ (乡)镇中心校　④ 本校(园)

7. 本班制定的学期课程计划是：

① 不变的 ② 基本不变 ③ 根据儿童情况变化 ④ 其他________

8. 教师在选择教学内容时,主要依据:

① 教材 ② 教育目标 ③ 儿童发展水平 ④ 其他________

9. 教育活动的最主要组织方式是:

① 集体教学 ② 小组教学 ③ 个别教学 ④ 其他________

10. 一日活动中,教师组织的活动和儿童自主的活动的情况:

① 教师组织活动为主 ② 儿童自主活动为主 ③ 两者都有一定比例

11. 在课程实施中,是否允许幼儿选择他们感兴趣的活动?

① 是 ② 否

12. 每学期对幼儿考核的次数:

① 无 ② 每周一次 ③ 每月一次 ④ 每学期一次

13. 对学前儿童进行考核的单位是:

① 县教育局 ②(乡)镇中心校 ③ 本校(园) ④ 本班

14. 对幼儿的考核内容涉及(可多选):

① 语文数学知识 ② 唱歌跳舞等 ③ 语言表达能力 ④ 与人交往能力 ⑤ 身体健康 ⑥ 其他________

15. 对幼儿进行考核的方式:

① 考试 ② 发展报告 ③ 口头评价 ④ 其他________

上级管理

1. 该班情况是否上报(乡)镇中心校?

① 是 ② 否

2. 如果上报,内容有(可多选):

① 总人数 ② 各年龄人数 ③ 教学工作 ④ 幼儿健康 ⑤ 家园联系 ⑥ 其他________

3.(乡)镇中心校为您提供的支持(可多选):

① 无 ② 提供幼教培训 ③ 提供幼儿教材 ④ 来校检查指导工作 ⑤ 其他________

4.教授幼儿班前,对您学历的要求:

① 无 ② 小学 ③ 初中 ④ 高中/中专 ⑤ 大专及以上

5.主要由谁对您进行评估?

① (乡)镇中心校 ② 本校(园) ③ 其他

6.上述单位对您的哪些工作进行评估(可多选)?

① 备课 ② 教学情况 ③ 幼儿学习成绩 ④ 幼儿作业 ⑤ 家访 ⑥ 班级活动

7.本园(校)对您评估的频率:

① 无 ② 每学期一次 ③ 每年一次 ④ 其他________

教育观念

1.在正式上小学前,儿童是否需要接收学前教育?

① 是 ② 否 ③ 无所谓

2.如果需要,是因为学前教育可以帮助儿童(可多选):

① 适应学校氛围 ② 养成好习惯 ③ 学到好行为 ④ 掌握一些知识 ⑤ 其他____________

3.理想的学前教育形式为:

① 幼儿园 ② 学前班 ③ 一年级 ④ 其他_________

4.与散居儿童相比,上过本班的学前儿童:

① 有优势 ② 无优势

5.如果有优势,优势在于(可多选):

① 语文数学知识 ② 行为习惯 ③ 与人交往 ④ 唱歌跳舞等技能 ⑤ 其他________

6. 如果有优势，优势可持续到：

① 一二年级　② 三年级　③ 四五年级　④ 初中及以后

7. 在接下来的一个学年，您是否继续教授幼儿班？

① 是　② 否

8. 不教授的原因在于：

① 工资待遇问题　② 不愿教授该班　③ 学校的规定　④ 其他因素________

9. 关于贵地或贵班学前儿童教育，您还想说的是____

再次感谢您！

附录三　教师对学前儿童就读一年级看法的调查问卷

尊敬的老师：

您好！为了解您对贵地学前儿童混在一年级接受教育的看法，我们编制了本调查问卷。本问卷仅用作研究，保证不向外公开贵校和您的任何信息，请如实填写。感谢您的支持！

华东师范大学学前教育系

2008 年 6 月

1. 所在学校名称：________县________镇________小学

2. 您的教龄：________年

3. 在上小学前，儿童是否需要接收学前教育？________

① 是　② 否　③ 无所谓

4. 理想的学前教育形式为：________

① 幼儿园　② 学前班　③ 一年级　④ 其他________

5. 当地是否存在一年级中有多名学前儿童(3—6 岁)的现象？________

① 是　② 否

6. 在一年级，学前儿童占到班级儿童总数的________%？

① 1—20　② 21—40　③ 41—60　④ 61—80　⑤ 81—100

7. 一年级中有多名学前儿童的班级，占到了整个乡镇一年级班级总数的________%？

① 1—20　② 21—40　③ 41—60　④ 61—80　⑤ 81—100

8. 您曾经教授过________次这种班级？

① 0　② 1—2　③ 3—4　④ 5—6　⑤ 7—8　⑥ 9 或以上

9. 与普通一年级的教师相比，教授这种班级的教师：________

① 更轻松　② 一样　③ 更辛苦

10. 与学前班或幼儿园的教师相比，教授这种班级的教师：________

① 更轻松　② 一样　③ 更辛苦

11. 在现实教学中教师能否同时兼顾小学生和学前儿童？________

① 能　② 不能

12. 在理想状态下，教师是否可能同时兼顾小学生和学前儿童？________

① 有可能　② 不可能

13. 若想同时兼顾小学生和学前儿童，需要（可多选）：________

① 教师水平很高　② 本校能提供帮助　③ 上级管理部门能提供帮助　④ 其他________

14. 与在学前班或幼儿园的学前儿童相比，一年级中学前儿童的发展结果：________

① 更好　② 差不多　③ 更差　④ 不一定

15. 在一年级就读，学前儿童获得的发展有（可多选）：________

① 无 ② 适应学校氛围 ③ 养成好习惯 ④ 学到好行为 ⑤ 掌握一些知识 ⑥ 其他________

16. 在一年级就读，对学前儿童造成的不利影响有(可多选)：________

① 无 ② 自信心受伤害 ③ 养成坏习惯 ④ 学到坏行为 ⑤ 对学习不感兴趣 ⑥ 其他________

17. 一年级中的学前儿童对小学生的学习：________

① 没有影响 ② 影响较小 ③ 影响较大

18. 与不接受学前教育的儿童相比，上过一年级的学前儿童在发展上可多选)：________

① 一样 ② 学到语数知识 ③ 学到好行为习惯 ④ 学会与人交往 ⑤ 学会唱歌跳舞等技能 ⑥ 学到其他________

19. 这种发展上的优势可持续到：________

① 一二年级 ② 三年级 ③ 四五年级 ④ 初中及以后

20. 学前儿童在一年级接受学前教育的现象，在当地已存在________年?

① 1—5 ② 6—10 ③ 11—15 ④ 16—20 ⑤ 21 或者以上

21. 学前儿童在一年级接受学前教育的现象，将继续存在________年?

① 1—5 ② 6—10 ③ 11—15 ④ 16—20 ⑤ 21 或者以上

22. 有关“学前儿童在一年级接受学前教育”这一现象，您还想说的是____

____

附录四　不同学前教育安置类型集体教学活动列表

编号	教育安置类型	活动名称①	拍摄时间	机构名称	所属科目②	任课老师	持续时间
1	混读生	口耳目日月火	200810	BS	语文	CFX	34 分钟
2		三个好朋友	200706	BY1	语文	MBF	40 分钟
3		读写声母、韵母	200810	JB	语文	WZY	37 分钟
4		栽树和小白兔	200810	BY1	语文	MMH	40 分钟
5		学习 ai、ei、ui	200810	BY1	语文	MMH	25 分钟
6		字母宝宝排序	200810	BY1	语文	ZCF	30 分钟
7		给物体分类	200810	JB	数学	YRD	40 分钟
8		给图形分类	200810	BS	数学	XZL	44 分钟
9		复习元角分	200706	GZ	数学	CDK	40 分钟
10		学习<>=	200706	BY1	数学	MBF	40 分钟
11		认识图形	200810	BY1	数学	MMH	35 分钟
12		好朋友	200810	CJW	社会	LTZ	38 分钟
13		小黄帽在行动	200810	BY1	社会	MMH	40 分钟
14		稍息立正	200810	BY1	健康	MCP	30 分钟

① 说明：活动名称由研究者根据活动的主要内容确定。

② 说明：所属科目由研究者根据本节活动主要涉及的哪一儿童发展领域而确定。

续　表

编号	教育安置类型	活动名称	拍摄时间	机构名称	所属科目	任课老师	持续时间
15	混读生	一张蛤蟆一张嘴	200706	YQ	音乐	ZYQ	25 分钟
16		你快乐我快乐	200810	CJW	音乐	TLZ	40 分钟
17		小猪之歌	200810	BY1	音乐	ZCF	20 分钟
18		捏橡皮泥①	200810	JB	美术	WZY	30 分钟
19		捏橡皮泥	200810	JB	美术	WZY	30 分钟
20		画小草和太阳	200810	BD	美术	ZCF	30 分钟
21		画喜欢的小动物	200810	BY1	美术	MMH	40 分钟
22		小手摆摆	200810	BD	音乐	ZCF	30 分钟
23		学习加减法	200810	JB	数学	YJB	38 分钟
24		古诗《一去二三里》	200810	JB	语文	WYZ	40 分钟
25		认识图形	200810	BS	数学	XZL	38 分钟
26		认识钱币	200706	CJW	数学	LKG	37 分钟
27		口耳目日月火	200810	MQ	语文	LMQ	40 分钟
28		雪孩子	200706	GZ	语文	CFX	40 分钟
29		1—5 的认识	200810	JZ	数学	GJZ	35 分钟
30		画图形和加减	200810	BS	数学	ZXL	40 分钟
31		给图形分类	200810	BS	数学	XZR	35 分钟
32		一去二三里	200810	BS	语文	CFX	40 分钟
33		比一比	200706	JZ	数学	WJZ	35 分钟
1	学前班	儿歌《学步歌》	200609	DP	语言	MDP	35 分钟
2		认识前后左右	200810	DP	语言	ZDP	22 分钟
3		学前班像我家	200609	WS	语言	WYW	20 分钟
4		复习儿歌	200706	BY2	语言	MHM	23 分钟
5		区分 bpmf	200609	KL	语言	TKL	30 分钟

① 本列表中幼儿园、混读生、学前班美术课上使用的橡皮泥由研究者提供。

续　表

编号	教育安置类型	活动名称	拍摄时间	机构名称	所属科目	任课老师	持续时间
6	学前班	故事《等明天》	200706	BL	语言	XLS	22 分钟
7		“笔”“纸”的读与写	200706	BY2	语言	MHM	35 分钟
8		1—10 的加减法	200706	CZ	数学	LCZ	42 分钟
9		区别上下远近	200609	WS	数学	WWS	30 分钟
10		10—20 的加减法	200706	CZ	数学	LCZ	35 分钟
11		1、2、3、4 的写法	200609	BY2	数学	MHM	20 分钟
12		姥姥和宝宝	200706	KL	社会	QXH	40 分钟
13		老师好	200609	KL	社会	WZQ	32 分钟
14		丢手绢	200609	BY2	健康	MHM	23 分钟
15		学前儿童广播体操	200706	KL	健康	QXH	20 分钟
16		捏橡皮泥	200810	BL	美术	LBL	40 分钟
17		捏橡皮泥	200810	BY2	美术	ZBY	30 分钟
18		玩皱纹纸 1	200706	BY2	美术	MHM	23 分钟
19		玩皱纹纸 2	200706	BY2	美术	MHM	23 分钟
20		想象中的学校	200706	BY2	美术	MHM	25 分钟
21		学习分类	200609	ZB	数学	YZB	35 分钟
22		认识 1 和许多	200609	ZB	数学	YZB	32 分钟
23		比较大小	200609	ZB	数学	YZB	28 分钟
24		树木与人类	200706	GD	科学	WGD	30 分钟
25		水与人类	200609	GD	科学	WGD	29 分钟
26		认识 a	200810	GD	语言	ZGD	30 分钟
27		认识 u	200810	DT	语言	CDT	25 分钟
28		学习长短、高矮	200810	DT	科学	CDT	27 分钟
29		上下左右、坐好	200609	DT	社会	GDT	29 分钟
30		吹画	200609	XT	美术	XXT	38 分钟

续 表

编号	教育安置类型	活动名称	拍摄时间	机构名称	所属科目	任课老师	持续时间
1	幼儿园	小狗熊进幼儿园	200809	中班	语言	LXQ	30 分钟
2		剪纸花	200706	中班	语言	TZB	25 分钟
3		写字比赛	200706	大班	语言	ZGL	40 分钟
4		夜晚的世界	200706	大班	语言	WHY	30 分钟
5		复习《伴家家》	200706	小班	语言	YDB	30 分钟
6		均分四分之一	200706	大班	数学	TBY	36 分钟
7		当朋友生病时	200809	中班	社会	LXQ	30 分钟
8		爱护书	200706	中班	社会	TZB	28 分钟
9		安全的事	200706	中班	健康	ZGL	30 分钟
10		果蔬的沉浮	200706	小班	科学	YXB	25 分钟
11		对称	200706	中班	科学	TBY	25 分钟
12		击鼓传花	200706	大班	游戏	YXB	20 分钟
13		室内投球	200706	大班	游戏	TBY	20 分钟
14		小矮人和大巨人	200706	大班	音乐	WHY	30 分钟
15		蔬果你在哪里	200706	小班	音乐	XLS	30 分钟
16		飞机飞	200706	中班	音乐	LXQ	25 分钟
17		捏橡皮泥	200810	大班	美术	YDB	30 分钟
18		纸上作画 1	200706	中班	美术	LXQ	25 分钟
19		纸上作画 2	200706	中班	美术	LXQ	25 分钟
20		图形和颜色	200706	小班	数学	ZHM	25 分钟
21		写字比赛	200706	大班	语言	ZGL	25 分钟
22		凹凸世界	200706	大班	美术	LYF	30 分钟
23		特别的我	200609	中班	社会	ZLD	25 分钟
24		猜猜我是谁	200609	中班	社会	ZJL	20 分钟
25		好朋友	200609	小班	社会	XJH	23 分钟

续　表

编号	教育安置类型	活动名称	拍摄时间	机构名称	所属科目	任课老师	持续时间
26	幼儿园	美丽的秋天	200809	大班	语言	XJH	25 分钟
27		看图识字	200809	大班	语言	YJS	30 分钟
28		认识方向	200809	中班	科学	ZLD	30 分钟
39		对比歌	200609	中班	语言	ZJL	28 分钟
30		农村娃娃本领大	200609	大班	语言	LYF	30 分钟
31		小猫种鱼	200706	大班	语言	DTZ	30 分钟

附录五　课堂提问观察表

序号	提问问题	提问时间	提问人	被提问人	处置方式	备注
1						
2						
3						
4						
5						
……						
总结						

附录六 访谈清单①

表 1 儿童养育者访谈清单

序号	访谈对象	儿童类型	访谈时间	访谈地点	持续时间	记录方式	备注
P1	XJL 外公	学前儿童	2007—6—11	儿童家中	15 分钟	录音	
P2	LGC 爷爷	学前儿童	2007—6—12	办公室	20 分钟	录音	曾为教师
P3	YX 妈妈	学前儿童	2007—6—18	烤烟棚	20 分钟	录音	
P4	LKX 妈妈	学前儿童	2007—6—18	儿童家中	23 分钟	录音	
P5	XY 爸爸	学前儿童	2007—6—20	儿童家中	45 分钟	录音	
P6	LGH 爸爸.妈妈	学龄儿童	2007—6—20	学生家中	40 分钟	录音	
P7	MBQ 妈妈	学前儿童	2008—10—1	儿童家中	23 分钟	录音	
P8	TJD 爸爸.妈妈	学前儿童	2008—10—1	儿童家中	10 分钟	录音	
P9	LJJ 奶奶	学龄儿童	2008—10—1	儿童家中	30 分钟	手记	
P10	XTC 爸爸	学前儿童	2008—10—2	儿童家中	20 分钟	手记	
P11	LYY 奶奶	学龄儿童	2008—10—9	教室门口	10 分钟	手记	
P12	LZ 妈妈	散居儿童	2008—10—10	儿童家中	30 分钟	手记	
P13	LZD 妈妈	散居儿童	2008—10—15	儿童家中	10 分钟	手记	
P14	LZL 爸爸	散居儿童	2008—10—15	儿童家中	30 分钟	手记	
P15	WHP 爸爸	学前儿童	2008—10—17	儿童家中	30 分钟	手记	

① 2006 年 9 月份的访谈 Mp3 录音由华东师范大学柳倩老师提供，访谈由柳倩老师进行。在此表示感谢。

表2 混读生教师访谈清单

序号	访谈对象	教师类别	访谈时间	学校	访谈地点	持续时间	记录方式
T1	ZCF	公办	2007—6—7	BY1	办公室	50分钟	录音
T2	ZYQ	代课	2007—6—12	BY1	教室	20分钟	录音
T3	MBF	公办	2007—6—12	BY1	办公室	30分钟	录音
T4	DXQ	公办	2007—6—12	BY1	办公室	10分钟	录音
T5	LTJ	公办	2007—6—14	SS	教室	15分钟	录音
T6	CDK.LKJ	代课.公办	2007—6—15	GZ	办公室	23分钟	录音
T7	LKJ	公办	2007—6—15	GZ	路上	25分钟	录音
T8	LGN.LTJ	公办	2007—6—18	SS	办公室	35分钟	录音
T9	CDK	代课	2007—6—18	GZ	办公室	45分钟	录音
T10	LDT	公办	2007—6—18	GZ	办公室	25分钟	录音
T11	LKG	公办	2007—6—22	CJW	中心校	48分钟	录音
T12	LXL	公办	2008—9—23	CJW	仪器室	10分钟	手记
T13	MCB	公办	2008—9—24	KL	宿舍	20分钟	录音
T14	GZL	公办	2008—9—26	GZ	办公室	15分钟	手记
T15	CXC	公办	2008—9—26	XC	教室	10分钟	回忆
T16	ZCF	公办	2008—9—28	BY1	办公室	30分钟	手记
T17	MMH	代课	2008—9—28	BY1	教室	10分钟	回忆
T18	SJL	公办	2008—10—3	BL	客厅	30分钟	手记
T19	LMX.HXJ	公办	2008—10—6	BY2	办公室	10分钟	录音
T20	TRD	公办	2008—10—13	JB	办公室	20分钟	录音
T21	WZY	公办	2008—10—13	JB	会议室	50分钟	录音
T22	CFX	代课	2008—10—17	BS	办公室	40分钟	录音
T23	XZL	代课	2008—10—17	BS	教室	40分钟	录音
T24	MWC.WPH	代课	2008—10—17	WC.PH	办公室	68分钟	录音

表3　混读生学校管理人员访谈清单

序号	访谈对象	访谈时间	所属学校	访谈地点	持续时间	记录方式	备注
H1	LTZ	2006—9—13	CJW	办公室	27分钟	录音	
H2	WTC	2006—9—20	BY1	家中	72分钟	录音	
H3	LTJ	2006—9—20	SS	家里	30分钟	手记	
H4	TXC	2006—9—25	XC	操场	40分钟	手记	
H5	XZR	2007—6—5	BS	办公室	40分钟	录音	
H6	TXC	2007—6—15	XC	去路上	25分钟	录音	
H7	YGZ	2007—6—15	GZ	办公室	20分钟	录音	
H8	LTZ	2008—9—23	CJW	办公室	15分钟	手记	
H9	TXC	2008—9—26	XC	办公室	30分钟	手记	
H10	YGZ	2008—9—26	GZ	办公室	15分钟	录音	
H11	CYZ	2008—10—10	BY1	办公室	20分钟	手记	
H12	WTC	2008—10—13	JB	办公室	20分钟	录音	07外调到校

表4　其他人员访谈清单

序号	访谈对象	访谈时间	所属学校	教师类别	职务	访谈地点	持续时间	记录方式
Q1	JSM	2007—6—8	BY2	公办	小学教导主任	家中	50分钟	录音
Q2	ZHM	2008—10—17	幼儿园	公办	幼儿园园长	办公室	20分钟	录音
Q3	WXY	2007—6—12	YZ小学	公办	小学教师	教师家	58分钟	录音
Q4	XDK	2007—6—13	CJW	代课	二年级教师	办公室	15分钟	录音
Q5	QXH	2007—6—14	KL	代课	学前大班教师	教师家	10分钟	录音
Q6	MHM	2007—6—16	BY2	代课	学前班教师	路上	10分钟	录音
Q7	ZGL	2007—6—19	幼儿园	公办	幼儿园教导主任	办公室	40分钟	录音

表 5　县和乡镇教育管理人员访谈清单

序号	访谈对象	职务	访谈时间	访谈地点	持续时间	记录方式
A1	LLH	县教育局幼教专干	2006—9—10	YZ 幼儿园	40 分钟	录音
A2	STX	YZ 镇中心校教导主任	2007—6—3	镇一旅馆	50 分钟	录音
A3	WJS	YZ 镇中心校校长	2007—6—9	去校路上	30 分钟	回忆
A4	YGY	ZB 乡中心校校长	2007—6—15	乡一饭店	30 分钟	录音
A5	LLH	县教育局幼教专干	2007—6—20	局办公室	25 分钟	录音
A6	YGN.LLH	基教股股长和专干	2007—6—20	局办公室	120 分钟	录音
A7	LGR	YZ 镇中心校业务专干	2007—6—23	镇中心校	70 分钟	录音
A8	STX.WQD	乡镇中心校业务专干	2008—11—10	上海	15 分钟	回忆

附录七　CLASS 课堂评估记分系统指标介绍[①]

积极氛围			
	低(1,2)	中(3,4,5)	高(6,7)
关系 • 身体上的接近 • 分享活动 • 同伴支持 • 匹配的情感 • 社会性的谈话	如果有的话,师生之间很少有温馨的、支持性的互动关系。	有一些指标表明师生之间有温馨的、支持性的互动关系。	有很多指标表明师生之间的互动关系是温馨的、具有支持性的。
积极情感 • 微笑 • 大笑 • 热情	师生或者生生之间没有或者很少表现出积极的情感	师生或者生生之间有时表现出积极的情感	师生或者生生之间经常表现出积极的情感
积极的交流 • 口头表达情感 • 通过身体行为表达情感 • 积极的期望	师生之间很少有言语或者身体行为上积极情感的交流	师生之间有时会有积极的言语或者身体行为上积极情感的交流	师生之间经常有积极的言语或者身体行为上的交流
尊重 • 目光接触 • 温和及平静的语气 • 表示尊重的语言 • 合作和/或分享	如果有的话,教师和学生几乎没有表现出相互之间的尊重	教师和学生有时表现出相互之间的尊重	教师和学生通常是相互尊重的

① 本课堂评估记分系统由我的导师周兢教授购买。

续 表

消极氛围			
	低(1,2)	中(3,4,5)	高(6,7)
消极情感 • 易激惹 • 生气 • 语气严厉 • 同伴攻击 • 无关的或扩大化的否定情绪	教师和学生没有表现出较强的负面情绪。如果有的话,很少出现,并且只是略带消极。	教室中的情绪氛围表现为师生之间具有一定的易激惹性、生气或者其他的负面的情绪。	教室中的情绪氛围表现为师生之间一贯性的易激惹性、生气或者其他的负面的情绪。
惩罚性的控制 • 叫喊 • 威胁 • 身体控制 • 严厉的惩罚	教师没有通过叫喊或者威胁对学生进行控制。	教师偶尔使用诸如威胁或者叫喊的方式表达负面情绪以进行控制。	教师不断地对学生叫喊或者威胁学生以进行控制。
讽刺/不尊重 • 讽刺语气/语言 • 嘲笑 • 羞辱	教师和学生间没有相互之间的挖苦或者不尊重。	师生/生生之间偶尔有相互挖苦或者不尊重的现象。	师生/生生之间常有挖苦或者不尊重的现象。
严重的负面情绪 • 欺骗 • 恃强欺弱 • 身体上的惩罚	师生之间没有严重的负面情绪的发生。	师生之间没有严重的负面情绪的发生。	师生或者生生之间有时出现严重的负面情绪。
教师敏感性			
	低(1,2)	中(3,4,5)	高(6,7)
意识 • 对问题和计划有恰当的预期 • 意识到理解不足和/或困难	教师不能意识到哪些学生需要额外的支持、帮助或者注意。	教师有时意识到谁需要额外的支持、帮助或者注意。	教师经常意识到哪些学生需要额外的支持、帮助或者注意

续 表

反应 •认可情绪 •提供安慰和帮助 •提供个别化的支持	教师对学生没有反应或者忽略学生，并且对所有的学生提供同一水平的帮助，而不考虑学生的个体需求。	教师有时能对学生作出反应，但有时更忽略或者没有反应，且只是提供适于某些学生需要和能力而非另外一些学生的支持。	教师对学生能一贯性地作出反应，并且也能够提供适于学生需要和能力的支持。
关注问题 •提供有效及时的帮助 •帮助解决问题	教师不能有效地帮助学生解决问题或者解除学生的担忧。	有时教师能够较有效地解决学生的问题以及担忧。	教师能够一贯性地关注学生的问题解除学生的担忧。
学生自如地表现 •寻找支持和指导 •自由参与 •承担风险	学生很少寻求教师的支持，和教师分享想法或者对教师的提问作出应答。	学生有时会寻求教师的支持，和教师分享想法或者对教师的提问作出应答。	学生很自如地向教师寻求支持，和教师分享想法，以及自如地对教师作出反应。
考虑学生观点			
	低(1,2)	中(3,4,5)	高(6,7)
灵活性和学生关注点 •展现出了灵活性 •结合学生的想法 •遵从学生的领导	教师是刻板而不灵活的，并且将一切活动控制在自己的计划中，而且/或者很少听取学生的想法；大部分的教室活动是以教师为主导的。	在一些情况下教师可能跟随学生的想法，但在大部分的情况下更具有控制性。	教师的计划是灵活的，并且跟着学生的想法开展，且教学活动的开展围绕学生的兴趣组织。
支持自主及领导 •允许选择 •允许学生主导课堂 •让学生承担责任	教师对学生的自主性以及领导力的表现不予支持。	教师有时对学生的自主性提供支持，但有时没有这样做。	对于学生自主性以及领导力的表现，教师给予持续性的支持。

续　表

学生表达 • 鼓励学生交谈 • 引导学生的想法和/或观点	教师很少为学生提供交谈和表达的机会。	有时很多学生交谈和表达，但有时教师成为主导。	学生有很多交谈和表达的机会。
行动的限制 • 允许活动 • 不刻板	在活动中教师对于学生的运动以及所在位置具有高度的控制。	在活动中教师有时控制学生的运动及所在位置。	在活动中学生能很自由地运动以及选择自己的位置。
行为管理			
	低(1,2)	中(3,4,5)	高(6,7)
清晰的行为期望 • 清晰的期望 • 一致性 • 澄清规则	没有规则和期望，或者是不清晰的，或者是不一致的。	教师能清晰地陈述规则和期望，但却是不一致的。	教师能清晰的陈述规则和期望，并且具有一致性。
具有前瞻性 • 预测到问题行为或更严重的问题行为 • 被动性低 • 监控	教师是被动的，没有监控或者监控无效。	教师使用前瞻性的以及被动的反应策略；有时对于儿童的行为问题有监控并且对于初期出现的一些问题就能够做出反应，但有时教师没有关注或忽略行为问题。	教师具有前瞻性，并且进行实时的监控，以有效防止问题行为的发生发展。
对不良行为的纠正 • 有效减少不良行为 • 关注积极行为 • 通过暗含引导行为 • 高效地纠正	纠正学生不良行为的方式无效；教师很少关注积极的行为或者很少使用一些暗示性的线索。因此，不良行为持续出现或者有上升的趋势，减少了学习的时间。	教师用以纠正学生不良行为的方式有时有效，特别是当教师关注学生积极行为并且使用一些线索的时候。因此，不良行为很少继续、发生率上升或影响学习时间。	教师通过关注积极行为和使用暗示性的线索有效地纠正学生的不良行为。行为管理没有占用学习时间。

续　表

学生行为 •高频率地顺从 •很少攻击和挑衅	教室里出现了较高频率的不良行为。	教室里有时会出现不良行为。	如果有的话，教室里很少有学生表现出不良行为。
产出性			
	低(1,2)	中(3,4,5)	高(6,7)
使学习时间最大化 •提供活动 •完成后可以选择 •很少打扰 •有效完成管理任务 •按步骤进行	如果有的话教师很少为学生提供活动，并且大量的时间被用解决纷扰以及完成管理性的任务。	大部分情况下教师为学生提供活动，但在解决纷扰以及完成管理任务的过程中，学习的时间就被挤占了。	教师为学生提供活动，并且能够高效地处理纷扰以及管理性的任务。
日常作息 •学生知道要做什么 •清晰的教学 •很少偏离主题	教室的作息不清晰，大部分学生并不清楚他们该做什么。	教室的作息在一定程度上可以让学生知晓应该做什么。	教室就像一个“加好油的机器”；每个人都知道他们被期望做什么以及如何做。
过渡 •简洁 •清晰的后续跟踪 •蕴涵学习机会	过渡太长，太频繁并且/或者无效。	过渡有时太长或者太频繁，并且是无效的。	过渡很快并且高效。
准备 •准备和提供材料 •知道课程	教师没有准备好活动以及为学生作好准备。	教师准备了大部分的活动，但会利用教学的一些时间作最后部分的备课。	教师对于活动和课程有充分的准备。
教学形式			
	低(1,2)	中(3,4,5)	高(6,7)
使学习更容易的有效方法 •教师参与 •有效的提问 •扩展学生的参与	教师没有积极地使活动和课程更容易，以鼓励学生的兴趣和拓展学生的参与度。	有时教师积极地设计活动和课程以使其更简单，更便于学生鼓励学生的兴趣及拓展参与度，但有时教师仅为学生提供活动。	教师积极地采取行动，便于学生参与活动和课程以鼓励和拓展学生的参与。

续 表

形式和材料的多样性 • 听觉、视觉及运动机会的范围 • 有趣以及创造性的材料 • 操作的机会	教师没有使用大量的模式或者材料吸引学生在活动以及课程中的兴趣以及参与。	教师在使用不同的模式和材料以吸引学生在活动和课程中兴趣和参与度，但并不具有一致性。	教师使用大量的模式，包括听觉、视觉以及运动模式，同时使用不同的材料有效地吸引学生的兴趣，提高他们在活动和课程中的参与度。
学生兴趣 • 积极参与 • 倾听 • 焦点性关注	学生在课程或者活动中没有表现出兴趣以及/或相应的参与度。	有的时候学生可能参与，及/或表现出兴趣，但有时兴趣下降，并且没有参与活动或者课程。	学生一贯性地表现出对于活动和课程的兴趣以及参与。
学习目标的澄清 • 高级组织者策略 • 总结 • 重新引导式的陈述	教师没有尝试引导和指导学生关注学习目标，或者教师在尝试过程中失败了。	教师有时会将学生的焦点引向学习目标，或者有时学习目标是清晰的，而有时却并不如此。	教师有效地将学生的关注点引向学习目标和/或课堂目标上。
认知发展			
	低(1,2)	中(3,4,5)	高(6,7)
分析和推理 • 为什么和/或怎样的问题 • 问题解决 • 预测/实验 • 分类/比较 • 评价	教师很少组织能够鼓励学生分析和推理的讨论以及活动	教师偶尔组织可以鼓励学生分析和推理的讨论和活动	教师经常组织能够鼓励学生分析和推理的讨论和活动
创造力的挖掘 • 头脑风暴 • 计划 • 产出	教师很少为学生提供发挥创造性及/或形成自己想法和作品的机会。	教师有时为学生提供发挥创造力及/或形成自己想法和作品的机会。	教师经常为学生提供发挥创造力及/或形成自己想法和作品的机会。

续　表

融会贯通 • 将不同的知识点联系起来 • 与先前的知识相联系	知识和活动的呈现互相独立，教师不要求学生使用先前的知识。	教师有时将知识和活动以及先前的知识相联系。	教师一贯性地将知识和活动以及先前的知识相联系。
与现实生活相联系 • 在现实世界中的应用 • 与学生的生活相联系	教师没有将知识和学生的实际生活相联系。	教师有时会将知识点与学生的实际生活相联系。	教师一贯将知识点与学生的实际生活相联系。
反馈质量			
	低(1,2)	中(3,4,5)	高(6,7)
支架 • 暗示 • 帮助	教师很少为学生提供支架，但经常否定学生不正确的反应或者行为，或者忽略学生在理解中的错误。	教师偶尔给学生提供一些支架，但有时只是否定学生不正确的反应或者忽略学生在理解中的错误。	教师经常为那些在理解某个概念、回答问题或者完成活动方面有困难的学生提供支架。
反馈回路 • 来回交换 • 教师的坚持 • 延续性的问题	教师只是敷衍式地给学生以反馈。	师生之间有来回式的反馈；但有时，反馈更为机械。	师生之间经常有来回的反馈。
引发学生思考过程 • 要求学生解释思考过程 • 对学生的反应和行为提出质疑	教师很少对学生提出质疑或者很少让学生解释思考过程以及反应和行为的基本原理。	教师偶尔对学生提出质疑或者要求学生解释思考的过程以及反应和行为的原理。	教师经常对学生提出质疑或者会要求学生解释思考过程以及反应和行为的基本原理。

续 表

提供信息 •扩展 •澄清 •特定的反馈	教师很少提供额外的信息以拓展学生的理解或者行为。	教师偶尔会提供额外的信息以拓展学生的理解或者行为。	教师通常会提供额外的信息以拓展学生的理解或者行为。
鼓励以及肯定 •辨认 •加固 •学生坚持	教师很少鼓励学生以提高学生的参与以及坚持性。	教师偶尔会鼓励学生以提高学生的参与和坚持性。	教师经常鼓励学生以提高学生的参与度和坚持性。
语言示范			
	低(1,2)	中(3,4,5)	高(6,7)
频繁的交谈 •来回反馈 •即时的反应 •同伴交流	教室里很少有交流。	教室里的交流受限。	教室里的交流是频繁的。
开放性问题 •需要更多词汇作答的问题 •学生的反应	教师所提的大部分问题是封闭性的。	教师所提问题是封闭性和开放性相结合的。	教师问的许多问题都是开放性的。
重复和延伸 •重复 •延伸/修饰	如果有的话，教师很少重复或者延伸学生的应答。	教师有时会重复或者延伸学生的应答。	教师通常重复或者延伸学生的应答。

续　表

自我以及平行式谈话 • 使用语言对自己行为作出计划 • 使用语言对学生的行为作出计划	教师很少通过语言和描述来计划自己和学生的行为。	教师偶尔通过语言和描述来计划自己以及学生的行为。	教师常常通过语言和描述来计划自己和学生的行为。
高级语言 • 不同的词汇 • 与熟知的词汇和/或想法相联系	教师没有与学生一起使用高级语言。	教师有时对学生使用高级语言。	教师经常对学生使用高级语言。

附录八 CLASS观察单

教室:______　　　　　观察者:__________

开始时间:____________　结束时间:________

成人数:______　　　　学生数:________

内容(圈出所有的,勾出主要的)	方式(圈出所有的,勾出主要的)
读写/语言　数学　科学	常规　集体　个人时间
社会学习　艺术　其他	甜点/餐点　小组　自由选择/区域

圈出相应的分数

积极氛围(PC) • 关系 • 积极情感 • 积极交流 • 尊重	备忘录	1　2　3　4　5　6　7
消极氛围(NC) • 消极情感 • 惩罚的控制 • 嘲笑/不尊重 • 严重的否定	备忘录	1　2　3　4　5　6　7
教师敏感性(TS) • 意识 • 回应 • 关注问题 • 学生自如地表现	备忘录	1　2　3　4　5　6　7
关注学生的观点(RSP) • 灵活性和关注学生 • 支持自主和管理 • 学生表达 • 限制移动	备忘录	1　2　3　4　5　6　7

续 表

行为管理(BM) • 清晰的行为期望 • 前瞻性 • 纠正错误行为 • 学生行为	备忘录	1 2 3 4 5 6 7
产出性(PD) • 学习时间最大化 • 常规 • 过渡 • 准备	备忘录	1 2 3 4 5 6 7
教育学习安排(ILF) • 有效的促进 • 形式和材料多样 • 学生感兴趣 • 学习目标的澄清	备忘录	1 2 3 4 5 6 7
认知发展(CD) • 分析和解释 • 创造 • 融会贯通 • 与现实世界联系	备忘录	1 2 3 4 5 6 7
反馈质量(QF) • 提供支架 • 反馈回路 • 促进思考过程 • 提供信息 • 鼓励和肯定	备忘录	1 2 3 4 5 6 7
语言示范(LM) • 经常对话 • 开放式的问题 • 重复和拓展 • 自我和平行对话 • 高级的语言	备忘录	1 2 3 4 5 6 7

附录九 育儿历史访谈

第一部分:访谈的基本信息

1. 第几次访谈:① 1 ② 2 ③ 3
2. 访谈者姓名:____________
3. 访谈日期(日/月/年):____________
4. 访谈持续时间:____________分钟
5. 访谈地点:① 学校 ② 孩子家 ③ 其他地方_________
6. 被访者的姓名:____________
7. 被访者和孩子的关系:① 母亲 ② 父亲 ③ 其他________
8. 访谈过程中有其他人在场吗?① 有 ② 无
9. 如果有人在场,那么他和孩子是什么关系? 姓名______ 关系______________

第二部分:有关孩子的信息

1. ID号:__________
2. 儿童姓名:__________
3. 出生日期(日/月/年):__________
4. 孩子年龄(年/月):__________
5. 孩子性别:① 男 ② 女
6. 就读学校名字:__________

7. 所在班级：__________

8. 孩子何时开始在该学校就读？______年______月

9. 孩子曾在学前教育机构中学习过吗？① 是　② 否

注：如果回答为“是”，进入第三部分访谈；如果回答为“否”，直接进行第四部分访谈，并请选择主要原因：

① 家里有人带

② 孩子个人问题，如孩子的身体不好、自理能力差

③ 家庭经济比较困难，或者嫌幼儿园收费太高

④ 幼儿园太远，或者地理位置不合家长心意

⑤ 幼儿园的保教质量、作息时间、设备、教师方面不合家长心意

⑥ 学前儿童教育没有太大的意义和价值，孩子在家发展更好

⑦ 其他，请说明________________

第三部分：关于孩子接受的学前教育的信息

1. 学前教育机构的类型：

① 学前班　② 幼儿园　③ 入户指导　④ 其他__________

2. 孩子在什么年龄开始就读学前教育机构的？

① 3 岁　② 4 岁　③ 5 岁　④ 6 岁

3. 孩子在幼儿园里待了多久？________年__________月

4. 为什么送他去学前教育机构？（可以多选）

① 得到足够的营养　② 家里无人照顾　③ 幼儿园的地点比较方便　④ 让孩子受教育　⑤ 学前机构提供的保教服务质量比较高　⑥ 其他________

5. 您过去为什么选择这所学前教育机构？（可以多选）

① 离家近 ② 学费便宜 ③ 服务时间和服务内容正符合需要 ④ 将来可能上对口的学校或有其他好处 ⑤ 孩子能够学到很多知识 ⑥ 幼儿园保教活动的质量和办学条件较好 ⑦ 熟人的介绍，或听从各种广告的宣传 ⑧ 幼儿园的地位和等级较高

6. 孩子在学前机构的时间：

① 上午 ② 下午 ③ 全天 ④ 全周

7. 您孩子的户口在：

① 县城 ② 农村 ③ 外地 ④ 其他________

8. 您孩子在过去的学前机构就读，每学期的收费是______元

9. 以上学期幼儿园的各项收费为基础，如果上涨如下幅度，您会继续送孩子上幼儿园吗？

上涨幅度	继续上幼儿园	改上其他价位低的幼儿园	不确定	退学在家
上涨 10%				
上涨 20%				
上涨 30%				
上涨 40%				

10. 除了上述收费，要再交其他费用吗？

① 无 ② 需要

11. 对于目前幼儿园的收费标准，您认为：

① 无力承受 ② 需要节省其他生活开支才能勉强承受 ③ 可以承受 ④ 再提高一些也能够接受

12. 您孩子最近一年的生活、学习所需费用的经费来源为：

① 儿童养育者 ② 亲戚 ③ 幼儿园 ④ 其他________

13. 经历过学前教育机构以后，您的孩子学会了什么？（可

以多选）

① 好的脾气 ② 好的行为 ③ 好的学习习惯 ④ 认字 ⑤ 能够听懂普通话 ⑥ 会说普通话 ⑦ 会做算术 ⑧ 其他________

14. 幼儿园和学前班有哪些不同？（可以多选）

① 认字更多 ② 数学学习 ③ 老师教得更多 ④ 学费 ⑤ 在园时间 ⑥ 其他________

15. 您认为对于孩子来说，在幼儿园里玩和学习哪个更加重要？

① 玩耍 ② 学习

16. 您认为孩子能够在玩的过程中学习吗？

① 能 ② 不能

17. 每天到幼儿园的路程有多久？________分钟

18. 您对这所学前教育机构的质量满意吗？

① 非常满意 ② 满意 ③ 一般 ④ 不满意 ⑤ 非常不满意

19. 您为什么给孩子选择这所小学？（可以多选）

① 近 ② 村里（户口）规定的 ③ 质量好 ④ 有名气 ⑤ 费用低

20. 这所小学离家里的路程需要步行______分钟。

21. 孩子每年上小学的费用要多少？________元。

22. 您觉得学前机构和小学有什么不同？

① 认字更多 ② 数学学习好 ③ 老师教得更多 ④ 学费 ⑤ 在校时间 ⑥ 其他__________

23. 您认为您的孩子已经准备好读小学了吗？

① 是 ② 否

如果回答没有，请追问“没有准备好的理由”____________

____

24. 怎么样的孩子是一个已经准备好读小学的孩子？（可以多选）

① 身体健康 ② 认字 ③ 会说普通话 ④ 喜欢读书 ⑤ 其他________

25. 您认为孩子在读小学之前需要做哪些准备工作？

① 幼儿园需要________________________

② 小学需要________________________

③ 家长需要________________________

26. 在孩子读小学之前，您为孩子做了哪些准备工作？

____

第四部分：关于家庭的信息

1. 您有几个孩子？

① 1 ② 2 ③ 3 ④ 4

2. 几个男孩？______ 几个女孩？______

3. 家里所有孩子的姓名、性别和年龄：

姓名 性别 年龄

A____________________________

B____________________________

4. 这个孩子的父母是否在外打工？

① 是 ② 否

如果有，那么谁在外打工？

① 父亲 ② 母亲 ③ 双亲

母亲信息

1. 您的姓名：________

2. 您的年龄（岁）：

① 20 以下 ② 20—25 ③ 26—30 ④ 31—35 ⑤ 36—40 ⑥ 41 岁以上

3. 您的最高受教育程度是什么?

① 无 ② 小学低年级 ③ 小学高年级 ④ 初中毕业 ⑤ 初中辍学 ⑥ 高中或中专 ⑦ 大专及以上

4. 您能够阅读吗?

① 不能 ② 几个词 ③ 一段文章 ④ 都能够

5. 您能够书写吗?

① 不能 ② 几个词 ③ 能够写信

6. 您的兄弟姐妹的受教育程度和您一样吗?

① 是 ② 否

7. 您从事什么劳动?(可以多选)

① 家务 ② 务农 ③ 副业 ④ 乡镇企业 ⑤ 做生意 ⑥ 外出打工 ⑦ 教师 ⑧ 职员 ⑨ 其他________

8. 您每天工作时间几个小时?

① 1—3 ② 3—6 ③ 6—8 ④ 8—10 ⑤ 10 或更多

9. 您每年的收入情况(包括种子、粮食等不可支配收入,单位:元)是:

① 1000 以下 ② 1000—2000 ③ 2000—4000 ④ 4000—6000 ⑤ 6000—8000 ⑥ 其他________

10. 您打算怎样提高未来家庭收入? ________________

11. 您对家庭的未来有什么打算? ________________

父亲信息

1. 您丈夫的姓名:__________

2. 出生日期(日/月/年):__________

3. 他的年龄(岁):

① 20 以下 ② 20—25 ③ 26—30 ④ 31—35 ⑤ 36—

40 ⑥ 41岁以上

4. 您丈夫的最高受教育程度是什么？

① 无 ② 小学低年级 ③ 小学高年级 ④ 初中毕业 ⑤ 初中辍学 ⑥ 高中或中专 ⑦ 大专及以上

5. 您丈夫能够阅读吗？

① 不能 ② 几个词 ③ 一段文章 ④ 都能够

6. 您丈夫能够书写吗？

① 不能 ② 几个词 ③ 能够写信

7. 您丈夫的兄弟姐妹的受教育程度和您丈夫一样吗？

① 是 ② 否

8. 您丈夫从事什么劳动？（可以多选）

① 家务 ② 务农 ③ 副业 ④ 乡镇企业 ⑤ 做生意 ⑥ 外出打工 ⑦ 教师 ⑧ 职员 ⑨ 其他________

9. 您丈夫每天工作时间几个小时？

① 1—3 ② 3—6 ③ 6—8 ④ 8—10 ⑤ 10或更多

10. 您丈夫每年的收入情况是(单位:元)：

① 1000 以下 ② 1000—2000 ③ 2000—4000 ④ 4000—6000 ⑤ 6000—8000 ⑥ 其他________

11. 家庭的年收入为(单位:元)：

① 2000 以下 ② 2000—4000 元 ③ 4000—6000 ④ 6000—8000 ⑤ 其他__________

12. 您的丈夫是否帮助照料孩子？

① 是 ② 否

13. 他做什么？

① 和孩子一起玩 ② 喂孩子吃饭 ③ 给孩子洗澡 ④ 辅导孩子功课 ⑤ 陪孩子睡觉

家中育儿情况

1. 和孩子交流的主要语言是：

① 普通话　② 当地方言　③ 少数民族语言　④ 其他

2. 孩子入小学前，在家中的主要照料者是：

① 母亲　② 奶奶　③ 其他________

3. 您的孩子每天洗脸吗？

① 是　② 否

4. 谁给孩子剪指甲？

① 母亲　② 父亲　③ 教师　④ 其他________

5. 您是否特别在意孩子的卫生？

① 是　② 否

6. 平时，您和孩子在一起的时间（除了午睡时间以外）有多久？______小时

7. 您能够阅读吗？

① 是　② 否（请对照第五部分的母亲相关信息）

8. 如果能，那么您经常和孩子一起阅读（例如读书、读报）吗？

① 是　② 否

您和孩子一起阅读的次数为：

① 每天　② 一周1—2次　③ 一周3—6次　④ 其他________

9. 家庭中其他成员和孩子一起阅读吗？

① 是　② 否

10. 如果有，是谁？

① 父亲　② 祖父母　③ 叔叔　④ 孩子的兄弟姐妹　⑤ 其他______

11. 您给孩子讲故事吗？

① 是 ② 否

12. 如果能，那么您给孩子讲故事的次数为

① 每天 ② 一周1—2次 ③ 一周3—6次 ④ 其他________

13. 如果您不和孩子讲故事，那么家庭中谁和孩子讲故事？

① 无 ② 父亲 ③ 祖父母 ④ 叔叔 ⑤ 孩子的兄弟姐妹 ⑥ 其他________

14. 您每周和孩子一起唱歌的次数为

① 无 ② 每天 ③ 一周1—2次 ④ 一周3—6次

15. 您每周和孩子一起做手工的次数为

① 无 ② 每天 ③ 一周1—2次 ④ 一周3—6次

家庭情况

1. 您家里住着几口人？

① 3 ② 4 ③ 5 ④ 6 ⑤ 其他________

2. 他们是谁？

① 孩子的父母 ② 公婆 ③ 妻子的父母 ④ 丈夫的兄弟姐妹 ⑤ 妻子的兄弟姐妹 ⑥ 其他________

3. 房子是自己的吗？

① 是 ② 否

4. 如果不是，那么每个月要付多少租金？________

5. 您在十年内准备造（或者买）房子吗？

① 是 ② 否

6. 家里有钟吗？

① 有 ② 无

7. 您认识钟吗？

① 是 ② 否

8. 家里有自来水吗？

① 是　② 否

9. 家里有电视机吗？

① 有　② 无

10. 您最喜欢的电视节目是什么？

① 新闻　② 歌曲　③ 地方戏曲　④ 农业科技　⑤ 电视剧或电影　⑥ 其他________

11. 您孩子最喜欢的电视节目是什么？

① 歌曲　② 动画片　③ 少儿节目　④ 其他____

12. 您希望孩子多看一些什么电视节目？

① 新闻　② 歌曲　③ 地方戏曲　④ 教育类　⑤ 其他________

13. 您和孩子一起看电视吗？① 是　② 否

如果看，是什么类型的电视？

① 新闻　② 歌曲　③ 地方戏曲　④ 农业科技类　⑤ 动画片　⑥ 少儿节目　⑦ 其他________

14. 家里有报纸吗？

① 是　② 无

15. 您每周给孩子读报的次数：

① 无　② 每天　③ 一周 1—2 次　④ 一周 3—6 次　⑤ 其他____________

16. 家庭中儿童书籍的数量(单位:本)：

① 小于 26　② 26—50　③ 51—100　④ 101 以上

17. 家庭中儿童唱片、磁带或 CD 的数量：

① 无　② 1—5　③ 6—10　④ 11—20　⑤ 21 以上

母亲的信念

我将要问一些您孩子在小学的情况。请母亲在回答这些

问题时心中想着的孩子是被试儿童

1. 您认为，在小学里成为好学生的条件是什么？（可以多选）

① 认真听讲 ② 把老师说的写下来 ③ 听从老师的教导 ④ 遇到不懂的情况举手问问题 ⑤ 按时完成作业 ⑥ 上课不和其他同学讲话 ⑦ 帮助别人 ⑧ 衣着整洁 ⑨ 不要打扰别人 ⑩ 有礼貌 ⑪ 其他__________

2. 您认为，下面的哪些行为会阻碍您孩子在学校成为好学生？（可以多选）

① 说谎 ② 逃学 ③ 迟到 ④ 欺负别人 ⑤ 坏习惯 ⑥ 交不好同伴 ⑦ 不尊重别人 ⑧ 其他________

3. 您希望这个孩子长大后具备哪些品质？（可以多选）

① 诚实 ② 勤劳 ③ 脾气好和蔼 ④ 尊重老人 ⑤ 爱孩子 ⑥ 其他________

4. 您不希望这个孩子长大后具备的品质是(可以多选)：

① 不诚实 ② 懒惰 ③ 粗鲁 ④ 抽烟 ⑤ 不孝敬老人 ⑥ 其他__________

5. 上学是否重要？① 是 ② 否

如果答案是肯定的，再追问："孩子上学为什么重要？"（可以多选）

① 可以生活更好 ② 不做农民 ③ 能够认字 ④ 自尊 ⑤ 其他__________

6. 您对这个孩子目前接受的教育满意吗？

① 是 ② 否

7. 您希望这个孩子能够读到什么程度？

① 小学 ② 初中 ③ 小学必须毕业，以后能够读到哪里

就哪里　④ 初中必须毕业，以后读到哪里算哪里　⑤ 高中毕业　⑥ 大学或以上

8. 您希望这个孩子长大后从事什么工作(可以多选)：

① 医生　② 务农　③ 副业　④ 到外面的城市里去打工　⑤ 做生意　⑥ 外出打工　⑦ 教师　⑧ 到乡镇企业里工作　⑨ 其他________

9. 您认为女孩读书重要吗？

① 是　② 否

如果回答是，继续追问"为什么女孩读书重要？"(可以多选)

① 以后自己有份好工作　② 能够嫁得更好　③ 能够赚到更多的钱　④ 能够给我养老　⑤ 能够认字　⑥ 其他________

10. 您的这个孩子在家里做哪些家务？(可以多选)

① 放牛　② 照顾弟弟妹妹　③ 提水　④ 买杂货　⑤ 打扫房间　⑥ 洗衣服　⑦ 做饭　⑧ 帮助大人从事副业劳动　⑨ 其他________

11. 您的家里有其他小学没有毕业的孩子吗？

① 有　② 无

如果有，是什么原因？________________

12. 男孩在家里价值体现在哪里？(可以多选)

① 传宗接代　② 家里的经济支柱　③ 养老　④ 料理家务　⑤ 照顾兄弟姐妹　⑥ 其他________

13. 女孩在家里价值体现在哪里？(可以多选)

① 料理家务　② 照顾兄弟姐妹　③ 家里的经济支柱　④ 养老　⑤ 其他 ______________

十分感谢您的配合，谢谢！

附录十　Bracken 基本概念测验记录表

姓名：

性别：

测试地点：

主试：

	年	月	日
测试日期			
出生日期			
实足年龄			

分测验 1—5 指导语

分测验 1—5，都从第一个项目开始测试。注意：有些测试材料不只适用于一个项目。测试按顺序进行。直到小朋友连续做错 3 个项目（上限）时，则停止这一分测验的测试，进入下一个分测验的测试。如果小朋友回答正确，圈出 1 分；回答错误，圈出 0 分。小计每一分测验正确答案的得分。

分测验 1　颜色

指导语：*“看这些图片，你能告诉我哪一个是……？”*

项目	回答	得分
1. 黑色 …………	____	NR **1** **0**
2. 绿色 …………	____	NR **1** **0**
3. 粉(红)色 …………	____	NR **1** **0**
4. 蓝色 …………	____	NR **1** **0**
5. 白色 …………	____	NR **1** **0**
6. 橙色/橘红色 …………	____	NR **1** **0**
7. 黄色 …………	____	NR **1** **0**
8. 红色 …………	____	NR **1** **0**
9. 紫色 …………	____	NR **1** **0**
10. 咖啡色/褐色/棕色 …………	____	NR **1** **0**
11. 灰色 …………	____	NR **1** **0**
	小计	

分测验2 数字/计数

指导语:“*看这些图片,你能告诉我哪一个是……?*”

项目	回答					得分	
1. 哪幅图片中只有一头熊	1	2	***3***	4	NR	**1**	**0**
2. 九只蜜蜂	1	2	3	***4***	NR	**1**	**0**
3. 数字一	________				NR	**1**	**0**
4. 数字三	________				NR	**1**	**0**
5. 数字二	________				NR	**1**	**0**
6. 数字四	________				NR	**1**	**0**
7. 数字零	________				NR	**1**	**0**
8. 六只鸭子	1	***2***	3	4	NR	**1**	**0**
9. 三朵花	***1***	2	3	4	NR	**1**	**0**
10. 数字五	________				NR	**1**	**0**
11. 数字七	________				NR	**1**	**0**
12. 数字八	________				NR	**1**	**0**
13. 数字九	________				NR	**1**	**0**
14. 数字六	________				NR	**1**	**0**
15. 数字四十一	________				NR	**1**	**0**
16. 数字九十五	________				NR	**1**	**0**
17. 数字十一	________				NR	**1**	**0**
18. 数字五十三	________				NR	**1**	**0**
19. 数字二十七	________				NR	**1**	**0**
	小计						

分测验3 量

指导语:“*看这些图片,你能告诉我……*”

项目	回答					得分	
1. 哪个动物最大?	1	***2***	3	4	NR	**1**	**0**
2. 哪个球最小?	1	2	***3***	4	NR	**1**	**0**
3. 哪只狗最小?	1	2	3	***4***	NR	**1**	**0**

4. 哪支蜡烛最长？ ……………………………………	***1***	2	3	4	NR	**1**	**0**
5. 哪里的水最深？ ……………………………………	***1***	2	3	4	NR	**1**	**0**
6. 哪根绳子最长？ ……………………………………	1	***2***	3	4	NR	**1**	**0**
7. 哪只兔子的耳朵最短？ ………………………………	1	2	3	***4***	NR	**1**	**0**
8. 哪个花瓶最细长？ …………………………………	1	***2***	3	4	NR	**1**	**0**
9. 哪根绳子最短？ ……………………………………	1	2	***3***	4	NR	**1**	**0**
10. 哪块石头最大？ ……………………………………	1	2	***3***	4	NR	**1**	**0**
11. 哪条船最宽？ ………………………………………	1	2	3	***4***	NR	**1**	**0**
12. 哪里的水最浅？ ……………………………………	***1***	2	3	4	NR	**1**	**0**
		小计					

分测验 4　比较

指导语：*“看这些图片，你能告诉我……”*

项目	回答					得分	
1. 哪幅图的两个盒子是不一样的？ …………………	***1***	2	3	4	NR	**1**	**0**
2. 哪幅图的水果是不同的？ …………………………	1	2	***3***	4	NR	**1**	**0**
3. 哪两块拼图是完全匹配的？ ………………………	1	***2***	3	4	NR	**1**	**0**
4. 哪两只鞋子能配成一对？ …………………………	1	2	3	***4***	NR	**1**	**0**
5. 哪两条船最像？ ……………………………………	1	2	***3***	4	NR	**1**	**0**
6. 哪两只气球是一样的？ ……………………………	1	2	***3***	4	NR	**1**	**0**
7. 哪个人读的不是书？ ………………………………	1	***2***	3	4	NR	**1**	**0**
8. 哪两只动物是相似的？ ……………………………	***1***	2	3	4	NR	**1**	**0**
9. 哪两个罐子一样大？ ………………………………	1	2	3	***4***	NR	**1**	**0**
10. 哪两个杯子里的果汁不一样多？ …………………	***1***	2	3	4	NR	**1**	**0**
		小计					

分测验 5　形状

指导语：*“看这些图片，你能告诉我……”*

项目	回答					得分	
1. 五角星 ………………………………………………	________				NR	**1**	**0**
2. 心型/桃型 ……………………………………………	1	2	3	***4***	NR	**1**	**0**

3. 哪些小朋友排成了一队？	1	2	***3***	4	NR	**1**	**0**
4. 圆形	______				NR	**1**	**0**
5. 圆锥体	***1***	2	3	4	NR	**1**	**0**
6. 哪个图形是圆的？	1	***2***	3	4	NR	**1**	**0**
7. 正方形	______				NR	**1**	**0**
8. 三角形	______				NR	**1**	**0**
9. 哪些鸭子排成了一行？	1	2	3	***4***	NR	**1**	**0**
10. 菱形	______				NR	**1**	**0**
11. 椭圆形	______				NR	**1**	**0**
12. 长方形	______				NR	**1**	**0**
13. 对号/对勾	***1***	2	3	4	NR	**1**	**0**
14. 圆柱体	***1***	2	3	4	NR	**1**	**0**
15. 曲线	1	2	***3***	4	NR	**1**	**0**
16. 立方体	1	2	***3***	4	NR	**1**	**0**
17. (三)棱锥/金字塔形	1	***2***	3	4	NR	**1**	**0**
18. 柱子	***1***	2	3	4	NR	**1**	**0**
19. 斜线	1	2	3	***4***	NR	**1**	**0**
20. 角	1	***2***	3	4	NR	**1**	**0**
			小计				

确定分测验 6—10 的起始点

步骤 1： 合计分测验 1—5 原始分数的总分，计算出儿童入学准备基本概念原始分。 步骤 2： 根据儿童入学准备基本概念原始分确定儿童分测验 6—10 的起始点。仔细参照下面的起始点对照表中入学准备基本概念原始分数的范围。入学准备基本概念原始分下面的字母表示你接下来进行的分测验 6—10 测试项目的起始点。圈出表示起始点的字母，然后按字母所对应的项目开始分测验 6 的测试。	分测验总分 1. ______ 2. ______ 3. ______ 4. ______ 5. ______ 入学准备基本概念原始分 ______

起始点对照表											
入学准备基本概念	0—16	17—24	25—30	31—39	40—48	49—57	58—61	62—64	65—67	68—69	70—72
起始点	A	B	C	D	E	F	G	H	I	G	K

分测验 6—10 指导语

分测验 6—10 从相应的起始项目开始测试。如果儿童没有连续做对三个项目(底限 basal),那么则从起始点开始项前面的项目进行测试,直到儿童连续通过三个正确的项目。底限(basal)确立后(或者起始点后的项目都测试完毕),继续向后测试以确立一个上限(ceiling:连续三项不正确的回答)或者完成此项分测验。详细介绍请参见测验说明。

分测验 6 空间概念

指导语:*“看这些图片,你能告诉我……”*

	项目	回答					得分	
A	1. 哪个男孩摘下了帽子?	***1***	2	3	4	NR	**1**	**0**
	2. 哪个小朋友在荡秋千?	1	2	3	***4***	NR	**1**	**0**
	3. 哪本书是打开的?	1	***2***	3	4	NR	**1**	**0**
B	4. 哪扇门是关着的?	1	2	***3***	4	NR	**1**	**0**
	5. 哪个小朋友在毯子下面?	***1***	2	3	4	NR	**1**	**0**
	6. 哪幅图片的玩具在浴缸里?	1	2	3	***4***	NR	**1**	**0**
C	7. 哪个小丑在倒立?	1	2	***3***	4	NR	**1**	**0**
	8. 哪个小朋友在沙发后面?	1	2	***3***	4	NR	**1**	**0**
	9. 哪个小朋友盖着毯子?	***1***	2	3	4	NR	**1**	**0**
	10. 哪只鸡在棚子里?	***1***	2	3	4	NR	**1**	**0**
	11. 图片里哪个人的位置最高?	1	2	3	***4***	NR	**1**	**0**
D—E	12. 哪个人正在向上走?	1	***2***	3	4	NR	**1**	**0**
	13. 哪个小朋友在滑梯的顶端?	1	***2***	3	4	NR	**1**	**0**
	14. 哪只狗没有在水里?	1	2	***3***	4	NR	**1**	**0**

F	15. 哪根绳子围住了小狗?	1	2	***3***	4	NR	**1**	**0**
	16. 哪个拼图还没有拼好?	1	2	3	***4***	NR	**1**	**0**
	17. 哪个小朋友距离书最近?	1	***2***	3	4	NR	**1**	**0**
	18. 哪个小朋友在运动?	1	2	***3***	4	NR	**1**	**0**
	19. 哪个人在汽车旁边?	1	2	***3***	4	NR	**1**	**0**
	20. 哪只狗在狗棚旁边?	***1***	2	3	4	NR	**1**	**0**
	21. 哪两只鸟在一起?	1	2	3	***4***	NR	**1**	**0**
	22. 哪个小朋友正在跨入水中?	1	2	3	***4***	NR	**1**	**0**
	23. 哪个小朋友拿着盒子的底部?	1	***2***	3	4	NR	**1**	**0**
G	24. 哪根绳子是直的?	***1***	2	3	4	NR	**1**	**0**
	25. 哪个栅栏最矮?	1	2	3	***4***	NR	**1**	**0**
	26. 哪只猫正跟在老鼠后面?	***1***	2	3	4	NR	**1**	**0**
	27. 哪幅图片的狗排在中间?	1	2	***3***	4	NR	**1**	**0**
	28. 哪幅图表示汽车的侧面?	1	2	3	***4***	NR	**1**	**0**
H	29. 哪棵树在房子前面?	1	2	***3***	4	NR	**1**	**0**
	30. 哪些小朋友在房子外面?	1	2	3	***4***	NR	**1**	**0**
	31. 哪个小朋友在向后跳?	***1***	2	3	4	NR	**1**	**0**
	32. 哪个小朋友正在离开沙滩?	1	2	3	***4***	NR	**1**	**0**
	33. 哪把铲子放在桶的旁边?	1	***2***	3	4	NR	**1**	**0**
	34. 哪列火车正在穿越山洞?	***1***	2	3	4	NR	**1**	**0**
	35. 哪个小朋友正在翻书?	1	***2***	3	4	NR	**1**	**0**
I	36. 哪个球在下落?	***1***	2	3	4	NR	**1**	**0**
	37. 哪幅图表示汽车的前面?	1	2	***3***	4	NR	**1**	**0**
	38. 哪幅图的铅笔放在桌子边上?	1	2	3	***4***	NR	**1**	**0**
	39. 哪幅图表示手拉手?	1	***2***	3	4	NR	**1**	**0**
	40. 哪个栅栏在两座房子中间?	1	2	3	***4***	NR	**1**	**0**
	41. 哪个小朋友站在桥头?	1	2	***3***	4	NR	**1**	**0**
	42. 哪幅图表示汽车的后面?	***1***	2	3	4	NR	**1**	**0**

	43. 哪只鸟在鸟窝下面？……………………	***1***	2	3	4	NR	**1**	**0**
J	44. 哪个人拿着纸的一角？…………………	1	2	3	***4***	NR	**1**	**0**
	45. 哪只鸟正在往鸟舍里飞？………………	1	***2***	3	4	NR	**1**	**0**
	46. 哪个盒子里还有空间？…………………	***1***	2	3	4	NR	**1**	**0**
	47. 哪个小朋友在向前倾斜？………………	1	***2***	3	4	NR	**1**	**0**
	48. 哪幅图中的猫在狗的前面？……………	1	2	***3***	4	NR	**1**	**0**
	49. 哪个小朋友没有动？……………………	1	2	***3***	4	NR	**1**	**0**
	50. 哪架飞机在云层上面？…………………	***1***	2	3	4	NR	**1**	**0**
	51. 哪件夹克衫是里面朝外？………………	1	***2***	3	4	NR	**1**	**0**
	52. 哪个跷跷板是平衡的？…………………	1	2	***3***	4	NR	**1**	**0**
	53. 哪两个小朋友面对面坐着？……………	1	***2***	3	4	NR	**1**	**0**
K	54. 哪个玩具下面有条线？…………………	1	2	3	***4***	NR	**1**	**0**
	55. 哪条小路在小河上面？…………………	***1***	2	3	4	NR	**1**	**0**
	56. 哪幅图的玩具在桌子中间？……………	1	***2***	3	4	NR	**1**	**0**
	57. 哪两个人被河分开了？…………………	1	2	3	***4***	NR	**1**	**0**
	58. 哪个小朋友在侧着身行走？……………	1	2	3	***4***	NR	**1**	**0**
	59. 哪辆车在下山？…………………………	1	2	3	***4***	NR	**1**	**0**
	60. 哪个小朋友在测量盒子的高度？………	1	2	***3***	4	NR	**1**	**0**
	61. 哪架飞机在向上飞？……………………	1	2	***3***	4	NR	**1**	**0**
	62. 哪个小朋友在测量盒子的长度？………	1	***2***	3	4	NR	**1**	**0**
	63. 哪幅图中的人在向相反方向走？………	1	***2***	3	4	NR	**1**	**0**
	64. 哪个女孩在挥动她的右手？……………	***1***	2	3	4	NR	**1**	**0**
	65. 哪个女孩的左脚踩在水里？……………	1	2	***3***	4	NR	**1**	**0**
					小计			

分测验7　社会认知

指导语：*“看这些图片，你能告诉我……”*

	项目	回答					得分	
A—C	1. 哪个小朋友在哭？………………………	1	2	***3***	4	NR	**1**	**0**

	2. 哪个小朋友在笑？ …………………………	1	***2***	3	4	NR	**1**	**0**
	3. 哪个小朋友生病了？ ………………………	1	2	3	***4***	NR	**1**	**0**
	4. 哪个人不开心？ ……………………………	***1***	2	3	4	NR	**1**	**0**
D	5. 哪个小朋友在微笑？ ………………………	***1***	2	3	4	NR	**1**	**0**
	6. 谁是女孩？ …………………………………	1	2	3	***4***	NR	**1**	**0**
	7. 谁是男孩？ …………………………………	1	***2***	3	4	NR	**1**	**0**
	8. 哪只小狗在休息？ …………………………	1	2	***3***	4	NR	**1**	**0**
	9. 哪个小朋友受伤了？ ………………………	1	2	***3***	4	NR	**1**	**0**
	10. 哪个人是叔叔？ ……………………………	***1***	2	3	4	NR	**1**	**0**
E	11. 哪个人生气了？ ……………………………	1	2	***3***	4	NR	**1**	**0**
F	12. 哪两个人是兄弟？ …………………………	1	***2***	3	4	NR	**1**	**0**
	13. 哪个人在休息？ ……………………………	1	2	3	***4***	NR	**1**	**0**
	14. 哪个小朋友感到害怕？ ……………………	1	***2***	3	4	NR	**1**	**0**
	15. 哪两个人是姐妹？ …………………………	1	2	***3***	4	NR	**1**	**0**
	16. 哪个小朋友很高兴？ ………………………	***1***	2	3	4	NR	**1**	**0**
	17. 哪个人累了？ ………………………………	***1***	2	3	4	NR	**1**	**0**
G	18. 哪个小朋友很开心？ ………………………	1	2	3	***4***	NR	**1**	**0**
H	19. 哪个人是老人？ ……………………………	1	2	3	***4***	NR	**1**	**0**
	20. 哪个人是阿姨？ ……………………………	1	2	***3***	4	NR	**1**	**0**
	21. 哪个小朋友放错了拼图？ …………………	***1***	2	3	4	NR	**1**	**0**
I	22. 哪个人做的事情最难？ ……………………	***1***	2	3	4	NR	**1**	**0**
	23. 哪个小朋友困了想睡觉？ …………………	1	***2***	3	4	NR	**1**	**0**
	24. 哪个小朋友看起来有些担忧？ ……………	1	***2***	3	4	NR	**1**	**0**
	25. 哪些人表现得很友好？ ……………………	1	2	3	***4***	NR	**1**	**0**
	26. 谁是妈妈？ …………………………………	1	***2***	3	4	NR	**1**	**0**
	27. 谁是爸爸？ …………………………………	1	2	***3***	4	NR	**1**	**0**
J	28. 哪个人身体健康？ …………………………	***1***	2	3	4	NR	**1**	**0**
	29. 哪个小朋友感到失望？ ……………………	1	2	3	***4***	NR	**1**	**0**

	项目						得分	
	30. 哪个人年龄最小？……………………………	1	***2***	3	4	NR	**1**	**0**
	31. 哪个小朋友在皱眉头？…………………………	1	2	3	***4***	NR	**1**	**0**
	32. 哪个小朋友的做法是正确的？……………………	1	2	***3***	4	NR	**1**	**0**
K	33. 哪幅图片画的是正确的？…………………………	1	***2***	3	4	NR	**1**	**0**
	34. 哪个人很累？……………………………………	1	2	3	***4***	NR	**1**	**0**
	35. 哪幅图的积木拼起来最容易？……………………	1	2	3	***4***	NR	**1**	**0**
	36. 哪个人是男的？…………………………………	1	2	***3***	4	NR	**1**	**0**
	37. 哪个小朋友很好奇？………………………………	1	***2***	3	4	NR	**1**	**0**
	38. 哪个人是女的？…………………………………	***1***	2	3	4	NR	**1**	**0**
				小计				

分测验 8　物理认知

指导语：*“看这些图片，你能告诉我……”*

	项目	回答					得分	
A—D	1. 哪个最重？………………………………………	1	2	3	***4***	NR	**1**	**0**
	2. 哪个小朋友发出的声音最大？……………………	***1***	2	3	4	NR	**1**	**0**
E	3. 哪个是热的？……………………………………	1	2	***3***	4	NR	**1**	**0**
	4. 哪只鞋子湿了？…………………………………	1	***2***	3	4	NR	**1**	**0**
	5. 哪个东西最冷？…………………………………	***1***	2	3	4	NR	**1**	**0**
	6. 哪幅图表示安静？………………………………	1	2	3	***4***	NR	**1**	**0**
F	7. 哪个是用木头做的？……………………………	1	***2***	3	4	NR	**1**	**0**
	8. 哪幅画涂的颜色最深？…………………………	1	2	3	***4***	NR	**1**	**0**
	9. 哪个是锋利的？…………………………………	1	2	***3***	4	NR	**1**	**0**
G	10. 哪个最硬？………………………………………	***1***	2	3	4	NR	**1**	**0**
	11. 哪个是柔软的？…………………………………	1	***2***	3	4	NR	**1**	**0**
	12. 哪个是玻璃做的？………………………………	1	2	3	***4***	NR	**1**	**0**
H	13. 哪幅图的水煮开了？……………………………	1	2	***3***	4	NR	**1**	**0**
	14. 哪个在冒气？……………………………………	1	***2***	3	4	NR	**1**	**0**
	15. 哪个东西最有光亮？……………………………	1	***2***	3	4	NR	**1**	**0**

I	16. 哪块石头是光滑的？	1	2	3	***4***	NR	**1**	**0**
	17. 哪只猫在照镜子？	1	2	***3***	4	NR	**1**	**0**
	18. 哪条路是平坦的？	1	2	3	***4***	NR	**1**	**0**
	19. 哪支蜡笔是浅色的？	***1***	2	3	4	NR	**1**	**0**
J	20. 哪个东西是用金属做成的？	1	***2***	3	4	NR	**1**	**0**
	21. 哪里的光最亮？	1	2	3	***4***	NR	**1**	**0**
	22. 哪个是干燥的？	***1***	2	3	4	NR	**1**	**0**
K	23. 哪个是用布做的？	1	2	***3***	4	NR	**1**	**0**
	24. 哪个表面粗糙？	***1***	2	3	4	NR	**1**	**0**
	25. 哪根绳子是绷紧的？	***1***	2	3	4	NR	**1**	**0**
	26. 哪杯饮料是透明的？	1	***2***	3	4	NR	**1**	**0**
	27. 哪个最轻？	***1***	2	3	4	NR	**1**	**0**
	28. 哪个是固体？	1	2	***3***	4	NR	**1**	**0**
	29. 哪把刀不够锋利？	1	2	***3***	4	NR	**1**	**0**
	30. 哪根绳子没有绷紧？	1	***2***	3	4	NR	**1**	**0**
	31. 哪幅图片中有液体？	1	2	3	***4***	NR	**1**	**0**
				小计				

分测验9　数量概念

指导语：*“看这些图片，你能告诉我……”*

	项目	回答					得分	
A—D	1. 哪棵树上结了很多苹果？	1	2	3	***4***	NR	**1**	**0**
	2. 哪里有很多蚂蚁？	1	2	3	***4***	NR	**1**	**0**
	3. 哪幅图片里是一角钱？	1	2	***3***	4	NR	**1**	**0**
	4. 哪个碗盛满了水果？	***1***	2	3	4	NR	**1**	**0**
E	5. 哪个盒子是空的？	1	2	***3***	4	NR	**1**	**0**
	6. 哪幅图中的两只狗都睡着了？	1	***2***	3	4	NR	**1**	**0**
F	7. 哪只鸟没有东西吃？	1	2	3	***4***	NR	**1**	**0**
	8. 哪只气球吹得很足？	***1***	2	3	4	NR	**1**	**0**

	9. 哪只玩具熊手里拿了摇铃？…………………	1	2	3	***4***	NR	**1**	**0**
	10. 哪个蛋糕是完整的？………………………	1	***2***	3	4	NR	**1**	**0**
	11. 哪个鱼缸里的鱼最多？……………………	1	2	3	***4***	NR	**1**	**0**
G	12. 大多数小朋友都有小甜饼，你能告诉我哪个小朋友没有吗？…………………………	1	***2***	3	4	NR	**1**	**0**
	13. 谁是独自一人？…………………………	***1***	2	3	4	NR	**1**	**0**
	14. 哪块拼图已经拼好了？……………………	***1***	2	3	4	NR	**1**	**0**
	15. 哪个小朋友的盘子里有一小块馅饼？	1	2	***3***	4	NR	**1**	**0**
	16. 哪辆拖车少了个轮子？……………………	1	2	3	***4***	NR	**1**	**0**
H	17. 哪个小朋友的牛奶没有喝完？…………	1	2	3	***4***	NR	**1**	**0**
	18. 哪个小朋友快要够到苹果了？…………	1	***2***	3	4	NR	**1**	**0**
	19. 哪幅图片是五角钱？………………………	1	2	***3***	4	NR	**1**	**0**
I	20. 哪幅图只有一瓣桔子？……………………	1	***2***	3	4	NR	**1**	**0**
J	21. 哪幅图片的小朋友是每人一个苹果？	1	***2***	3	4	NR	**1**	**0**
	22. 哪群小朋友都戴着帽子？………………	1	***2***	3	4	NR	**1**	**0**
	23. 哪个农夫的鸡最多？………………………	1	2	***3***	4	NR	**1**	**0**
	24. 谁的沙子最少？…………………………	***1***	2	3	4	NR	**1**	**0**
	25. 哪个花瓶插了好几朵花？………………	1	***2***	3	4	NR	**1**	**0**
	26. 哪幅图片是一角钱？………………………	1	2	***3***	4	NR	**1**	**0**
	27. 哪个人没戴帽子？…………………………	1	2	3	***4***	NR	**1**	**0**
	28. 哪个小朋友除了球没有，其他玩具都有？	***1***	2	3	4	NR	**1**	**0**
K	29. 哪个小朋友的蛋糕比另一个小朋友多？	1	2	***3***	4	NR	**1**	**0**
	30. 哪块蛋糕分成了两半？……………………	1	***2***	3	4	NR	**1**	**0**
	31. 哪个小朋友把糖果分成了两半？………	1	***2***	3	4	NR	**1**	**0**
	32. 哪幅图片里有一双袜子？………………	1	***2***	3	4	NR	**1**	**0**
	33. 哪幅图片里只有一棵树？………………	1	2	***3***	4	NR	**1**	**0**
	34. 哪个小朋友正在拿第二块糖？…………	1	***2***	3	4	NR	**1**	**0**
	35. 哪幅图片是五分钱？………………………	1	2	3	***4***	NR	**1**	**0**

项目	回答					得分	
36. 哪个符号表示加号？ …………………………	1	2	***3***	4	NR	**1**	**0**
37. 哪只狗的食物比猫少？ ………………………	1	2	***3***	4	NR	**1**	**0**
38. 哪个小朋友的牛奶最少？ ……………………	1	2	3	***4***	NR	**1**	**0**
39. 哪幅图片是一分钱？ …………………………	1	2	3	***4***	NR	**1**	**0**
40. 哪个小朋友有两份饭团？ ……………………	1	2	3	***4***	NR	**1**	**0**
41. 哪幅图片里有一些花？ ………………………	***1***	2	3	4	NR	**1**	**0**
42. 哪两个小朋友手里都没有气球？ …………	1	***2***	3	4	NR	**1**	**0**
43. 哪个蛋筒上有三个冰淇淋球？ ……………	1	2	3	***4***	NR	**1**	**0**
44. 哪个符号表示减号？ …………………………	***1***	2	3	4	NR	**1**	**0**
45. 哪幅图片中有一对猪？ ………………………	***1***	2	3	4	NR	**1**	**0**
46. 谁在称重量？ …………………………………	***1***	2	3	4	NR	**1**	**0**
47. 哪幅图片里有一些狗是带斑点的？ ………	1	2	***3***	4	NR	**1**	**0**
48. 哪两个小朋友的玩具一样多？ ……………	1	***2***	3	4	NR	**1**	**0**
49. 哪幅图片里有一打(12个)小甜饼？ ……	***1***	2	3	4	NR	**1**	**0**
				小计			

分测验10 时序概念

指导语：*“看这些图片，你能告诉我……”*

	项目	回答					得分	
A—D	1. 哪幅图片表示夜晚？ ………………………	1	2	***3***	4	NR	**1**	**0**
	2. 哪个小朋友的速度最快？ …………………	1	***2***	3	4	NR	**1**	**0**
	3. 哪个小朋友已经喝完了饮料？ ……………	***1***	2	3	4	NR	**1**	**0**
E—F	4. 哪个小朋友拿走了最后一个苹果？ ………	1	2	3	***4***	NR	**1**	**0**
	5. 哪双鞋是新的？ ………………………………	***1***	2	3	4	NR	**1**	**0**
G	6. 哪只鞋是旧的？ ………………………………	1	2	***3***	4	NR	**1**	**0**
	7. 哪些小朋友完成了拼图？ …………………	1	2	3	***4***	NR	**1**	**0**
H	8. 哪幅图片表示白天？ ………………………	***1***	2	3	4	NR	**1**	**0**
	9. 哪个人要离开商店？ ………………………	1	***2***	3	4	NR	**1**	**0**
	10. 哪个人停止了工作？ ………………………	1	2	3	***4***	NR	**1**	**0**

	11. 哪个小朋友在等红绿灯？……………………	1	2	3	*4*	NR	**1**	**0**
	12. 哪幅图片表示冬天？…………………………	1	2	*3*	4	NR	**1**	**0**
	13. 哪幅图片里有一个蛋糕漏了涂巧克力？	1	2	*3*	4	NR	**1**	**0**
	14. 哪个小朋友正要把洋娃娃捡起来？………	*1*	2	3	4	NR	**1**	**0**
I，J	15. 哪些罐子是按顺序摆放的？………………	*1*	2	3	4	NR	**1**	**0**
	16. 哪盆植物刚刚发芽？…………………………	1	*2*	3	4	NR	**1**	**0**
	17. 哪个小朋友正准备吹气球？………………	1	*2*	3	4	NR	**1**	**0**
	18. 哪个小朋友摔倒了两次？…………………	1	2	*3*	4	NR	**1**	**0**
	19. 哪个蛋糕只点燃了第一根蜡烛？…………	1	*2*	3	4	NR	**1**	**0**
	20. 哪幅图片表示秋天？…………………………	*1*	2	3	4	NR	**1**	**0**
	21. 哪幅图片表示早晨？…………………………	1	2	3	*4*	NR	**1**	**0**
K	22. 哪个小朋友吃饭前喝完了饮料？…………	1	2	*3*	4	NR	**1**	**0**
	23. 哪把剪刀从来没有用过？…………………	1	2	*3*	4	NR	**1**	**0**
	24. 哪只动物一直生活在水里？………………	1	2	3	*4*	NR	**1**	**0**
	25. 哪幅图片表示的时间最晚？………………	1	*2*	3	4	NR	**1**	**0**
	26. 哪幅图片表示夏天？…………………………	1	*2*	3	4	NR	**1**	**0**
	27. 哪个小朋友坐在靠门的第二个窗户旁边？…………………………………………	1	2	3	*4*	NR	**1**	**0**
	28. 哪个小朋友的速度最慢？…………………	1	2	3	*4*	NR	**1**	**0**
	29. 哪个小朋友准备摘第三朵花？……………	1	2	*3*	4	NR	**1**	**0**
	30. 哪个人刚刚到门口？…………………………	1	*2*	3	4	NR	**1**	**0**
	31. 哪幅图片表示刚刚下过雨？………………	*1*	2	3	4	NR	**1**	**0**
	32. 哪幅图片表示刚刚吃过饭？………………	*1*	2	3	4	NR	**1**	**0**
	33. 哪幅图片表示春天？…………………………	*1*	2	3	4	NR	**1**	**0**
	34. 哪个小朋友刚刚起跳？………………………	1	2	*3*	4	NR	**1**	**0**
	35. 哪个小朋友到得最早？………………………	1	*2*	3	4	NR	**1**	**0**
	36. 哪个小朋友站在第四个台阶上？…………	1	2	*3*	4	NR	**1**	**0**
	37. 哪个杯子差一点打碎？………………………	1	2	3	*4*	NR	**1**	**0**
					小计			

参考文献

外文文献

[1] Alison Clarke-Stewart(2008). A New Guide for Evaluating Child Care Quality, University of California-Irvine, Irvine, CA 92697

[2] Andrew J. Mashburn, Robert C. Pianta, bBridget K. Hamre, Jason T. Downer, Oscar A. Barbarin, Donna Bryant, Margaret Burchinal, Diane M. Early, Carollee Howes(2008). Measures of Classroom Quality in Prekindergarten and Children's Development of Academic, Language, and Social Skills, *Child Development*, 79(3):732 – 749

[3] Anna C. Moore, Sadika Akhter, Frances E. Aboud (2007). Evaluating an improved quality preschool program in rural Bangladesh, *International Journal of Educational Development*, In Press, Corrected Proof, Available online 12 July, 2007

[4] Bangladesh Education(2002). Overview of the basic education sector. Sector Review Report No. 1. Washington, DC: USAID, Basic Education and Policy Support Activity

[5] Barnett WS.(1996). Long-term effects of early child-

hood programs on cognitive and school outcomes, *Future Children*,5(3):25 - 50

[6] Bruce A, Bracken (1998). Bracken Basic Concept Scale-Revised Examiner's Manual, Harcourt Assessment US

[7] Christian M. Connell, Ronald J.Prinz(2000). The Impact of Childcare and Parent-Child Interactions on School Readiness and Social Skills Development for Low-Income African American Children, *Journal of School Psycholog*, 40(2): 177 - 193

[8] DebbyCryer, Wolfgang Tietze, Margaret Burchinal, Teresa Leal, Jesús Palacios(1999). Predicting process quality from structural quality in preschool programs: a cross-country comparison, *Early Childhood Research Quarterly*, 14(3): 339 - 361

[9] DeborahCeglowski, Chiara Bacigalupa(2002). Four Perspectives on Child Care Quality, *Early Childhood Education Journal*, 30(2):87 - 92

[10] DeborahCeglowski (2004). How Stake Holder Groups Define Quality in Child Care, *Early Childhood Education Journal*, 32(2):101 - 111

[11] Donald A. Rock, A. Jackson Stenner(2005). Assessment Issues in the Testing of Children at School Entry, School Readiness: Closing Racial and Ethnic Gaps, *The Future of Children*, 15(1):16 - 34

[12] Erwin Philip G, Letchford John(2003). Types of preschool experience and sociometric status in the primary

school, *Social Behavior and Personality*, 31(2):129 - 130

[13] Farquhar, S-E. (1993). Constructions of quality in early childhood centres. *Thesis submitted for the degree of Doctor of Philosophy, University of Otago, New Zealand*. Retrieved December 17 2007 from: http://www.childforum.com/publication_details.asp? REF_NO=11.

[14] Frances E. Aboud (2006). Evaluation of an early childhood preschool program in rural Bangladesh, *Early Childhood Research Quarterly*, 21(1):46 - 60

[15] Gorey K M.(2001). Early childhood education: a meta-analytic affirmation of the short-and long-term benefits of educational opportunity.*School Psychology Quarterly*, 16(1): 9 - 30

[16] Greg J. Duncan, Katherine A. Magnuson (2005). Can Family Socioeconomic Resources Account for Racial and Ethnic Test score Gaps? School Readiness: Closing Racial and Ethnic Gaps, *The Future of Children*, 15(1):35 - 54

[17] Hamre B K, Pianta R C.(2001). Early teacher-child relationships and the trajectory of children's school outcomes-through eighth grade. *Child Development*, 72: 625 - 638

[18] Harms, T., Clifford R.M., Cryer, (1998). The Early Childhood Environment Rating Scale Revised Edition. New York: Teachers College Press

[19] Harrist, Amanda W., Thompson, Stacy D., Norris-Deborah J. (2007). Defining Quality Child Care: Multiple Stakeholder Perspectives, *Early Education and Development*, 18(2):305 - 336

[20] HillelGoelman, Barry Forer, Paul Kershaw, Gillian Doherty, Donna Lero, Annette La Grange(2006). Towards a predictive model of quality in Canadian child care centers, Early Childhood Research Quarterly, 21(3):280－295

[21] JoanGaustad(1997), Building Support for Multiage Education, ERIC Digest 114, July 1997, Retrieved on Febrary 16, 2005, from

[22] JoanGaustad (1992). Nongraded and primary education. ERIC Digest, Urbana, IL: ERICC learing house on Elementary and Early Childhood Education. 2

[23] Kagitcibasi C., Sunar D., Bekman S. (2001). Long-term effects of early intervention: Turkish low-income mothers and children, *Journal of Applied Developmental Psychology*, 22(4):333－361

[24] Katherine A Magnuson, JaneWaldfogel (2005). School Readiness: Closing Racial and Ethnic Gaps, *The Future of Children*, 15(1): 169－188

[25] Kathy Pollard Martin(2003). School Readines: Perceptions of Kindergarten Teachers in High Poverty and Low Poverty Schools. The University of Southern Mississippi, Phd Thesis

[26] Kimberly G. Noble, Nim Tottenham, B. J. Casey (2005). Neuroscience Perspectives on Disparities in School Readiness and Cognitive Achievement, School Readiness: Closing Racial and Ethnic Gaps, *The Future of Children*, 15 (1):71－90

[27] Kingd Donna, Mackinnon, Carlo E. (1988). Making

Difficult Choices Easier: A Review of Research on Day Care and Children's Development, *Family Relations*, 37(10):392-98

[28] LiLian G · katz, Demetra Evangelou, Jeanette Allison Hartman(1990). The Case for mixed-age Grouping in early education. Washington, DC: NAEYC

[29] Lilian G. Katz(1993). Five Perspectives on Quality in Early Childhood Programs, *ERIC Clearinghouse on Elementary and Early Childhood Education*, Catalog # 208; April 1993

[30] LiLian G. Katz(1995). The Benefits of Mixed-Age Grouping, ERIC Clearinghouse on Elementary and Early Childhood Education Urbana IL. 1995-05-00

[31] Lisada Silva, Sarah Wise(2006). Parent perspectives on child care quality in a culturally diverse sample, *Australian Journal of Early Childhood*, 01-SEP-06

[32] McCartney, K., Eric Dearing, Beck A. Taylor, Kristen L. Bub(2007). Quality child care supports the achievement of low-income children: Direct and indirect pathways through caregiving and the home environment, *Journal of Applied Developmental Psychology*, 28:411-426

[33] McCartney, K., Eric Dearing, Beck A. Taylor, Kristen L. Bub(2007). Quality child care supports the achievement of low-income children: Direct and indirect pathways through caregiving and the home environment, *Journal of Applied Developmental Psychology*, 28:411-426

[34] M. Suzanne Donovan, Barbara T. Bowman, Ma-

rie Susan Burns(2001). *Eager to Learn*: *Educating Our Preschoolers*, Washington DC: National Academy Press

[35] Munton, A. G., Mooney, A., Rowland, L. (1995). Deconstructing quality: A conceptual framework for the new paradigm in day care provision for the under eights. *Early Child Development and Care*, 114(1):11－23

[36] Myers, R.G.(2004). In search of quality in programs of early childhood care and education. Background paper for Education for All, Global Monitoring Report 2005. UNESCO, Paris, Retrieved November 17, 2007 from www.unesco.org/education/gmr_download/references_ 2005.pdf.

[37] Myers, R.G. (2006). Quality Issues related to Early Childhood Learning. *In International Institute of Educational Planning Newsletter*, 24 (1). Paris: IIEP/UNESCO. Retrieved on November 19, 2007, from http://www.unesco.org/iiep/eng/newsletter/2006/jane06.pdf

[38] NAEYC(1998). Accreditation Criteria & Procedure of the National Association for the Education of Young Children. Washington, DC

[39] NICHD Early Child Care Research Network (2005). Child care and child development: Results from the NICHD study of Early child care and youth development. New York: Guildford Press

[40] Nirmala Rao(in press). The Influence of Preschool Programs on the Development of Children from Economically Disadvantaged Families in India

[41] Peisner-Feinberg, E. S., Margaret R. Burchinal,

Richard M. Clifford, Mary L. Culkin, Carollee, Sharon Lynn Kagan, Noreen Yazejian Howes(2001). The Relation of Preschool Child-Care Quality to Children's Cognitive and Social Developmental Trajectories through Second Grade, *Child Development*, 72(5): 1534 - 1553

[42] Peter gray. Jayfeldman (2004), *Playing in the Zone of Proximal Development: Qualities of Self-Directed Age Mixing between Adolescents and Young Children at a Democratic School*, American Journal of Education, 110 (2): 108 - 144

[43] Peter Moss, Pence, A.(1994). Valuing Quality in Early Childhood Services: New Approaches to Defining Quality, Retrieved on December 15, 2007, from http://www.eric.ed. gov/ERICWebPortal/custom/portlets/recordDetails/detailmini.jsp? _nfpb=true&_&ERICExt Search_SearchValue_0 = ED393548&ERICExtSearch _ SearchType _ 0 = no&accno =ED393548

[44] Pianta Robert C., La Paro Karen M., Hamre Bridget K. (2008). Classroom Assessment Scoring System (CLASS) manual, pre-K, Paul H. Brookes Pub. Co.

[45] Retrieved on December 15, 2007, from http://www.aifs.gov.au/institute/afrc9/dasilva.rtfLove, J.M., Schochet, P. Z., Meckstroth, A.L.(1996). Are they in any real danger? What research does-and doesn't tell us about child care quality and children's well-being. Princcton, NJ: Mathematica Policy Research Inc.

[46] Save the Children(2003). What's the Difference? An

ECD Impact Study fromNepal. Nepal: Save the Children. Retrieved on November 15, 2007, from http://www.unicef.org/media/index_29686.html

[47] Susan D. Holloway, Sharon L.Kagan, Bruce Fuller, Lynna Tsou, Jude Carroll(2001). Assessing child-care quality with a telephone interview, *Early Childhood Research Quarterly*, 16(2):165-189

[48] Susan K. Walker, Kathy L. Reschke(2003). Child Care Use by Low Income Rural Families, Winter-Spring 2003, Retrieved on December 15, 2007, from http://fsos.cehd.umn.edu/img/assets/16501/childcare.pdf

[49] Sylva, K., Siraj-Blatchford, I., Taggart, B., Sammons, P., Melhuish, E., Elliot, K., Totsika, V. (2006). Capturing quality in early childhood through environmental rating scales, *Early Childhood Research Quarterly*, 21(1): 76-92

[50] Waldfogel, J. (2002). Child care, women's employment and child outcomes, *Journal of Population Economics*, 15:527-548

[51] WilliamT. Dickens (2005). Genetic Differences and School Readiness, School Readiness: Closing Racial and Ethnic Gaps, *The Future of Children*, 5(1):55-70

[52] WolfgangTietze, Debby Cryer, Joachim Bairrão, Jesús Palacios, Gottfried Wetzel(1996). Comparisons of observed process quality in early child care and education programs in five countries, *Early Childhood Research Quarterly*, 11(4):447-475

中文文献

著作类:

[1] Dahlberg、Moss、Pence 著,朱家雄译,超越早期教育保育质量:后现代视角,上海:华东师范大学出版社,2006

[2] 芭芭拉·鲍曼等,吴亦东等译,渴望学习,南京:南京师范大学出版社 ,2005

[3] 陈向明,质的研究与社会科学研究,北京:教育科学出版社,2000

[4] 范国睿,教育生态学,北京:人民教育出版社,2000

[5] 盖笑松,儿童入学准备研究与实践,吉林:吉林教育出版社,2006

[6] 贾珀尔·L.鲁普纳林、詹姆斯·E.约翰逊主编,黄瑾、裴晓倩、柳倩等译,学前教育课程(第三版),上海:华东师范大学出版社,2005

[7] 杰克·肖可夫、黛博拉·菲利普斯著,方俊明、李伟亚译,从神经细胞到社会成员:儿童早期发展的科学,南京:南京师范大学出版社,2007

[8] 劳拉·E.贝克著,吴颖等译,儿童发展(第五版),南京:江苏教育出版社,2002

[9] 陆士桢、魏兆鹏、胡伟,中国儿童政策概论,北京:社会科学文献出版社,2005

[10] 联合国教科文组织,全民教育 提高质量势在必行,北京:中国对外翻译出版公司,2005

[11] 刘晶波,师幼互动行为研究—我在幼儿园里看到了什

么,南京:南京师范大学出版,1999

[12] 柳倩,国际处境不利学前儿童政策研究,上海:华东师范大学出版社,2012

[13] 潘仲铭,农村幼儿教育体系研究,北京:教育科学出版社,1999

[14] 施良方,课程理论:课程的基础、原理与问题,北京:教育科学出版社,1996

[15] 王安健,复式教学的实验与研究,北京:人民教育出版社,2004

[16] 项宗萍、廖贻,六省市幼教机构教育评价研究,北京:教育科学出版社,1995

[17] 袁同凯,走进竹篱教室:土瑶学校教育的民族志研究,天津:天津人民出版社,2004

[18] 张燕,非正规学前教育的理论与实践——基于四环游戏小组的探索,北京:北京师范大学出版社,2010

[19] 周兢,国际学前教育政策比较研究,上海:华东师范大学出版社,2012

[20] 朱小蔓,对策与建议:2003—2004 年度教育热点、难点问题分析,北京:教育科学出版社,2004

[21] 朱家雄,中国视野下的学前教育,上海:华东师范大学出版社,2007

[22] 朱家雄,生态学视野下的学前教育,上海:华东师范大学出版社,2007

[23] 朱慕菊,“幼儿园与小学衔接的研究”研究报告,北京:中国少年儿童出版社,1995

[24] P 县情(1998—2002),P 县史志编纂委员会,贵阳:贵州人民出版社,2005

硕博士论文类：

[1] 丁金霞，农村幼儿教育的困境与出路，湖南师范大学硕士学位论文，2005

[2] 郭海燕，农村幼儿教师专业发展的现状研究——以江西省万安县农村幼儿教师专业发展为例，西南大学硕士学位论文，2006

[3] 李炙檬，甘肃省农村幼儿园课程资源开发与利用研究，西北师范大学硕士学位论文，2004

[4] 刘霞，托幼机构教育质量评价研究，北京师范大学硕士学位论文，2002

[5] 柳倩，农村学前儿童认知准备发展研究，华东师范大学博士学位论文，2008

[6] 汪冬梅，农村学前教育问题研究——黑龙江省齐齐哈尔市双河乡学前教育现状调查，东北师范大学，2006

[7] 王松，民族贫困地区农村中小学布局调整问题研究，云南师范大学 2006 年硕士学位论文

[8] 王文乔，教育机会均等视野下的师幼互动研究，西南大学硕士学位论文，2008

[9] 闫悦，甘肃省农村学前机构过程性教育质量研究，西北师范大学硕士学位论文，2005

[10] 杨宏伟，临洮县农村幼儿教师继续教育问题的调查研究，西北师范大学硕士学位论文，2003

[11] 张更立，幼儿异龄同伴交往研究，西南师范大学硕士学位论文，2004

[12] 张莉，贫困地区学前留守儿童入学认知准备现状研究，华东师范大学硕士学位论文，2008

[13] 祝正龙,湖北省幼儿教育现状及发展对策研究,华中师范大学硕士学位论文,2002

期刊类:

[1] 常娟,儿童入学准备生态化环境的构建,幼儿教育(教育科学),2006,7—8

[2] 陈敏倩、冯晓霞、肖树娟、苍翠,不同社会经济地位家庭儿童的入学语言准备状况比较,学前教育研究,2009,4

[3] 程敏,非正规学前教育研究概述,学前教育研究,2006,11

[4] "城乡儿童入学准备状况比较研究"课题组,起点上的差距:城乡幼儿入学准备水平的对比研究,学前教育研究,2008,7

[5] 慈荣芬,"幼小复式"弊端多,学前教育,1998,12

[6] 崔振邦,欠发达地区学前一年幼儿教育的发展对策,甘肃教育,1995,2

[7] 范方,欠发达地区儿童低龄入学的调查和思考,湖南教育,2003,18

[8] 冯晓霞、蔡迎旗、严冷,世界幼教事业发展趋势:国家财政支持幼儿教育,学前教育研究,2007,5

[9] 冯晓霞,幼儿教育的均衡发展与入学准备,幼儿教育(教育科学),2008,7—8

[10] 盖笑松、刘坚,社会经济地位不利儿童的入学准备,教育理论与实践,2008,1

[11] 郭良菁,超越"质量话语"应是我们的政府抉择吗——我们的质量评价可以从《超越早期教育保育质量》中吸取什么,学前教育研究,2009,2

[12] 郭良菁、何敏，儿童发展水平应该作为幼儿园质量评价的标准吗，上海教育科研，2006，10

[13] 胡伶、王世贤，利用当地资源 发展农村幼教——来自贵州省清镇市的调查，学前教育研究，2003，7—8

[14] 华爱华，幼儿园混龄教育与学前教育改革，学前教育研究，2005，2

[15] 黄爱玲，“幼小复式”不可取，幼儿教育，1993，11

[16] 李生兰，农村幼儿教育的流弊及发展研究，江西教育科研，1995，2

[17] 李涛，公平视野下的农村幼儿教育发展弱势及其归因，学前教育研究，2006，4

[18] 廖浩然、田汉族、彭世华、谭日辉，我国幼儿教育非均衡发展现状与对策分析，学前教育研究，2008，2

[19] 梁可怡，广州市农村幼儿教育现状与对策，学前教育研究，2001，3

[20] 刘精明、杨江华，关注贫困儿童的教育公平问题，华中师范大学学报(人文社会科学)，2007，3

[21] 刘霞，托幼机构教育质量评价面面谈，学前教育研究，2003，7—8

[22] 刘焱，试论托幼机构教育质量评价的几个问题，学前教育研究，1998，3

[23] 刘焱，入学准备在美国：不仅仅是入学准备，比较教育研究，2006，11

[24] 刘焱，西方学前教育理论与实践的新进展，比较教育研究，2002，7

[25] 聂劲松，农村幼儿教育课程目标与资源探析，学前教育研究，2006，7—8

[26] 庞丽娟,通过立法强化政府在学前教育事业发展中的职责——美国的经验及其对我国的启示,学前教育研究,2007,2

[27] 王春燕,学前教育的立场:儿童、儿童的生命——从西部农村学前教育现象谈起,幼儿教育(教育科学),2008,7

[28] 王国强、黄爱红、李佑恩,1个老师22名学生,湖北教育,2007,1

[29] 王莹、黄亚武,农村中小学布局调整中的教学点问题研究——基于河南、湖北的调查分析,江西教育科研,2007,2

[30] 吴玲、葛金国、程双远,"幼一复式"教育模式的意义与推进策略,江西教育科研,2002,3

[31] 吴琼,美国开端计划的教育公平取向及其启示,幼儿教育(教育科学),2008,6

[32] 肖树娟、冯晓霞、成丽媛、苍翠,不同社会经济地位家庭儿童的入学数学准备状况比较,学前教育研究,2009,3

[33] 叶子、庞丽娟,师生互动研究述评,学前教育研究,2009,3

[34] 姚伟、关永春,儿童教育与儿童生活的质量,东北师大学报(哲学社会科学),2004,2

[35] 曾福生、朱扬寿、陈蜀江,江西农村幼儿教育现状调查报告,江西教育科研,2007,4

[36] 张晓、陈会昌,儿童早期师生关系的研究概述,心理发展与教育,2006,2

[37] 张向葵、孙蕾、李大维等,教师关于儿童入学准备的观念,心理发展与教育,2005,4

[38] 章柳英,江西省农村学前班存在的问题与对策,学前教育研究,2000,2

[39] 周芬芬,西部农村学前教育发展的困境与突围,学前

教育研究，2006，12

[40] 周兢、柳倩，我国贫困地区农村早期儿童发展与学前教育质量的分析，幼儿教育（教育科学），2008，7—8

[41] 周欣，四国和我国港台地区托幼机构过程性教育质量标准的分析和比较，早期教育，2003，2

[42] 周欣，托幼机构教育质量的内涵及其对儿童发展的影响，学前教育研究，2003，7—8

[43] 周欣，教师-儿童互动质量评定的行为指标初探，早期教育，2004，4

后 记

这本书稿是在我博士论文的基础上修改而成的。

我是个不会规划自己生活和学习的学生，这在博士毕业论文选题时也得到了体现。入校之初，周兢导师曾经建议我关注语言准备。我对语言的不敏感和看过文章后总是没有一点自己想法的表现让我不得不放弃这一选题。考虑到“中国和印度儿童发展与教育的比较研究”课题的初步结论，以及在硕士阶段曾经关注过幼儿混龄教育，导师建议我关注农村贫困地区和混读班生的早期教育。懵懵懂懂中，我闯入了农村贫困地区幼儿教育这个领域。

当我确定要做混读生和农村贫困地区幼儿教育这个论题时，当我怀着一颗真诚的心切切实实倾听了当地老师对教育的想法、家长对孩子的期望时，当我拿着摄像机闯入孩子们的生活时，当我每晚回到镇上的旅馆回顾一天的生活和写下自己的感触时，当我坐在电脑前转录访谈、编码录像时，当我一个个字敲出贫困地区幼教的现状、尤其是孩子的生存状态时……我突然觉得，这个论文题目是我所喜欢的，我从中找到了让我感动的画面和声音：这里家长对孩子的殷切希望也曾经是父母对我的期望，这里孩子的早期教育状况也是我小时候所经历过的，这里的教师收入低、但仍孜孜不倦地耕耘着……

博士毕业后，这一毕业论文束之高阁达五年之久。在有幸得到学校资助和获得南京大学出版社的出版许可后，我重新回顾和阅读大量的访谈、观察等资料，并开始修订博士论文成为本书稿。在这个过程中，我更清晰地想起研究地的那些孩子、老师、家长，想起那里的学校、教学点、操场、崎岖不平的山路，想起我们坐上长途车但在山中绕来绕去走不出所感受到的渺小；我心底默默地想：他们的生活还是那样吗？这些孩子还在混读吗？那里的教育现状有改变了吗？有没有建立更多的学前班？筹资建校的那些学校盖好校门和围墙了吗？……希望这本书的出版能展现贫困地区早期教育的基本状况，能展现那里教师、孩子的生存状况，更希望自己这点点浅显的探索能引起更多研究者对这些孩子和地区的进一步关注。

“闯入”学前教育专业已经有十余年的时间，我已经深深喜欢上了这个专业。这一喜爱源于南京师范大学、华东师范大学两所高校浓厚的学术氛围，更源于两位导师的精心培养。我是个腼腆的学生，很少敞开心扉表达自己的想法，在这里还是不免表达自己的感激之情。

感谢我的博士生导师周兢教授。一直以来，我从内心深处感激周老师收我做学生，让我有幸继续享受大学生活和切身感受大师之魅力。导师的宽容大度、开阔的眼界、敏锐的捕捉能力、严谨的治学态度、对学生的严格要求总是让我深感自己的无知与马虎；工作后，我更是体会到了周老师所主张的“科学的研究方法”的重要性，从中学到点皮毛已让我受益终生。唯有将导师的殷殷教诲深记心间，才能在今后的人生道路上不犯同样错误；也唯有循着导师的指引继续前进，才是对导师的最好报答。

感谢我的硕士导师刘晶波教授。我依然记得硕士生面试时，我紧张地说不出几句话，导师仍然慷慨地接收了我。从硕士学习到毕业，从博士就读到博士论文答辩，直至今日我已经在高校工作，我都没有让她得到学生毕业离校后的安宁。感谢刘老师接受我不断的“骚扰”，给予我不厌其烦的解答和建议。

感谢本书研究地的有关人员。特别感谢省教育厅的谢旌老师和县教育局的刘丽华老师，每次“闯入”这里，你们总是热情接待。感谢金老师、石老师、韦老师，每年不辞辛苦地帮忙联系学校、协调关系。感谢参与这项研究的每位父母、孩子和老师们，真的希望能为你们做点什么。

感谢中印课题组的老师和同学们陪伴我度过在贫困地区调研时单调而艰辛的日子。特别感谢师妹张莉，她的勤奋、认真、执着总是让我惭愧不已。感谢柳倩老师无私地将2006年的访谈录音给我，她良好的人际交往能力、访谈能力和研究中对当地经济、文化、教育的整体关注给我以启发。

本书得到了南通大学人文社科专著的资助，得到了教育科学学院丁锦宏院长的肯定，更得到了南京大学出版社王抗战编辑的认同，一并表示感谢。

不论是博士就读期间的写作，还是毕业后的修改，我心中经常涌动着一种激动和感动。我感受到了自己从事处境不利儿童研究的神圣，更感受到了这一领域研究的责任和使命。直至今日，我仍然在处境不利儿童发展与教育这一领域中探究着。未来，我愿踏着这条路一直走下去。

王晓芬

2014年12月10日